国家社科基金项目"我国权益视角下的北极航行法律问题研究"
（项目编号：12CFX094）资助

船舶北极航行法律问题研究

白佳玉　著

人民出版社

责任编辑:宫　共　张双子

封面设计:徐　晖

图书在版编目(CIP)数据

船舶北极航行法律问题研究/白佳玉 著. —北京:人民出版社,2016.12

ISBN 978-7-01-016968-2

Ⅰ.①船… Ⅱ.①白… Ⅲ.①北极-航道-海洋法-研究 Ⅳ.①D993.5

中国版本图书馆 CIP 数据核字(2016)第 282194 号

船舶北极航行法律问题研究

CHUANBO BEIJI HANGXING FALÜ WENTI YANJIU

白佳玉　著

人民出版社 出版发行

(100706　北京市东城区隆福寺街 99 号)

北京墨阁印刷有限公司印刷　新华书店经销

2016 年 12 月第 1 版　2016 年 12 月北京第 1 次印刷

开本:710 毫米×1000 毫米 1/16　印张:19.75

字数:290 千字

ISBN 978-7-01-016968-2　定价:49.00 元

邮购地址 100706　北京市东城区隆福寺街 99 号

人民东方图书销售中心　电话 (010)65250042　65289539

序　言

　　全球气候变化与极端天气频发已提醒人类，地球正在经受不可承受之重。全球近 70% 的人口和经济产出来自于各国沿海地区，因此，气候变化造成的海平面上升将给人类带来毁灭性的灾难。基于此，了解气候变化的原因并采取全球行动已经成为全人类共同关注的议题。北极有"气候变化指示器"之称，北极科学考察可以为探究气候变化与人类未来生存发展空间提供必要的科学支撑。在探索北极并做好气候变化应对的同时，北极冰川消融后所形成的北极航道为亚欧和亚美贸易沟通开辟了新的海上贸易航路。目前，东北航道和西北航道沿岸国对其航道开发利用也持积极态度。俄罗斯北极物流中心数据显示，2016 年经由东北航道航行船舶已达 297 艘，同比增长 35%；其运输部预测，到 2030 年，亚洲到欧洲货运的 25% 都将取道东北航道。船舶北极航行将成为 21 世纪影响全球地缘政治、经济、文化、生态等各方面事务的纽带。

　　在这样的自然与地缘背景下，中国作为近北极利益攸关国也积极参与北极科学考察与气候变化应对，通过商船北极航行带动北极冰上丝路建设。截至 2016 年底，中国科考船"雪龙"已开展七次北极科学考察，2012 年的第五次北极科考中实现东北航道的首次试航，并将于 2017 年进行西北航道的首次试航。中远集团商船"永盛"在 2013 年、2015 年、2016 年分别完成三次东北航道的航行，从单一航线航行，到双向通航，再到规模化双向通航，积累了丰富的冰区航行经验，提高了先进的船舶设计、建造、管理和操作技术，储备了极区航行所亟需的专业化人才。

　　北极环境是复杂的，北极航道环境充满风险与挑战，为确保北极航行中的环境、人员和船舶安全，包括中国在内的北极航道使用国和沿岸国都努力依照国际法律规则来规范航行活动。以国际海事组织为平台制定的《极地水域船舶航行安全规则》将于 2017 年 1 月 1 日生效，北极航行船舶需满足航行规则要求，安全航行。此外，《联合国海洋法公约》的"冰封条款"赋予了北极航道沿岸国为冰封区域环境保护而单边立法的权利，北极航行船舶也需要顾及航道沿岸国的国内法律规制。除国际公法的限制外，海上货物运输中债权或物权纠纷也需要适用国际海事私法加以解决。由此可见，系统的梳理北极航行中可能遇到的法律问题并给出具有针对性的对策建议是大规模开发利用北极航道的前提条件。

　　中国海洋大学白佳玉副教授的力作——《船舶北极航行法律问题研究》一书非常系统地梳理了船舶北极航行中可能遇到的法律问题。全书从国际海洋法、国际海事公法、国际海事私法的视角，阐释了船舶北极航行的应对之策。同时还从北极航道使用国的角度，探究了如何通过与北极航道沿岸国及其他利益攸关国的合作，来寻求北极航道的可持续开发利用，实现安全、绿色的北极航行。这部专著不拘泥于单一学科的研究范式，打破学科壁垒，通过多学科视角寻求解决北极航行可能遇到的法律问题。作者既注重理论分析、也注重实务对策建议。相信此一著作问世后能够引起学术界和实务界的关注，为北极航道可持续开发利用做出贡献。

　　北极新航道正在破冰而出，北极航行的法律规制是法学理性与航道探险的一次碰撞，我非常期待这部著作所带来的理性之光。

傅崐成

厦门大学教授、博士生导师

2016 年 11 月 30 日

目　录

绪　论

北极理事会的北极监测与评估工作组（AMAP）2012 年发布的报告表明，北冰洋将在本世纪末达到夏季完全无冰的状态，甚至可能在未来的 30—40 年内实现。[①] 目前，穿过北冰洋，连接大西洋和太平洋的海上航道主要包括东北航道（Northwest Passage）、西北航道（Northwest Passage）和穿越北极点航线（Transpolar Sea Route）。当北冰洋全年除冬季外没有海冰或仅在北极点附近区域有较少冰的时候，通过北极航道航行可极大缩短海上航线，提供安全的海上航道。俄罗斯《2020 年前及更远的未来俄罗斯联邦在北极的国家政策原则》公布了俄罗斯北极地区的主要战略目标和重点，表明了对北冰洋航线（即东北航道）的重视。加拿大 2009 年发布的《加拿大的北方战略：我们的北极，我们的遗产，我们的未来》中强调，加拿大希望发展北极航运，并在其 2013 年至 2015 年担任北极轮值主席国期间，将"安全的北极航运"列为要点之一。长远来看，北极新航道无论从地理环境抑或沿岸国的港口设施建设等战略性重视程度而言，均呈现愈来愈适合商船大规模利用的趋势。

北极航线比传统苏伊士、巴拿马航线节省大量的航运成本，包括时间、燃油消耗及船舶损耗等，存在广阔的市场发展空间。[②] 一些北极航运利益攸

---

① AMAP，2012. Arctic Climate Issues 2011：Changes in Arctic Snow, Water, Ice and Permafrost. SWIPA 2011 Overview Report. Arctic Monitoring and Assessment Programme (AMAP)，Oslo. xi，p.97.

② 潘正祥、郑路：《北极地区的战略价值与中国国家利益研究》，载《江淮论坛》2013 年第2 期。

关方已开始积极参与北极航线的开辟：或加强北极航线沿岸港口基础设施建设，或尝试具备破冰能力的商船建造。发展北极航运可降低我国海上贸易成本，确保我国能源安全。① 我国中远集团"永盛"货轮于 2013 年 8 月 8 日从中国大连港出发，历经 27 天的航行，穿越东北航道，于当地时间 9 月 10 日下午 3 时抵达荷兰鹿特丹港，成功实现了中国商船在东北航道的首次通航，此举对我国具有重要意义。② 目前为止，西北航道地区未绘制出以航行为用途的地图，西北航道仍未出现系统的商业航运。③2014 年 9 月，加拿大"努那维克"（NUNAVIK）轮从迪塞普申（Deception）湾起航，途径北极西北航道抵达中国营口鲅鱼圈港，成为世界上首艘成功穿行这条航道的远洋商船，标志着北极西北航道在特定时段已初步具备了通航条件。我国交通运输部海事局组织编撰的中文版《北极航行指南（东北航道)》与《北极航行指南（西北航道)》已正式出版，在北极航道已发展为"冰上丝路"的今天，我国已为可持续利用北极航道做出准备。本书主要通过以下六个方面的研究深入剖析我国权益视角下北极航行的法律问题和应对策略。

第一，我国船舶在北极航行的现状及危机。这部分通过调查和走访，了解我国商船和科考船在北极航行中遇到的法律问题。分析目前我国科考船通过北极航道航行的国际法意义。从法律层面研究我国商船未来在北极航行面临的危机，将这些危机归结为海洋法、国际海事公法、国际海事私法和航道沿岸国法律制度视阈中的法律问题所造成。

第二，我国船舶北极航行海洋法问题及对策。这部分首先明确哪些危机属于海洋法问题造成，之后分析这类问题的理论根源及如何通过制度上的对策解除这类危机。北极航道法律属性是我国船舶在北极航行中遇到的最典型的海洋法问题，需要对处于不同地理位置的国家在主张北极航道法律属性

---

① 张胜军：《中国能源安全与中国北极战略定位》，载《国际观察》2010 年第 4 期。

② 中央人民政府网站消息：http：//www.gov.cn/jrzg/2013-09/11/content_2486125.htm 2013 年 9 月 5 日访问。

③ Transport Canada："Climate Change and Its Impacts on Shipping"，http：//www.tc.gc.ca/eng/marinesafety/debs-arctic-climate-302.htm，2017 年 5 月 20 日。

时的考量、理论依据和相应的制度安排进行总结归纳，比较分析各国主张因由后，对我国在北极航道法律属性认定的长远战略安排和近期战术确定上提出具体建议和理论依据。

第三，我国船舶北极航行国际海事公法问题及对策。这部分首先明确哪些危机属于国际海事公法问题造成，之后通过国际海事公法理论分析北极航行中有关航行安全、环境安全和船员安全的制度发展，分析我国应对哪些不利于我国权益的国际法律制度提出修正的意见和建议，对哪些法律制度做出调整以符合我国权益维护的需要。

第四，我国船舶北极航行国际海事私法问题及对策。这部分首先明确哪些危机属于国际海事私法问题造成，通过国际海事私法理论分析我国商船和货主选择北极航线后面临的挑战与应对措施，以及保险在北极航行中的作用。

第五，我国与北极航道沿岸国的合作。这部分首先研究北极航道沿岸国的相关法律规制，论证俄罗斯和加拿大对北极航道的控制与主权、主权权利、管辖权和管理权的关系，然后分析俄罗斯针对北方海航道，加拿大针对西北航道的法律规制，着重讨论其中不符合与北极航行有关的国际法律制度体系的内容及其对我国的不利影响，我国与加拿大、俄罗斯可通过怎样的双边安排来避免加、俄法律制度对我国的不利影响。

第六，我国与北极利益攸关国的合作。这部分主要研究我国在北极航运领域可开展的与我国有共同利益诉求的非北极航道沿岸国间的区域性合作。如何以国际海事组织为平台，通过在航运领域寻求与我国有共同利益诉求的国家间合作，进而对北极国家的制度设计构成影响并实现我国在北极的权益。

第一节　北极航道自然状况研究综述

国内外学者普遍利用卫星遥感等手段收集北极航道通航情况的数据，以此作为分析论证的基础来研究北极航道的自然与通航状况，对航道利用存在的客观问题进行分析，并将气候因素对通航的影响作为研究重点。这些研究成果有利于掌握北极航道目前的开通状况，预测未来航道利用的趋势。

一、东北航道自然与利用状况

东北航道是连接大西洋和太平洋的海上航道，而北方海航道系东北航道的一部分。长期从事北极法律问题研究的挪威南森研究院研究员 Willy Ostreng 撰文列明，北方海航道从西端的新地群岛向东延伸至白令海峡，只有加上巴伦支海航段，才构成东北航道。① 北极理事会出台的《2009 年北极海运评估报告》中也特别对两者进行了区分，明确北方海航道连接了西部的喀拉海峡和东部的白令海峡，被前苏联作为海上交通干线予以开发，而东北航道则由西起冰岛东至白令海峡的海域形成。东北航道的大部分由北方海航道构成，与东北航道所在水域及海峡地位相关的法律争议也主要集中在北方海航道部分。北方海航道的通航深受自然因素的影响，其中最主要的是气候因素。

(一) 北方海航道自然与通航状况

对北方海航道航线、冰情等自然条件的充分掌握是研究北方海航道通航的基础工作。李春花等利用微波卫星遥感数据对北极东北航道和西北航道近年来的冰情变化，以及影响航道开通的关键区域和每年的开通状况进行了分析和总结，指出东北航道全线开通期主要集中在每年的 8 月下旬至 10 月上旬，开通总天数多在 40—50 天；东北航道冰情最为复杂的是连接拉普捷夫海和喀拉海的北地群岛区域海冰，该区域也是影响航道开通的关键区域。从近年海冰总体变化趋势看，东北航道未来可利用性较为乐观，其通航性优于西北航道。② 另外，Khon 等运用卫星观测数据对北方海航道的冰情进行了分析，得出的结论基本一致。③ 根据北方海航道管理局的统计数据，2011

---

① Willy Ostreng, "Looking Ahead to the Northern Sea Route", *Scandinavian Review*, Vol. 90, 2002.

② 李春花等：《近年北极东北和西北航道开通状况分析》，载《海洋学报》2014 年第 10 期。

③ Khon V. et al., "Perspectives of Northern Sea Route and Northwest Passage in the twenty-first century", *Climatic Change*, Vol.100, 2010.

年至 2013 年利用北方海航道的船舶全部为货船、补给船或破冰船，2014 年
有少量客船通行，但仍以货船为主。① 邹磊磊等认为北方海航道由于夏季可
航水域比较宽阔，通航条件更好，受到国际社会更多关注，所带来的商业价
值潜力比西北航道更大。② 北方海航道的自然和通航状况前景良好，但其利
用也存在客观阻碍。

（二）北方海航道利用存在的客观问题

北方海航道的通航所面临的客观问题主要源自于包括气候在内的自然
地理环境。Cariou Pierre 等利用模型将北方海航道与苏伊士运河进行对比，
指出在航行距离较短的前提下，俄罗斯沿岸的航行条件和冰层厚度差异较大，
给航行带来较大的挑战。③ 一方面，北方海航道沿岸硬件设施的缺乏给航行增
加了难度；另一方面，恶劣的气候条件不仅制约了该地区航运业的发展，也
增加了硬件设施建设的困难。郭培清对北方海航道利用的障碍进行总结，除
环境和政治法律制度方面的障碍外，航道保险业的落后也是阻碍因素。由于
无法预知可能面临的风险，多数保险公司对于北方海航道的保险持排斥态
度。④ 航道利用存在多方面的客观问题，气候等自然因素的影响最为显著。

（三）气候因素对北方海航道通航的影响

李振福等从气象、水文、地理环境等方面对北方海航道通航条件进行
了分析，认为气候因素给通航带来未知性、模糊性和复杂性，尤其是海冰对
通航的影响最大，航道内海冰分布密集度、海冰厚度及冰山分布都可能对航
行产生影响。⑤ Emmaline Hill 等利用现有的研究，探讨气候因素对船舶航行

---

① List of NSR transit voyages in 2014 navigational season, Northern Sea Route Information
　Office：http://www.arctic-lio.com/docs/nsr/transits/Transits_2014.pdf. 访问时间：2015 年 12
　月 2 日。

② 邹磊磊、黄硕琳、付玉：《加拿大西北航道与俄罗斯北方海航道管理的对比研究》，载《极
　地研究》2014 年第 4 期。

③ Cariou Pierre, Faury Olivier, "Relevance of the Northern Sea Route (NSR) for bulk
　shipping", *Transportation Research Part A：Policy and Practice*, Vol. 78, 2015.

④ 郭培清：《北极航道的国际问题研究》，海洋出版社 2009 年版，第 32—34 页。

⑤ 李振福等：《北极航线通航环境分析》，载《航海技术》2013 年第 2 期。

的影响，北极恶劣的气候条件将直接影响航行安全，恶劣的气象条件会严重损坏设备，尤其在发生风暴后导航的精确性会受到影响。[①] 气候主要有两方面影响，一是对航行安全本身带来危险问题，二是影响设备的运行和精确度，增加航行中的不确定因素。

综上，中外学者普遍重视研究气候因素对北极航道通航所产生的不利影响，通过对收集到的冰情、通航数据进行分析，对北方海航道的开通持乐观态度。有学者分别从政治、法律的视角分析了北方海航道的利用前景，认为政治法律制度中也有阻碍航道开通的因素。根据学者的研究，北方海航道和西北航道虽然在纬度、气候等方面存在相似之处，但气候因素对通航的影响并不完全相同，北方海航道更具大规模利用前景。

二、西北航道自然与利用状况

西北航道的开通受自然条件的影响较大，加拿大管控法律规制客观上制约了西北航道的利用，学者多从制度和自然角度进行研究，尤其注重气候对通航的影响，并与东北航道进行比较，二者的通航状况和发展前景各具特点。

（一）西北航道自然与通航状况

李振福等对北极航道的自然条件和通航情况进行了研究，指出西北航道与北方海航道情况不同，西北航道冰情严重，对普通商船的航行形成挑战。[②] 李春花等详细研究了冰况对船舶航行的影响，由于加拿大群岛地形复杂，岛屿间的海峡狭窄，经常被北冰洋漂流过来的多年冰堵塞住，因此浮冰对航行路线的选择起到关键作用。气候变暖导致海冰流动性增强，海冰分布年际差异大，变化复杂，对监测和预报提出了更高的要求。[③] 恶劣的自然条件影响了航道航运的发展，西北航道目前的通行量较少，且深受环境因素的

---

① Emmaline Hill, Marc LaNore, Simon Véronneau, "Northern sea route: an overview of transportation risks, safety, and security", *Journal of Transportation security*, Vol.8, 2015.

② 李振福等：《北极航线通航环境分析》，载《航海技术》2013 年第 2 期。

③ 李春花等：《近年北极东北和西北航道开通状况分析》，载《海洋学报》，2014 年第 10 期。

制约。根据加拿大交通部 2013 年的年度报告，2013 年 9 月，一艘 225 米长的丹麦籍货船载运 15000 吨煤炭通过西北航道从温哥华运往芬兰波里，成为首艘成功通过西北航道的干散货船舶，并且与通过巴拿马运河相比节约了 200000 美元，其他 20 艘通过的船舶多数为游艇和客轮。[①] 因此，目前西北航道通航情况不容乐观，各种客观问题影响航道未来的发展。

（二）西北航道利用存在的客观问题

西北航道通航的客观问题主要存在制度和自然因素两个方面。中国学者的研究重点放在了通航管理制度方面。郭红岩通过对用于国际航行海峡的通行制度和加拿大国内法制度的研究，指出目前用于国际航行海峡和群岛水域通过制度不能照搬适用于西北航道，主权问题仍是西北航道国际化的障碍。[②] 邹磊磊等对西北航道国际和国内制度进行分析后，认为西北航道管理有如下几个制约因素：西北航道法律性质存在争议，航运管理法律缺失，航道通航服务设施滞后，《联合国海洋法公约》第 234 条在气候变暖背景下的适用和解释存在论争，加拿大采取行动的滞后性，"强制告知制度"的正当性等。[③] 这些管理和制度上的缺陷都将阻碍西北航道的利用。

有国外学者对自然因素及其影响进行了研究。虽然数据显示西北航道通航前景较好，但 Peter G. Pemal 等认为西北航道真正的通行面临诸多严峻的问题，如海冰的覆盖情况不能被提前预测，船舶抗冰性能的提高以及破冰船的协助是解决问题的关键。北极地区缺乏燃料补给和船舶维修设施，导航图存在不准确或者过时的问题，海上保险的保险人会针对北极航行的一些特殊风险而排除相关保险责任的承担，搜寻和救援在该地区也存在困难等。[④] 西北航道利用存在的客观阻碍也有经济方面的原因，Frédéric Lasserre

---

① Transportation in Canada 2013, Transport Canada：https：//www.tc.gc.ca/media/documents/policy/Transportation_in_Canada_2013_eng_ACCESS.pdf, 访问时间：2015 年 12 月 2 日。

② 郭红岩：《论西北航道的通行制度》，载《中国政法大学学报》2015 年第 6 期。

③ 邹磊磊、付玉：《从有效管理向强化主权诉求的又一范例——论析加拿大西北航道主权诉求的有利因素及制约因素》，载《太平洋学报》2014 年第 2 期。

④ Peter G Pamel, Robert C Wilkins, "Challenges of Northern Resource Development and Arctic Shipping", *Journal of Energy & Natural Resources Law*, Vol. 29, 2011.

等在研究了西北航道的利用情况后指出，目前加拿大西北航道利用以北极地区为目的地的运输为主，而非过境通行，导致推动该地区经济发展的动力不足。① 环境因素不仅阻碍了西北航道的利用，也成为航道开通后需要忧虑的问题。Mahealani Krafft 认为，船舶通过西北航道最大的威胁来自于海冰。此外，对西北航道利用的潜在忧虑是基于环境方面的考虑，包括对污染以及污染对北极和原住民的威胁的有效应对。西北航道开通的自然环境方面的阻碍有自然地理、海底地形等。后勤保障方面的阻碍包括对船舶设计的要求和基础设施的匮乏。②

中外学者对西北航道利用所存在的客观问题的研究各有不同的侧重点，近年来西北航道的政治法律制度问题成为中国学者的研究重点之一，但是都有关于自然因素的丰富研究。

（三）气候因素对西北航道通航的影响

气候因素是西北航道通航的首要难题，其影响主要表现为严寒天气产生的海冰阻塞了航道，给船舶带来了安全方面的威胁。中国学者有关气候因素对西北航道利用的影响进行了较多研究，普遍关注由气候变暖引起的海冰变化对通航产生的影响。具有代表性的是李春花等对西北航道开通状况的分析，指出海冰状况是航道利用的关键因素。③ 苏洁等利用卫星数据研究了西北航道的海冰密集度变化特征，以及海冰对通航的影响，初步分析了通航的影响因素，认为气候持续变暖增加了西北航道开通的可能性。④

另有学者对航道的开通前景持谨慎态度，对气候变暖的影响有相反观点。E.J. Stewart 等详细分析了加拿大北极群岛海冰产生的过程，气候变暖

---

① Frédéric Lasserre, Sébastien Pelletier, "Polar super seaways? Maritime transport in the Arctic：an analysis of shipowners' intentions", *Journal of Transport Geography*, Vol. 19, 2011.

② Mahealani Krafft, "The Northwest Passage：Analysis of the Legal Status and Implications of its Potential Use", *Journal of Maritime Law & Commerce*, Vol.40, 2009.

③ 李春花等：《近年北极东北和西北航道开通状况分析》，载《海洋学报》2014 年第 10 期。

④ 苏洁等：《北极加速变暖条件下西北航道的海冰分布变化特征》，载《极地研究》2010 年第 2 期。

导致了更多浮冰进入西北航道，由于北极气候变暖，西北航道内的海冰分布可在将来有所减少，但是群岛水域特殊地理构造将使得那些多年形成的海冰难以完全消融或移除。气温的升高会使航道内布满可自由移动的冰块，船舶很容易被撞沉却得不到及时的救助。[1]Frédéric Lasserre 等从船方角度分析了气候因素给船方带来的额外经济成本，包括保险成本的上升，设备的升级，破冰船的建造，燃料消耗，季节变化导致更改船期表的成本，港口建设的不足等极大增加了航运整体成本，使得航运企业利用西北航道过境通行的积极性降低。[2]

学者对包括气候因素在内的客观障碍进行深入研究，普遍认为气候变暖一方面有利于航道的开通，另一方面却导致了冰层融化后的浮冰进入航道导致航道利用的不便。与北方海航道不同，学者认为西北航道的航行条件相对恶劣，尤其是浮冰造成较多不利因素。虽然西北航道未来发展前景良好并有较强的开发潜力，但近期内无法形成商业利用航道。

（四）西北航道和东北航道以及北方海航道的货运量比较

鉴于西北航道和东北航道所处地理位置和沿岸国管理制度的不同，两者在通航情况和前景方面存在差异。R.K.Headland 将西北航道与东北航道进行了比较，东北航道在二战结束后不久就成为了一条主要的航道。东北航道与西北航道长度相当，但是因为没有大型、复杂的群岛，东北航道所在地形相对简单。构成东北航道的北方海航道的运输量极大超过了西北航道，在1987 年就有 311 艘船舶和 1306 个航次通过，且大多为大型货运船舶。北方海航道有相对完善的基础设施和破冰船备用，并且有深水港位于航线上，内陆港口也可用于船舶进入内河航行时靠港，有效联通了多种运输方式。北极海冰状况的持续改善将使船舶通航正常化。但自然条件的变幻莫测仍属于航

---

① E.J. Stewart, et. al, "Local-level responses to sea ice change and cruise tourism in Arctic Canada's Northwest Passage", *Polar Geography*, Vol. 36, 2013.

② Frédéric Lasserre, Sébastien Pelletier, "Polar super seaways? Maritime transport in the Arctic：an analysis of shipowners' intentions", *Journal of Transport Geography*, Vol. 19, 2011.

道利用的限制因素。① 由于地形、基础设施、港口存在优势，东北航道目前
的开通状况及前景都优于西北航道。此外，影响北极航道通航的因素还包括
二者在法律地位上的争议。

第二节　北极航道及所在水域法律地位争议研究综述

有关北极航道及所在水域法律地位争议是中外学者近年来研究的重点，
其中涉及"扇形原则""历史性权利""直线基线"理论的适用。因航道法律
地位的争议使得通行制度的适用也存在争议。这些争议造成航道利用将面临
较多考验，另一方面却推动了海洋法中相关制度内涵和外延的发展。

一、北方海航道相关法律争议

北方海航道法律争议的焦点集中于所在水域属性，以及航道是否构成
国际航行海峡，对这两个问题的回答关系到北方海航道适用何种通行制度，
因而会对不同国家的利益造成不同影响，由此产生了北极航道沿岸国与个别
使用国之间对上述问题的争议。

（一）北方海航道所在水域法律地位

北方海航道及所在水域法律地位历来是我国学者研究的重点。王泽
林总结了俄罗斯对北方海航道性质的观点，认为俄罗斯仅明确主张德米特
里·拉普捷夫海峡和桑尼科夫海峡是俄罗斯的"历史性海峡"，未明确提出
过北方海航道所在水域属于"历史性内水"，故其认为北方海航道水域不属
于俄罗斯的"历史性内水"。② 郭培清认为，苏联及俄罗斯的"历史性权利"
理论未提供充分证据获得其他国家的认可，"直线基线"的划定也受到个别
国家的质疑。③

---

① R. K. Headland, "Ten decades of transits of the Northwest Passage", *Polar Geography*, Vol.
33, 2010.
② 王泽林：《北极航道法律地位研究》，上海交通大学出版社 2014 年版，第 297 页。
③ 郭培清：《北极航道的国际问题研究》，海洋出版社 2009 年版，第 211—224 页。

　　国外学者针对该问题的观点亦存在争议，尤其是俄罗斯（苏联）学者与美国学者的观点截然相反。苏联及俄罗斯学者对北方海航道所在水域法律地位的主张先后包括"扇形原则""历史性权利"和"直线基线"理论的适用。苏联科学界支持"扇形原则"，V. L. Lakhtine 指出苏联在北极圈存在大量符合国际法的利益。[1]Leonid Timtchenko 从英挪渔业案的视角论及苏联对北方海航道水域的历史性权利及采用直线基线法划定内水，分析了历史性水域和直线基线划定的标准。[2]A. L. Kolodkin 认为北方海航道所在部分水域属于苏联内水，对该水域拥有完整的主权和管辖权。[3]《苏联国家边疆法》(1960/1983)、《苏联海军国际法手册》(1966) 及其他法令提到历史上属于苏联的海峡所在水域为其内水，包括维利基茨基海峡、绍卡利斯基海峡、拉普捷夫海峡和桑尼科夫海峡所在水域。这些观点受到西方学界和美国官方的反对。法国学者 P. Fauchille、英国学者 M. F. Lindley 等认为"扇形原则"没有国际法基础，不能作为划界根据。[4] 早在 1965 年美国官方就对苏联的"历史性海峡"提出抗议，否定苏联对这些水域的任何主张。[5]J. A. Roach 声明美国官方反对直线基线向陆地一侧水域是内水的观点。[6] 苏联所划定的群岛海峡直线基线和沿岸直线基线大多缺乏法律依据，受到其他国家质疑。[7]

　　综上，中外学者都对有关北方海航道法律地位的学说进行了总结，但

---

[1]　Leonid Timtchenko, "The Russian Arctic Sectoral Concept: Past And Present", *Arctic*, Vol.50, 1997.

[2]　Leonid Timtchenko, "The legal status of the Northern Sea Route", *Polar Record*, Vol. 174, 1994.

[3]　A. L. Kolodkin and M. E. Volosov, "The legal regime of the Soviet Arctic: Major issues", *Marine Policy*, Vol.14, 1990.

[4]　Leonid Timtchenko, "The Russian Arctic Sectoral Concept: Past And Present", *Arctic*, Vol.50, 1997.

[5]　United States Aide-memoire to the Soviet Union Dated June 22, 1965.

[6]　J. Ashley Roach. "Excessive Maritime Claims. Proceedings of the Annual Meeting", *Amerian Society of International Law*, Vol. 84, 1990.

[7]　Donald R. Rothwell. *The Polar Regions and the Development of International Law*, Cambridge University Press, 1996.

对于该问题存在争议，各国学者站在不同的立场上得出有利于本国利益的结论。苏联和俄罗斯学者认为"历史性权利"和"直线基线"均有其合法性，主张北方海航道部分水域为内水，个别国家及学者反对苏联和俄罗斯学者的主张。

（二）北方海航道的法律地位

北方海航道的法律地位与其通行制度直接相关。大多数中国学者的研究趋向于北方海航道为用于国际航行海峡。杨剑认为沿岸国对《联合国海洋法公约》第 234 条的过度解释将成为北极航道利用的法律障碍。[①] 周洪钧等认为，北方海航道主要由俄罗斯国内的船舶利用，仅凭有外国船舶通过这一事实即将北方海航道内的海峡定性为"用于国际航行的海峡"略显牵强。虽然俄罗斯通过直线基线法将北方海航道的较多关键海峡都划为由内水构成，但其直线基线的划定并不符合标准，相关海峡仍应属于俄罗斯领海内的"领峡"，外国船舶依然享有无害通过的权利。外国船舶的大规模通行可促进北方海航道的国际化，进而对其法律地位产生影响。[②]

北方海航道法律地位的争议主要存在于美俄之间。苏联学者认为北方海航道是其国内航线，否认北方海航道具备功能性标准，不属用于国际航行的海峡。[③]P. Bafabolia 的研究则具体到维利基茨基海峡、绍卡利斯基海峡、德米特里·拉普捷夫海峡和桑尼科孚海峡性质不属用于国际航行海峡，俄罗斯亦强调其不符合用于国际航行海峡的功能标准。[④] 美国官方认为，俄罗斯北方海航道内的海峡满足地理标准和"潜在适用"的功能标准，是用于国际航行的海峡，外国船舶享有自由航行或不间断的无害通过的权利。[⑤]Willy

---

① 杨剑：《北极航运与中国北极政策定位》，载《国际观察》2014 年第 1 期。
② 周洪钧、钱月娇：《俄罗斯对"东北航道"水域和海峡的权利主张及争议》，载《国际展望》2012 年第 1 期。
③ A. L. Kolodkin and M. E. Volosov, "The legal regime of the Soviet Arctic：Major issues", *Marine Policy*, Vol.14, 1990.
④ P. Barabolia et al. In W. Bulter, *Northeast Arctic Passage*, pp.86 and 160 footnote79.
⑤ J. A. Roach, "Excessive Maritime Claims", *Proceedings of the Annual Meeting（American Society of International Law）*, Vol. 84, 1990.

Ostreng 认为，北方海航道是东北航道的一部分，东北航道符合用于国际航行海峡的地理标准、功能标准，系用于国际航行的海峡。[①]

综上，北方海航道的法律地位与其所在水域的法律性质相关，俄罗斯及苏联学者针对北方海航道内海峡是否是用于国际航行海峡与其他国家存在争议。源于学界对用于国际航行海峡的标准存有一定争议，即功能标准的解释有"已适用"或"潜在适用"的争议，致使北方海航道所在海峡是否构成用于国际航行海峡存有争议，这也相应影响到了各方有关北方海航道内航行可适用的航行制度的态度。

二、西北航道相关法律争议

Mahealani Krafft 对美加之间关于西北航道法律地位的争议进行了研究，加拿大与美国之间关于西北航道法律地位的争论源于地缘政治、民族主义和商业利益立场上的差异。加拿大坚持其对北极水域的首要关注在于环境的保护，为保护北极海岸和北极水域颁布了环境保护法律并强制适用于通过西北航道的外国船舶。美国关心的问题在于包括军舰在内的船舶航行自由，认为根据国际海洋法，任何国家船舶都有公认的权利以最安全和迅速的方式通过用于国际航行的海峡。[②] 美国将西北航道定性为用于国际航行海峡，主张过境通行制度的适用，认为船舶只要满足了环境保护、船员培训、安全程序等国际规则或标准，即可自由通过西北航道。而加拿大对通过西北航道的船舶增加了诸多限制性规定，与国际海洋法宗旨不符。[③]

（一）西北航道所在水域法律地位

西北航道所在水域为加拿大北极群岛水域，北极群岛水域的法律地

---

① Willy Ostreng, "Looking ahead to the Northern Sea Route", *Scandinavian Review*, Vol.90, 2002.

② Mahealani Krafft, "The Northwest Passage：Analysis of the Legal Status and Implications of its Potential Use", *Journal of Maritime Law & Commerce*, Vol.40, 2009.

③ Jeffrey R. Parkey, "Assessing Institutional Alternatives for Future Northwest Passage Governance", *American Review of Canadian Studies*, Vol. 42, 2012.

位存在争议。王泽林从成立要件、管辖权有效行使、其他国家默认三个方面进行论证，认为西北航道不是加拿大的"历史性内水"。① 刘惠荣等从权利巩固、时间效力、一般容忍、重要利益的角度分析，认为西北航道不是完全的国际海峡，也不属于加拿大一国的完全排他控制。加拿大对航道所在水域存在长期持有的历史性主张，完全剥夺加拿大的控制是不切实际的。②Mahealani Krafft 详细分析了加拿大"直线基线"和"历史性权利"的主张。由于北极群岛与加拿大大陆相分离，冰层融化使得"多年不化的北极冰等同于陆地"的主张无法成立，不完全符合"英挪渔业案"中确定的直线基线法，不能有效证明北极群岛水域属于内水。美国一直以来明确反对加拿大对北极群岛水域的主张，加拿大也未能使因纽特人融入其政治结构，导致加拿大不能满足"已经在该区域行使权利，权利的行使必须是连续的，并且得到外国的默认"，因此，北极群岛水域不符合"历史性权利"的主张。美国进一步指出，加拿大对西北航道所在水域的主权主张不成立。③Suzanne Lalonde 等也指出，加拿大无法证明其行使权力得到其他国家的默认，这成为加拿大"历史性内水"主张的致命弱点。④

　　与北方海航道情况类似，西北航道所在水域的法律地位也成为各方争论的焦点，"历史性权利"和"直线基线"在该海域的适用也受到美国学者的质疑。我国学者对西北航道所在水域是否为历史性水域存在不同认识。所谓真理越辩越明，学者间的论争促使"历史性权利"和"直线基线"等概念的内涵更加明确，对未来实践具有指导意义。

---

① 王泽林：《北极航道法律地位研究》，上海交通大学出版社 2014 年版，第 295 页。

② 刘惠荣、刘秀：《北极群岛水域法律地位的历史性分析》，载《中国海洋大学学报》（社会科学版）2010 年第 2 期。

③ Mahealani Krafft, "The Northwest Passage：Analysis of the Legal Status and Implications of its Potential Use", *Journal of Maritime Law & Commerce*, Vol.40, 2009.

④ Lalonde, Suzanne；Lasserre, Frédéric, "The Position of the United States on the Northwest Passage：Is the Fear of Creating a Precedent Warranted?", *Ocean Development and International Law*, Vol. 44, 2013.

（二）西北航道的法律地位

西北航道的法律地位之争主要在于其法律地位是否属用于国际航行的海峡。我国学者的研究倾向于西北航道为用于国际航行海峡，但表示目前无法完全认定为国际航行海峡。刘惠荣认为西北航道的法律地位必须考虑地区的偏远、航行的困难等因素，即使在未来该地区较少的国际航运已足以确定该海峡用于国际航行的地位，但目前被加拿大实际控制，法律地位较为特殊。① 韩逸畴等对统计数据进行了分析，认为基于西北航道特殊的地理位置，较少的航行记录已足以成就其用于国际航行海峡的地位，但在理论上和实践中都无法完全满足国际海洋法中用于国际航行海峡的成立标准。② 吴军认为北极航道为用于国际航行海峡对我国更有利，但考虑到我国在北极航道问题上的立场与我国南海问题立场的协调一致，认为中国应尽量模糊处理北极航道的法律地位，不公开承认或否认加拿大对西北航道的主张，但是在实践中遵守加拿大有关法律法规和管理制度。③

西北航道的法律地位决定了所适用的通行制度，因此产生了争议。李德俊认为这一争议在加拿大与以美国为代表的非北极航道沿岸国之间分歧较大，对西北航道法律地位的认定可能会影响到国际航行海峡的认定标准，进而影响相关国家利益，因此该问题不可能在短期内得到解决，只能通过一定方式缓解。可借鉴斯瓦尔巴德群岛争端的解决模式制定相关国际条约，既承认加拿大对西北航道的管辖权，又允许各缔约国在遵守加拿大法律的前提下自由航行，最终形成一个"加拿大享有主权，各缔约国享有通行权"的法律框架。④ 李志文等则从加拿大角度进行研究，认为用于国际航行海峡制度可以和承认主权并存，西北航道国际化符合加拿大利益需求，有利于减少与其

---

① 刘惠荣、刘秀：《西北航道的法律地位研究》，载《中国海洋大学学报》（社会科学版）2009 年第 5 期。

② 韩逸畴：《论西北航道争端之困境与出路》，载《武大国际法评论》2011 年第 1 期。

③ 吴军、吴雷钊：《中国北极海域权益分析——以国际海洋法为基点的考量》，载《武汉大学学报》（哲学社会科学版）2014 年第 3 期。

④ 李德俊：《西北航道利用的法律地位问题探究》，载《太平洋学报》2014 年第 2 期。

他非沿岸国家的冲突，而且航道的航行基础设施、航行安全控制、海洋环境保护、海上搜救等需要多方面的国际合作，国际支持与帮助也有利于航道安全。① 韩逸畴强调了西北航道国际化的前提，认为将西北航道定性为用于国际航行海峡的前提为承认加拿大政府具有一定的控制权，在承认加拿大特殊利益的同时，西北航道的法律地位如同"国际公共领域"，其利用必须限于公共使用或者提供公共服务的目的。② 刘惠荣等又对加拿大的控制权进行研究，认为即使西北航道实现国际化，加拿大也可以凭借《联合国海洋法公约》第234条增强对航道的控制。在界定西北航道的法律地位时，不仅要考虑到人类在北极区域内的共同利益，还应当考虑到西北航道位于加拿大的北极群岛水域中，以及加拿大对该片水域所长期持有的历史性主张，完全剥夺加拿大的控制是不切实际的。③ 从地区安全的方面考虑，西北航道控制在加拿大手中或者承认加拿大对西北航道的主权，有利于北美的安全，因为随着航道冰块的消失，加拿大北方水域将面临着贩毒、非法移民、恐怖袭击、大规模杀伤性武器偷运等问题，如果承认西北航道对于北美安全有重要价值，就意味着必须承认加拿大的管辖权。从环境角度讲，如果不加管理地使用航道，极可能导致航道的污染，这也成为加拿大加强本国对北极水域管理的另一重要依据。④

　　加拿大和美国学者的观点针锋相对，在国际航行海峡的成立标准问题上存在分歧。法兰德分析了构成用于国际航行海峡的地理标准和功能标准，认为西北航道符合地理标准，但不符合功能标准，因此不是用于国际航行海峡。⑤ 罗斯维尔认为，由于极地条件特殊，"用于国际航行海峡"的相关标

① 李志文、高俊涛：《北极通航的航行法律问题探析》，载《法学杂志》2010年第11期。

② 韩逸畴：《论西北航道争端之困境与出路》，载《武大国际法评论》2011年第1期。

③ 刘惠荣、董跃：《海洋法视角下的北极法律问题探究》，中国政法大学出版社2012年版，第138—139页。

④ 北极问题研究编写组：《北极问题研究》，海洋出版社2011年版，第281—282页。

⑤ Donat Pharand, "The Arctic Waters and the Northwest Passage：A Final Revisit", *Ocean Development & International Law*, Vol. 38, 2007.

准应该降低。①James C. Kraska 在分析《联合国海洋法公约》后认为公约中用于国际航行海峡的标准只包括地理标准,满足地理标准即构成用于国际航行海峡。②

西北航道法律地位的争议实际上是航道利益之争,学者不仅从理论上对航道的法律地位进行论证,也从实践的角度分析何种制度更有利于航道沿岸国和其他利益攸关国,并提出不同的解决方案。根据学者的结论,西北航道的水域属性问题并非要有一个确定的结论,可在保留加拿大控制权的前提下实行用于国际航行海峡制度,有利于各方利益的实现,并确保航道的可持续开发利用。

第三节　北极航道治理法律体系研究综述

北极地区特殊的自然地理特征与航道属性的争议,给北极航道的治理带来一定难度。北极航道治理法律体系对于解决治理问题具有至关重要的作用,能为良好治理提供法律依据,主要包括国际法律体系与俄加的国内法律体系。学者对该问题的研究既有从宏观层面对整体法律体系的分析,也有从微观层面以小见大,分析相关制度的特点和不足,进而提出完善建议。

一、北极航道治理国际法律体系

北极航道的国际法律制度是进行治理的基础。阎铁毅对北极航道的现行法律体系进行总结,全球性多边条约、相关双边条约、区域多边条约和环境保护"软法"构成北极航道的国际法律体系。目前,北极航道国际法律制度包括三个层次:一是全球层面的制度安排,即 1982 年《联合国海洋法公约》;二是多边层面的制度安排,如 1920 年的《斯瓦尔巴德条约》;三是双

---

① D. R. Rothwell, "The Canadian-U.S. Northwest Passage Dispute: A Reassessment", *Cornell International Journal*, No.26, 1993.

② James C Kraska, "The Law of the Sea Convention and the Northwest Passage, Defence Requirements for Canada's Arctic", Vim Paper 2007.

边层面的制度安排，例如 1994 年《美国政府和俄罗斯联邦政府关于防止北极地区环境污染的协议》等。北极地区没有专门性的国际公约作为管理的依据，现阶段调整北极地区的法律规范大多还只是软法性质或各领域的多边条约，这些安排大多关于环境保护或合作，缺乏整体的、统一全面、完整综合的制度，使得北极航道的现行法律显得操作性和应用性的程度较低。① 针对法律制度的适用，吴琼认为，西北航道属于北极水域的一部分，北极水域的国际法律制度也应当适用于西北航道。北极水域出现法律属性的争议并非由于法律规制的缺乏，有关海洋的国际条约法都可以适用，如《联合国海洋法公约》对不同的海域规定了相应法律制度，再如国际海事组织有关船舶航行和海洋环境污染防治的国际条约等，这些国际条约也可以适用于西北航道。②

白佳玉分析了北极航道相关的国际公约，包括 1954 年《国际防止海上油污公约》(The International Convention for the Prevention Pollution of the Sea by Oil，简称 OILPOL)，1973/1978 年《国际防止船舶造成污染公约》(International Convention for the Prevention of Pollution from Ships，简称 MARPOL73/78)，1969 年《国际干预公海油污事故公约》(International Convention Relating to Intervention in the High Seas in Cases of Oil Pollution Casualties)，《1969 年国际油污损害民事责任公约》(International Convention on Civil Liability for Oil Pollution Damage，1969，简称 CLC 1969)和 1971 年《设立国际油污损害赔偿基金公约》(International Convention on the Establishment of an International Fund for Compensation for Oil Pollution Damage，1971，简称 FUND 1971)等。OILPOL 虽经三次修改，但仍不完善，已被 MARPOL73/78 所替代，MARPOL 73/78 最大的贡献是补充了船旗国管辖权制度，为沿海国管辖权制度开了绿灯，并规定了"主管机关"负责，一旦北极通航，由主管机关对通行船舶的证书负责。③

---

① 阎铁毅：《北极航道所涉及的现行法律体系及完善趋势》，载《学术论坛》2011 年第 2 期。
② 吴琼：《北极海域的国际法律问题研究》，华东政法大学博士学位论文 2010 年。
③ 白佳玉：《北极航道利用的国际法问题探究》，载《中国海洋大学学报》(社会科学版) 2012 年第 6 期。

　　除对法律体系的整体概括外，也有学者从具体领域入手分析了目前相
关国际法律制度的特点和问题。Catherine Emmett 针对北极石油开发的法律
体系进行研究，归纳出法律体系包括《联合国海洋法公约》、其他多边条约、
国内法、北极理事会提供的政策。指出该综合性法律框架不需要由一个与
《联合国海洋法公约》相分离的北极条约所创造，但是需要协调框架的组成
部分，制定一个可操作的协议填补《联合国海洋法公约》在结构上的漏洞。
尽管《伊鲁利萨特宣言》中声明，没有必要发展一个新的综合性的国际条约
来管理北冰洋，但是宣言同时建议北冰洋沿岸国要加强在互相信任和透明度
基础上的海洋环境合作。[1]Christoph Humrich 认为现有的北极软法安排只是
建立正式的、有法律拘束力的国际条约的第一步，由于北极油气开发的发
展，需要适用硬法，碎片化的北极治理结构存在一定问题。[2]Kristin Noelle
Casper 也指出现有的软法安排以及国际协议和原则不能对受油气勘探开发
活动影响的北极海上环境提供充分的保护，需要建立一个地区性的有法律拘
束力的协议规范沿岸国大陆架油气开发。[3]

　　学者对北极航道目前的国际法律制度从不同角度进行了研究，普遍认
为目前的制度存在不完整性，需要加以完善。但大多数学者认为没有必要建
立独立的"北极条约"体系，而主张通过协议补充现有的碎片化国际法体
系。尤其是以软法形式进行规制的领域，在利益攸关国协调一致的基础上可
考虑进行条约法的造法，以加强对相关活动的法律规制力度。

二、俄罗斯治理北方海航道的法律体系

　　俄罗斯针对北方海航道的管理专门制定了国内法，并且根据国际法律

---

① Catherine Emmett and James Stuhltrager, "After the Ice Melts: The Need for a New Arctic Agreement", *Natural Resources & Environment*, Vol. 26, 2011.

② Christoph Humrich, "Fragmented International Governance of Arctic offshore oil: governance challenges and institutional improvement", *Global Environmental Politics*, Vol. 13, 2013.

③ Kristin Noelle Casper, "Oil and gas development in the Arctic: Softening of ice demands hardening of International law", *Natural Resources Journal*, Vol.49, 2009.

制度和实际情况的变化对相关国内法进行调整。2013 年 1 月 28 日正式生效
的《关于北方海航道水域商业航运的俄罗斯联邦特别法修正案》（简称《13
修正案》）对《俄罗斯联邦商船航运法》（简称《99 商航法》）、《俄罗斯联邦
自然垄断法》（简称《95 垄断法》）、《俄罗斯联邦内水、领海和毗连区法》（简
称《98 内水法》），做了重要增补或修订。俄罗斯联邦运输部北方海航道管
理局根据《13 修正案》，重新制订了《北方海航道水域航行规则》（简称《13
规则》），以替代 1990 年颁布的《北方海航道海路航行规章》（简称《90 规
章》）。针对这一变化，张侠等详细对比了俄罗斯相关旧法与 2013 年颁布的
新法条文，综合分析后认为：法律层面，俄罗斯对北方海航道属国家历史性
交通干线的立场未发生变化，但明确北方海航道水域范围包括内水、领海和
200 海里专属经济区水域，意味着消除了有关北方海航道北部边界是否延伸
到公海的争议；规则层面，从破冰船强制领航制度改变为许可证制度，尤其
给出了具体的、可操作和可预期的独立航行许可和不许可条件，使得外国船
舶在北方海航道水域的独立航行成为可能。由此得出结论：俄罗斯北方海航
道政策出现了较大变化，有进一步开放利用的倾向。[①]

三、加拿大治理西北航道的法律体系

　　加拿大有关西北航道的法律体系具有软硬法结合的特点，既有强制性
的国内法，也有建议性的指南。加拿大对西北航道的立法主要有 1970 年
《北极水域污染防治法》和 2001 年《加拿大航运法》，以及自愿指南和标准，
如《加拿大海域客船运营指南》《北极海域石油转移指南》《北极冰封区域航
行标准》。修订后的 1985 年《北极水域污染防治法》规定，北纬 60°以北、
西经 141°以内加拿大领海基线向海专属经济区海域为加拿大法案适用范
围，船舶可在相应管辖海域内享有相应的航行权，但如果加国政府认为通行
船只不符合该法中的法律规范，可以禁止通行。该法案是为应对 1969 年美

---

① 张侠等：《从破冰船强制领航到许可证制度——俄罗斯北方海航道法律新变化分析》，载
　《极地研究》2014 年第 2 期。

国"曼哈顿"号油轮不通知加拿大即穿越而出台的。加拿大政府声称该法案不是宣布领土主权，而是为了保护脆弱的北极环境。[1]

值得关注的是，有关北极环境保护方面的法规构成了加拿大对西北航道管辖权主张的基础。郭培清总结了可适用于北极地区的加拿大国内法，包括 1985 年《加拿大航运法》（2001 年修改），详细规定了船舶制造标准和航海操作程序以及石油卸载、垃圾倾倒、空气污染和其他特殊污染物等；1999年《环境保护法》将环保法律贯彻到专属经济区；2001 年《海洋责任法》明确规定了船舶污染的民事责任和补偿原则，适用于包括北极地区在内的加拿大领土、领海和专属经济区；2006 年《压载水控制与处理规则》对加拿大专属经济区内压载水的排放进行规制；2007 年《船舶污染和有害化学物质防治规则》制定了各种废物和有毒物质的排放标准。[2] David Meren 等指出，加拿大 1970 年颁布的《北极水域污染防治法》是最重要的一部关于北极水域污染防治的法律。加拿大声明保留国际法院的强制管辖权，先人一步阻止了外国法律对《北极水域污染防治法》的挑战，并且促成了《联合国海洋法公约》第 234 条的"北极例外"条款，为保护、减少以及控制船舶的污染，给予沿岸国对附近冰雪覆盖地区超出领海部分的立法和管理的权利。加拿大政府通过提出环境保护的主张，巧妙将其国内和外交的话语从最初的关注主权转移到了全球性的环境福利上。[3]

俄罗斯和加拿大针对航道的治理形成了比较完整的法律体系，但学者指出两国北极法律规制的发展方向并不一致，俄罗斯趋向于更加开放的航道法律管控制度，而加拿大的立法和制度变化表明其趋向于加强对航道的控制。

---

① 北极问题研究编写组：《北极问题研究》，海洋出版社 2011 年版，第 252—253 页。

② 郭培清：《北极航道的国际问题研究》，海洋出版社 2009 年版，第 175—176 页。

③ David Meren & Bora Plumptre，"Rights of Passage：The Intersecting of Environmentalism, Arctic Sovereignty, and the Law of the Sea, 1968-82"，*Journal of Canadian Studies*，Vol. 47，2013.

第四节 北极航道私法问题研究综述

北极航道尚未发展为成熟的商业航道，目前研究主要集中于航道所在水域的性质、航道法律地位等公法领域，有关北极航道私法问题的研究比较匮乏。但是这部分内容对未来北极航道通航私主体利益保护较为重要，下文将从广泛意义上的国际海事私法问题予以综述。

一、提单下承运人义务

William Tetley 对海上货物运输中的相关问题，包括承运人义务的发展进行了总结，并分析了《海牙规则》、《海牙—维斯比规则》和《汉堡规则》下的承运人适航义务，指出适航是海商法的基本主题之一。[①]

(一) 适航义务的演变

早在 19 世纪中期，海上运输业的发展已经非常繁荣，而在海上运输纠纷中，对海上运输的承运人采用的是严格责任制。承运人为尽量规避自己的责任，开始充分利用"合同自由"原则，后来这种免责状况愈演愈烈，严重阻碍了海上运输业的正常发展。为了使海上运输顺利进行，减少和英国的贸易摩擦，美国在 1893 年率先制定了《哈特法》（全称为《关于船舶航行、提单以及与财产运输有关的某些义务、职责与权利的法案》），明确了承运人的义务，对于承运人免除保证船舶适航和管货责任的条款也采取了否定的态度。

1924 年，《海牙规则》延续了《哈特法》中关于适航义务的规定，首次适用"谨慎处理"的要求。除此之外，还将适航义务作为一项法定义务，具有强制性，海上货物运输的当事人不能自行约定免除此项义务，否则涉及的条款无效。自此"谨慎处理"的适航义务作为承运人的一项首要义务被航运界普遍接受。1968 年颁布的《海牙—维斯比规则》在一定程度上缓解了《海牙规则》中的一些矛盾，但其基本框架和《海牙规则》相比并无差异，有关

---

① [加] 威廉·台特雷：《国际海商法》，张永坚等译，法律出版社 2005 年版。

承运人的适航义务也未做改变。1978 年颁布的《汉堡规则》并未对承运人的适航义务做出具体规定，但在责任承担上对承运人采取完全过错责任，且为推定过错。2008 年 12 月 11 日联合国大会通过《鹿特丹规则》，承运人需全程履行适航义务，明显加重了承运人的适航义务及责任。

（二）管货义务

William Tetley 同样对管货义务进行了研究。《海牙规则》和《海牙—维斯比规则》对承运人的管货义务都设定了"妥善和谨慎"（Properly and Carefully）的标准。正如 Pearson 法官所言："如果'谨慎'一词仅指照料货物，那么'妥善'一词就为其增加了技术或良好体系的因素。"增加"妥善"一词，使得管货义务对承运而言十分严格，William Tetley 评价："在'谨慎'之前增加'妥善'要求，使照料的程度更接近于公共承运人的保险人义务，而不同于托管人的合理谨慎照料的义务。"①

（三）不得不合理绕航义务

在美国，除了狭义的绕航含义外，还有一个概念称为"Quasi-deviation"（即"准绕航"），也属于绕航的范畴。准绕航起初适用的原则为传统的根本违约（Fundamental Breach of Contract）理论。但随着绕航理论的发展，根本违约论受到质疑。John F Wilson 在书中，通过案例解释了何为海上货物运输合同项下的合理绕航，在 Stag Line v. Foscolo Mango 案中，Atkin 勋爵提出判断绕航合理性的一般标准应是一个谨慎行事的人在考虑当时的所有情况，包括合同条款的规定和所有有关各方的利益之后，所作出的对合同航次的背离。②

（四）提单相关国际规则在北极航道的适用

William Tetley 等将分析的重点放在《海牙规则》《海牙—维斯比规则》和《汉堡规则》，近年来有中国学者对《鹿特丹规则》的相关适用问题进行了研究。阎铁毅研究了《鹿特丹规则》在北极航道的适用，重点分析了制度

---

① William Tetley, *Marine Cargo Claims*, Editions Y. Blais, 1988.

② John F Wilson, *Carriage of Goods by Sea*, *second edition*, Financial Times Management, Pitman Publishing Ltd.1993.

创新对北极航道贸易管理的操作价值，包括加重了承运人的责任，丰富了对托运人责任的规定，未完全赋予承运人无单放货的权利。

适航、管货和不得进行不合理绕航是提单下承运人最重要的义务，学者对各项义务的标准存在个别争议，这些争议和判例推动了对各项义务的解释和发展。

二、北极航道航行中的程租合同条款法律问题研究

船舶程租合同是未来北极航道通航后可能会广泛采用的租船合同形式，因此有必要对程租合同中的承运人义务进行研究，尤其要关注我国《海商法》中的相关强制性条款，学者的争议和研究有助于相关理论的发展并对实践中法律条款的适用具有指导意义。

（一）程租合同中的强制性条款

傅廷忠着重分析了《海商法》与《合同法》对程租合同的适用程度，根据《海商法》规定，程租合同中承运人谨慎处理使船舶适航和合理速遣的义务适用于出租人（承运人），而程租船合同项下的管货义务等内容可由当事人在合同中约定。[①] 而根据《俄罗斯联邦商船航运法典》，船舶适航与承运人的管货义务均为强制性规定。

（二）《海商法》中的强制性条款

1. 承运人适航义务

关于船舶适航的概念，国内外在理论层面已形成比较统一的认识，但是在船舶所有人或承运人提供适航船舶的标准、以及提供适航船舶的时间等重要问题上，国内外尚有争论。王亭指出，适航义务可以分为主观适航与客观适航两个层次。谨慎处理是对承运人适航义务主观上的要求，而客观适航包括适船、适员、适货。[②] 唐霞也认为，船舶适航应当从以下三个方面的内容来判断：对船舶本身的要求、对船员的要求、对船舶载货处所的要求。同

---

① 傅廷忠：《关于航次租船合同的基本法律问题》，载《世界海运》1999 第 4 期。
② 王亭：《承运人适航义务的演变与分析》，载《法制博览（中旬刊）》2012 第 6 期。

时指出，我国《海商法》规定的承运人的船舶适航义务仅是一种相对义务，它只要求承运人在船舶开航前和开航当时恪尽职责使船舶适航，而并不要求承运人在任何情况下都保持船舶适航。① 胡正良应用我国民法中确定民事责任的若干原则，参照英美普通法和其他国家法律的有关规定，对海上货物运输合同中船舶所有人或承运人提供适航船舶义务存在的若干法律问题进行了探讨，认为：在理论上，我们既不能完全采纳英美普通法的绝对适航标准，亦不宜不加分析地照搬"海牙规则"采用的"谨慎处理"的标准；原则上，除合同或法律另有规定外，船舶适航的时间应指任何船舶所有人或承运人及其代理人、雇佣人员能够通过采取一切合理措施使船舶适航，或者维持或恢复船舶适航状态的时间。② 姚洪秀指出，我国法律对出租人的适航义务做了最低标准的强制性规定，出租人必须遵守该规定，如果出租人和承租人在合同中对出租人的适航义务规定了比《海商法》第 47 条更低的标准，在我国法律下该项规定是无效的。③ 另外，张星杰对北方海航道航行水域的风险及冰区航行的注意事项进行了详细阐述，对于出租人适航、管货等义务的合理履行具有极大借鉴意义。④

2. 承运人管货义务

我国《海商法》对承运人责任期间的管货义务做出了详细规定。这些规定将货物分为集装箱货物和非集装箱货物，并据此对承运人责任期间进行分别规定。从需求角度判断，尤其对于中国，张侠等指出，集装箱运输可能是未来北极航道利用的主要货流。⑤ 傅廷忠通过分析《海商法》指出，承运人对集装箱装运的货物的责任期间起始于货物接收，终止于货物交付。承运

---

① 唐霞：《试论承运人的船舶适航义务》，载《法制与社会》2008 第 20 期。

② 胡正良：《船舶适航若干法律问题的研究》，载《大连海事大学学报》1989 年第 4 期。

③ 姚洪秀：《对我国〈海商法〉中有关航次租船合同的某些问题探讨》，载《中国海商法年刊》2003 年。

④ 张兴杰、王晨露：《商船在俄罗斯北方海航道（NSR）的航行操作》，载《中国海事》2014 第 9 期。

⑤ 张侠、寿建敏、周豪杰：《北极航道海运货流类型及其规模研究》，载《极地研究》2013 第 2 期。

人对非集装箱货物的责任期间可概括为装货至卸货。至于在货物未越过船舷之前或在吊钩未受力之前遭受的损失，如果合同中没有约定，我国《海商法》规定允许以协议的方式解决，即以协议来约定在装前、卸后承运人应承担怎样的责任。[①]

无论是国际公约还是国内立法，对承运人的管货义务均从主观和客观两个方面确立了相应的标准。傅廷忠指出，这些标准体现在：主观方面，承运人对管货问题必须做到"谨慎"；客观方面，做到"妥善"。

实践中，承运人管货义务的期间和承运人责任期间的法律规定在协调上可能存有争议，针对此问题，李章军认为，责任期间是承运人承担法律规定的强制义务的期间，而不是合同期间。"管货义务"适用于整个运输合同的合同期间，但在责任期间内，这项义务是不可通过合同改变的，而在责任期间以外则可通过合同减轻或解除。[②]

3. 承运人不得进行不合理绕航的义务

关于绕航的诸多案例表明，绕航的合理性不仅是法律问题，而且是事实的问题。制定一条严格的规则来确定何种绕航系不合理存在难度。但认真着手研究英、美关于绕航的权威案例，可谓一个有意义的起点。在 Stag Line v Foscolo Mango 案中，Atkin 勋爵提出判断绕航合理性的一般标准可类推适用于程租合同，即一个谨慎行事的人在考虑当时的所有情况，包括合同条款的规定和所有各方的利益之后，所作出的对合同航次的背离。

国内学者初北平也认同 Atkin 勋爵在 Stag Line 案中提出的判断绕航合理性的一般标准，认为我国《海商法》关于地理绕航的规定与海牙—维斯比规则并无不同，并且英美法关于此问题的判断标准具有长期的经验，基本体现了当事人双方之间的"公平性"，且与我国的法律规定不相抵触，因此该判断标准可资借鉴。同时其对航运实践中的承运人也提出了以下对策：采用标准条款，尽量与航运惯例或港口习惯保持一致，投保船东责任险等。[③]傅

---

① 傅廷忠：《承运人管理货物的义务》，载《世界海运》1995 第 3 期。
② 李章军：《国际海运承运人责任制度研究》，法律出版社 2006 年版。
③ 初北平：《绕航法律问题研究》，大连海事大学硕士学位论文，2000 年。

廷忠认为，构成绕航的行为必须具备以下条件：第一，绕航的行为是被有意采取的；第二，绕航的行为最终导致了航线的偏离。同时，只有在以下条件下才能构成合理绕航：为了救助目的而绕航或为了其他合理需要而绕航。①

郭萍对不合理绕航的法律后果进行了探讨和分析，认为根据我国《海商法》规定，承运人可针对合理绕航产生的货物灭失或损坏免责②。不合理"绕航"是一种故意行为，承运人不但将丧失单位赔偿限制的保护，还将丧失海事索赔责任限制的保护，即一旦因不合理绕航产生货物灭失或损害，应依"恢复原状原则"，按实际损失予以赔偿。郝泽愚对船舶不合理绕航与承运人免责、承运人的责任限制、时效保护的关系以及对海上保险的影响等方面也做出了论证。③

我国《海商法》可用于调整北方海航道通航中的运输关系。《海商法》第四章中第47条关于承运人适航保证的规定，第49条关于承运人不得作不合理绕航的规定，强制适用于航次租船合同的出租人，至于其他有关合同当事人之间权利、义务的规定，仅在航次租船合同没有约定或者没有不同约定时，适用于出租人和承租人。同时，在我国法律下，航次租船合同当事人在协商、订约时很大程度上仍遵循契约自由原则；在租船实务中，标准合同格式被广泛使用，如金康格式，其优先适用于第四章除第47条和第49条以外的其他条款。针对该问题，姚秀波指出，如果合同没有有关权利义务的规定，将强制适用《海商法》第四章的相关规定，如果《海商法》也没有相关规定，则适用1999年《合同法》。④

我国《海商法》对承运人义务的有关规定是强制性的，订立程租合同时应满足法定义务要求。我国学者不仅立足《海商法》的规定，还研究了普通法系及其他国家成文法中的相关义务问题，这对于条文的解释和适用具有

①　傅廷忠：《论船舶绕航》，载《中国海商法年刊》，1995年。
②　郭萍：《Deviation的含义及其法律后果》，载《大连海事大学学报》1998年第2期。
③　郝泽愚：《船舶绕航的法律责任探析》，《人民司法》2013年第21期。
④　姚秀波：《对我国〈海商法〉中有关航次租船合同的某些问题探讨》，载《中国海商法年刊》2003年第14期。

重要意义。

第五节 北极航道通航相关经济和政治问题研究综述

北极地区的国际、国内法律体系是北极航道治理的基础。同时，各国在北极地区的利益涉及到经济、政治等多方面问题。学者对经济问题的研究基于资源开发和物流运输展开，从经济学角度分析了北极航道开通的有利和不利因素。对政治问题的研究以俄罗斯和加拿大的政策为基础，强调北极地区的战略意义，并对两国政策的走向进行分析。

一、经济问题

北极航道的争议问题归根结底是利益问题，利益中争夺最为激烈的是经济利益，北极航道通航的相关经济问题是学者研究的重点。张侠等针对北极航道货物运输类型进行研究，指出目前北极航运都是以北极为目的地的海上运输活动，未来的活动主要分为以北极为目的地和跨北极的运输，以北极为目的地的运输主要基于北极地区的资源优势尤其是液化天然气资源，跨北极的运输主要基于洲际间的海上贸易，影响最大的是集装箱运输。总体而言，北极航道的利用对于集装箱运输成本较高。北极航道与其他传统航道相比各有优缺点。在冰级船舶造价维持不变的情况下，如果降低北极航道内航行的服务收费，将显示对传统航线的竞争优势；如果未来征收"航海碳税"，北极航道集装箱运输的相对慢速航行将有明显的优势；北极航道管理费和服务费下降是必然趋势；北极航道的季节性是其劣势，但是若冰级船舶建造技术突破或者运营链设计优化，该劣势将会得到弥补。[①] 中国虽属近北极国家，在北极地区没有领土，但作为利益攸关国和北极理事会观察员国，应重视北极航线开通的机遇与挑战。李振福提出北极航线战略研究的重要性，将其总

---

① 张侠、寿建敏、周豪杰：《北极航道海运货流类型及其规模研究》，载《极地研究》2013年第 2 期。

结分为三个方面的重要价值：一是丰富的资源，二是与传统运河相比的航运潜力，三是北极重要的军事意义。李振福认为中国应重视其经济与军事作用，充分参与北极航线开发，确定恰当的进入时机，为企业开拓航运市场提供条件，并提出具体的措施，包括企业应当加强抗冰船舶的建造，航运企业实现价值链延伸，发展第四方物流企业。①

北极航道开通所带来的经济问题存在正反两方面影响。方瑞祥主要研究了西北航道通航所带来的效益，包括单航程时间缩短，单航程的成本降低利润增加，全年航次数的增加导致利润进一步增加，并且会带来辐射效应，即改变世界贸易格局，而北极巨大矿藏将改变世界能源格局。②朗斐德等关注西北航道通航所带来的不利因素，包括海冰融解之后的漂流残冰、格陵兰冰架裂解出来的冰山、在狭窄水域由海冰残冰堆积而成的巨大淤冰，都对航行安全造成威胁；加强船壳船只的建造不仅昂贵而且相当费时；若船速必须降低，则航行的时间势必增加，成本也将相应上升，再加上保险费用高出传统航道甚多，将抵消距离缩短的优势。③

国外学者也从正反两方面进行论证，并提出航道商业化的建议。Sung-Woo Lee 等通过数据分析，从经济角度分析了北方海航道的通航所带来的效益，将在航行距离和时间上带来有利的影响，但是也要考虑俄罗斯所收取的通行费对该收益的影响。目前已有通过北方海航道的散货船目的地运输，集装箱过境运输也将商业化。Sung-Woo Lee 等同时指出，在研究如何使北方海航道的商业化的问题上，面临诸多因素的影响，包括航行费用的变化，油价、船舶需求、政治局势、环保政策、技术等不可控的外部因素等。④

学者对北极航道通航经济问题的研究多基于北极的自然资源以及与传

---

① 李振福：《中国面对开辟北极航线的机遇与挑战》，载《港口经济》2009 年第 4 期。

② 方瑞祥：《气候变暖下的西北航道航线选择》，载《海运世界》2010 年第 8 期。

③ 朗斐德、罗史凡、林挺生：《加拿大面对的北极挑战：主权、安全与认同》，载《国际展望》2012 年第 2 期。

④ Sung-Woo Lee, Ju-Mi Song, "Economic Possibilities of Shipping through Northern Sea Route", *The Asian Journal of Shipping and Logistics*, Vol.30, 2014.

统航线相比的时间和距离成本优势。观点分为两大方面：一是强调北极航道通航的经济驱动力，开通的良好前景；二是指出目前自然因素和经济因素对北极航道通航的阻碍。并且，学者们在此基础上还提出了北极航道商业化的建议，以及中国面临北极航道开通的挑战所应采取的措施。

二、政治问题

北极航道的政治问题背后是资源和环境问题。刘江萍认为主要存在两方面问题：一是北极航道深埋战争种子，各国都想抢得北极地区的先机，在资源和军事方面取得优势；二是环境破坏，大规模的石油开发和勘探活动对北极地区生活的动物带来了灭顶之灾。尤其是西北航道的争端背后隐藏着资源之争，通航将使北极地区资源的开采成为现实，对各国有更重要的政治意义，将更加凸显北极的地缘和军事意义，通过西北航道，各国的潜艇可以从这里抄近路赶往另一个大洋，在最短的期限内对非常局面做出反应，以最短的时间到达战略攸关地区，为本国占领地缘政治先机。[1]

（一）俄罗斯的北极政策

学者通过对俄罗斯相关法律、规划及行动的分析，研究俄罗斯的北极政策。王郦久以俄罗斯对北冰洋主权的要求为研究对象，指出俄罗斯在北极点洋底考察和插旗的行为是一次试探性的主权宣示行动，并以此试探其他国家的反应。俄罗斯的科学家积极进行考察，政府积极出版有关北极地区的翔实地图和地质资料集，2007 年 8 月和 9 月在北极地区举行了两场实兵军事演习，这些行为都表明了俄罗斯保卫北极利益的决心。[2]2008 年 9 月《2020年前俄罗斯联邦北极地区国家政策原则及远景规划》出台，确定了俄北极资源政策的基本方向和内容。2012 年出台的《俄罗斯联邦北极地区法》和计划再次向联合国递交延伸北极大陆架边界提案，指出这些行动显示出俄罗斯对北极资源的高度重视。[3] 张耀对俄罗斯的北极政策进行了总结和归纳，指

---

① 刘江萍：《探索西北航道》，载《法制与社会》2008 年（中）。

② 王郦久：《北冰洋主权之争的趋势》，载《现代国际关系》2007 年第 10 期。

③ 李连祺：《俄罗斯北极政策新框架的法律分析》，载《太平洋学报》2012 年第 6 期。

出俄罗斯重视本国在北极地区的利益，将北极地区的开发和发展视为未来本国发展的关键因素，政策由中央政府主导，在主权问题上大多为单方行动。政策主要内容有 5 个方面：通过司法途径，解决俄属北极区域外部边界的国际法论证；支持国家控股的大型油气公司对俄属北极地区若干重点油气田进行开发，扩大俄属北极地区的资源基地；开发"北方海航道"，使其成为未来连接亚欧的新航线；确保俄属北极地区的有利作战态势，保持俄联邦武装力量在该地区的必要战斗潜力；保护和保持北极地区的自然环境，消除在经济日益活跃和全球气候变化条件下生产经营活动所造成的生态后果。张耀认为，在北极主权问题上中国难以正式表态，宜从经济、社会、人文、环保等领域着手开展与俄加两国在北极事务上的合作。俄罗斯的北极政策将北方海航道的开发放在了较为重要的位置。[①]

基于对俄罗斯现有北极政策的分析，A. N. Pilyasov 等提出了对俄北极政策未来发展方向的预设，为适应经济社会的发展，应当具有以下特点：多维性、综合性、环境友好性、贯彻公私合作原则和企业的社会责任。[②]

学者对俄罗斯北极政策的研究表明，俄罗斯重视本国在北极利益的维护，行动积极且注重北方海航道的开发。研究不仅包括对现有政策的总结，也有对未来发展的展望，体现了利益攸关国对俄罗斯政策走向的期望，倾向于更全面、开放的北极政策。

（二）加拿大的北极政策

朗斐德等从政治角度研究了加拿大在北极地区面临的一系列的挑战：加拿大对西北航道所在水域属性的立场遭到美国与欧盟的反对；在西北航道迅速吸引众人目光的背景下，加拿大的主权诉求在加拿大是否有能力确保在该水域航行的安全方面遭受更大的挑战；环境保护问题与大规模经济开发对加拿大主权产生影响；北极地区的安全问题构成北美整体安全的延伸；政府对

---

① 张耀：《加拿大与俄罗斯北极政策比较及对我国的启示》，载《山东工商学院学报》2015年第 4 期。

② A. N. Pilyasov, V. V. Kuleshov, V. E. Seliverstov, "Arctic policy in an era of global instability: Experience and lessons for Russia", *Regional Research of Russia*, Vol. 5, 2015.

北极事务的资源投入呈下降趋势，过度依赖军事组织满足政府治理责任。[①]

　　陆俊元总结了加拿大为应对北极地区挑战的地缘政治实践，包括提出关于北极的国家战略，明确指导北极事务的长期指导方针；加大科学研究投入，为北极竞争提供支持；加强北极海军力量，为北极竞争奠定实力基础；加强对北极地区形势的监视，为北极竞争服务；广泛收集处理北极事务的意见和建议。[②] 郭培清指出，加拿大在北极水域的主权问题上奉行的是"单边主义策略"，通过 1970 年《北极水域污染防治法》，以环保名义加强对西北航道的主权，抓住当时国际法还没有充分建立起防治污染的环保法律体系这一空白，并促成了《联合国海洋法公约》第 234 条的形成。[③]

　　加拿大的北极政策向来是国外学者研究的重点，Helga Haftendorn 总结了 Franklyn Griffiths，Robert Huebert 和 F. Whitney Lackenbauer 三位加拿大专家对气候变化背景下北极未来走向的观点。[④]Suzanne Lalonde 主要关注环境保护问题，指出北极国家十分重视环境的保护，有望适用特别敏感海域制度（PSSA）保护西北航道，建议西北航道建立 PSSA，并指出加拿大应发挥北极理事会创始国和重要北极国家的作用，利用法律法规保护海洋环境。[⑤]Adam Lajeunesse 则强调加拿大需要实施长期的能够提供实践性解决方案的政策，与美国以及其他国家进行合作而不是对抗。加拿大需要的北极政策不应该是试图强迫外国政府接受加拿大的主权，使其做出影响自身利益的行为。[⑥]

---

①　朗斐德、罗史凡、林挺生：《加拿大面对的北极挑战：主权、安全与认同》，载《国际展望》2012 年第 2 期。

②　陆俊元：《北极地缘政治与中国应对》，时事出版社 2010 年版。

③　郭培清：《北极航道的国际问题研究》，海洋出版社 2009 年版。

④　Helga Haftendorn, "Arctic Policy for Canada's Tomorrow", *International Journal*, Vol. 64, 2009.

⑤　Suzanne Lalonde, "The Arctic Exception and the IMO's PSSA Mechanism: Assessing their Value as Sources of Protection for the Northwest Passive", *the International Journal of Marine and Coastal Law*, Vol. 28, 2013.

⑥　Adam Lajeunesse, "The Northwest Passage in Canadian policy", *International Journal*, Autumn 2008.

　　学者对加拿大北极政策的研究从挑战入手，总结现有的政策，对未来的政策走向进行展望，并且注意到加拿大利用环保问题实现对航道控制的策略，并将环境保护视为未来北极政策的重要内容。但是学者缺乏对加拿大与其他国家进行北极合作的政策研究，尤其是中国等北极利益攸关国参与北极治理的合作研究。

第 一 章
北极航道利用的战略定位与风险预估

　　我国参与北极事务，实现我国在北极地区的权益，具备充分的国际法依据。随着北极冰融，根据《斯瓦尔巴德条约》和《联合国海洋法公约》，我国享有包括北冰洋航行在内的利益，也肩负着保护海洋生态、应对气候变化的义务。北冰洋虽系我国管辖范围外海域，但国家管辖范围外海域的权益维护和拓展也是我国海洋强国战略的重要内容。我国参与北极事务应从海洋强国建设总体目标出发，与我国管辖范围内海域权益的维护相协调，保持我国海洋领域外交的连续性，并同"一带一路"倡议形成良性互动。在大规模开展北极航道的商业利用之前，也有必要对其存在的潜在风险进行预估，为北极航道利用规避不必要的风险。

第一节　我国开展北极航运事务的战略定位与路径

　　在气候变化和经济全球化两股力量的推动下，随着北极冰融的加速以及由此带来的自然资源的开发、商业性航运的可能性等机会日趋显现。世界各国纷纷将目光投向北极，力图在新一轮的北极博弈中占据制高点。尽管中国不是传统意义上的北极国家，但是北极地区的变化对中国的经济、环境、资源供应以及战略布局等方面有着重要的影响。"大国战略必须囊括北极"，随着中国的日益崛起以及北极地区战略机遇的凸显，中国近年来也积极的参与北极事务的治理。北极航运是北极事务的重要组成部分，北极航道开通以及商业性运营，将对中国的经济布局、能源安全等产生重要的影响，中国应积极参与正在形成中的北极航运国际管制机制。具体而言，中国在北极航运事务的治理方面应在现有的基础上，进一步提升中国在北极航运事务治理中的参与度，以最大限度的实现中国在北极地区的权益。

一、我国北极航运利益

根据美国国家冰雪数据中心的数据显示，2012 年 9 月北冰洋海冰范围达到有卫星记录以来的最低值，北冰洋夏季海冰融化的势头已无法遏制。[①] 海冰逐渐消融后浮现在北极海域卫星云图上的不再只有白茫茫的冰雪，毗连俄罗斯北岸的东北航道和毗连加拿大北极群岛的西北航道所在水域已然开通。到本世纪中叶，北冰洋在九月份将呈现完全无冰的状态，穿越北极点航行成为可能。[②] 北极航道的开通为亚洲与北欧、西欧和北美国家间贸易节约了海上运输时间，进而降低了航运成本。[③] 随着北极冰融的加剧，以过境通行为目的的北极商船运输量将有所增加。同时，北极资源开发将提高北极国家资源出口量，俄罗斯和加拿大等北极国家建设港口基础设施的需求会提升相关设施的进口量，以北极国家所在港口为出发港或目的港的海上货运量将因此大幅增加。

我国科考船"雪龙"在 2012 年的第五次北极科考中首次成功试航东北航道。此后，我国商船"永盛"于 2013 年从江苏太仓港出发经东北航道抵达荷兰鹿特丹港，比经过马六甲海峡、苏伊士运河这类传统航线缩短了 9 天的航程。2015 年夏季，"永盛"再次启航穿越北极。我国商业利用北极航道的大幕已徐徐拉开。到 2020 年，我国国际贸易海上运输量的 15% 以上将经过北极航道。在国家积极推进"一带一路"建设的今天，北极航道可发展成

---

① 美国国家冰雪数据中心确认：2012 年 9 月 16 日，北冰洋海冰面积为 324 万平方公里，系 1979 至 2000 年海冰面积平均值得一半左右。http：//nsidc.org/，2015 年 6 月 26 日访问。

② IPCC Fifth Assessment Synthesis Report，Climate Change 2014 Synthesis Report，p.22.

③ 白佳玉：《俄罗斯和加拿大北极航道法律规制述评——兼论我国北极航线的选择》，载《中国海洋大学学报》（社会科学版）2014 年第 6 期．．

为我国 21 世纪海上丝绸之路的北向航道，保障国家油气资源等能源运输的安全。①

二、我国开展北极航运事务的战略定位

辩证唯物主义认为，世界的本原是物质，物质又是在一定时间和空间内，进行着永恒的运动。换言之，物质的运动与发展离不开时间和空间，时间和空间是运动着的物质的存在形式。研究我国参与北极事务的战略定位，也应遵循辩证唯物主义的方法论，在当前国际法环境下，以实现我国北极航运利益为目标，确定我国参与北极航运事务的结构定位、空间定位和时间定位。结构定位可说明我国参与北极航运事务在国家战略体系中的层级，相当于明确了研究的物质对象。之后，通盘考虑我国参与北极航运事务的空间和时间定位，等同于将研究的物质对象置于一定的时间和空间内剖析。

我国在国家管辖范围外的北极海域开展北极航运事务，有必要在国家整体海洋强国战略背景下展开，此为我国发展北极航运事务的结构定位。且该事务在国家管辖范围外海域开展，需要将其作为国家远海事务的一部分，既尊重其他国家管辖海域的主权、主权权利和管辖权，也有权要求他国尊重我国的航行自由权、无害通过权和过境通行权，此为我国开展北极航运事务的空间定位。北极航道的利用涉及航道所在水域的法律地位问题。我国利用北极航道，或者出于商业利益的需要，或者出于增加关乎全人类利益的气候变化应对信息积累的需要，不存在对航道法律地位的默认。而且，我国开展北极航运事务也需要通盘考虑国家近海事务，有必要在北极航道利用中避免被解读为对航道沿岸国法律地位的某种默认，否则可能会被借题发挥，增加我国近海海洋权益维护的复杂性。极地、深海、外太空和网络构成 21 世纪的战略新疆域问题，在这样的战略机遇期，积极维护我国海洋权益，努力促进北极航道的可持续利用，系我国开展北极航运事务的时间定位。

---

① 国务院《关于促进海运业健康发展的若干意见》（国发〔2014〕32 号）明确要求积极推进海上丝绸之路建设，加大重要国际海运通道和北极事务的研究和参与力度，支持企业参与北极航线的运行，加强国际海运保障能力建设。

三、我国开展北极航运事务与"一带一路"倡议的战略互动

我国开展北极航运事物的结构定位、空间定位和时间定位主要从静态的视角分析了战略层面如何展开北极航运事务，适用辩证唯物主义研究其战略定位的同时有必要以动态的眼光分析相应发展规律。我国开展北极航运事务与"一带一路"倡议的互动研究则避免了上述论证陷入静止和孤立的境地，而是以运动和发展的视野来丰富战略定位的内容。以"丝绸之路经济带"和"21世纪海上丝绸之路"重大倡议构成的"一带一路"倡议体现了陆海统筹的思想，更反映了我国探索全球治理新模式，促进人类和平发展的美好愿望。①"一带一路"倡议既继承了我国以和为贵的国际交往的传统，也着眼于经济、社会发展的水平和阶段迎来的机遇期，更依据于对当今的时代特点和国际环境的战略把握。我国开展北极航运事务结构定位于海洋强国战略，其根本原则是否与"一带一路"倡议存在共性？两者的发展前景是否指向同一个目标？合作机制是否存在彼此借鉴的空间？"一带一路"倡议中的"21世纪海上丝绸之路"是否与日渐繁荣的北极航线存在重叠？上述问题的回答有助于全方位展现我国开展北极航运事务与"一带一路"倡议的战略互动。②

首先，"一带一路"倡议以共商、共建、共享为原则，努力促成沿线各国利益的最大化。在共建过程中，坚持和平共处五项原则，坚持开放合作、和谐包容、市场运作和互利共赢的方式传承丝路精神。我国愿意在一带一路建设中承担更多责任和义务。2015年3月23日，外交部部长王毅指出："'一带一路'构想是中国向世界提供的公共产品，欢迎各国、国际组织、跨国公

---

① 2013年9月和10月，中国国家主席习近平在出访中亚和东南亚国家期间，先后提出共建"丝绸之路经济带"和"21世纪海上丝绸之路"的重大倡议，构成了"一带一路"倡议的核心内容。为明确"一带一路"倡议的主要指导思想，国家发展改革委、外交部、商务部于2015年3月28日联合发布了《推动共建丝绸之路经济带和21世纪海上丝绸之路的愿景与行动》。

② 文中有关"一带一路"的原则、目标、合作机制等方面内容的评述主要来自对《推动共建丝绸之路经济带和21世纪海上丝绸之路的愿景与行动》相关部分的总结。

司、金融机构和非政府组织都能参与到具体的合作中来。"① 我国开展北极航运事务的战略定位根本原则与"一带一路"不谋而合，愿积极参与北极航道基础设施建设，提供非排他性公共产品，与各国一道谋求北极的和平、稳定和可持续发展。

其次，"一带一路"倡议指向互利互惠、共同安全的目标，旨在推进包容惠及的利益共同体、命运共同体和责任共同体的构建。我国开展北极航运事务具有相同的"贡献导向"，② 即我国北极航运利益的实现需嵌于全球和北极区域利益之内，通过积极参与解决北极地区存在的全球性问题履行负责任大国的义务，促进关注北极事务的人类命运共同体和责任共同体的形成。

再次，我国通过现有双边、多边合作机制，以一种结伴而不结盟的外交新路推动"一带一路"建设。双边层面推动软法形式的备忘录为基础的合作模式，多边层面鼓励通过国际组织平台加强国家间沟通。同时提倡发挥国际论坛等"二轨外交"平台的积极作用。这种多维合作思路可为我国参与北极事务所借鉴。我国与冰岛已签订双边合作框架协议，以观察员国身份参与北极理事会区域性国际组织平台，更积极借助全球性国际组织平台参与北极治理。近年来，有关北极问题的国际论坛中更不乏中国学者的身影。不同合作方式的有机、有序结合形成我国实现北极利益的最佳方案。

最后，随着未来"一带一路"倡议影响力的提升，"21 世纪海上丝绸之路"覆盖的地理范围可能与北极新航线重叠。新世纪海上丝路建设服务于海洋强国战略，包括减少我国对南中国海及马六甲海峡的依赖。③ 北极新航线的重要战略价值之一即作为我国经过马六甲海峡等传统航线的补充航线，俄罗斯尤其希望通过海上丝路的北线拓展促进中俄港口基础设施建设等方面的合作。我国参与北极事务与"一带一路"的战略互动赋予了彼此更为丰富的

---

① 参见王毅：《"一带一路"构想是中国向世界提供的公共产品》，http://news.xinhuanet. com/2015-03/23/c_1114735852.htm。

② 贾桂德、石午虹：《对新形势下中国参与北极事务的思考》，载《国际展望》2014 年第 4 期。

③ 陈南泉：《"一带一路"战略背后的国家意志》，《经济观察报》2015 年 1 月 19 日。

内涵和广阔的战略实施空间。

四、我国开展北极航运事务的路径

为利用北极航道，我国以《联合国海洋法公约》为基础开展北极航运事务存在于三个层面：第一个层面是我国与北极航道沿岸国的合作；第二个层面是我国作为国际海事组织 A 类理事国与其他非北极航道沿岸国的合作；第三个层面是国际海事组织平台上话语权的提升。

（一）我国与北极航道沿岸国的合作

我国与北极航道沿岸国的合作可以从两个角度展开。如果北极航道被认定为国际航行海峡，则我国与北极航道沿岸国的合作属于海峡沿岸国与使用国之间的合作。如果北极航道最终被认定为内水航道，则我国与北极航道沿岸国的合作需取决于沿岸国的政策导向。我国与北极航道沿岸国——俄罗斯和加拿大的合作应依照《联合国海洋法公约》第三部分"用于国际航行的海峡"来开展。《联合国海洋法公约》第 43 条明确规定了海峡使用国与海峡沿岸国应就以下两方面事项通过协议进行合作：其一，在海峡内建立并维持必要的助航和安全设备或帮助国际航行的其他改进办法；其二，防止、减少和控制来自船舶的污染。第一项规定是要求海峡沿岸国和使用国通过合作确保航行安全和便捷；第二项规定则是要求海峡沿岸国与使用国合作保护海洋环境，防止船源污染。

如果北极航道的国际航行海峡法律性质不能在短时间内获得普遍认可，尤其是俄罗斯和加拿大的认可，我国应做出战略安排，在不影响日后主张北极航道国际航行海峡法律主张前提下，与俄罗斯、加拿大谈判，就北极航道通航和共同发展达成共识。

（二）我国与非北极航道沿岸国的合作

我国与非北极航道沿岸国也可就北极航道的利用开展合作，合作的基础在于《联合国海洋法公约》第十二部分"有关海洋环境的保护和保全"的规定。《公约》第 192 条规定，各国有保护和保全海洋环境的义务；第 197 条规定，各国在为保护和保全海洋环境而拟定和制定符合本公约的国际规则、标准和建议的办法及程序时，应在全球性的基础上或区域性的基础上，直接或通过主管国际组织（国际海事组织）进行合作，同时考虑到该区域的特点。尽管我国不是北极理事会观察员，但为履行保护北极海洋环境的国家义务，可通过国际海事组织或与其他非北极航道沿岸国直接开展合作。事实上，经国际海事组织更易实现与非北极航道沿岸国间的合作。通过国际织发表我国对北极航运治理的看法，影响有关北极航道的国际海事条约、规则或准则的制定内容。

（三）以国际海事组织为平台的话语权提升

国际海事组织是各国在海事领域进行合作的平台。《国际海事组织公约》在其宗旨中即规定，国际海事组织是为政府间有关影响国际贸易航运的各种技术问题的政府规则和实践方面促进合作的机构，鼓励并促进采取有关海上安全、航行效率、防止和控制船舶造成海洋污染的标准，处理相关行政和法律问题的平台。我国在北极航道航行安全与海洋环境保护方面的合作主要通过国际海事组织来实现。各国对海事条约的遵守意味着本国主权的谦抑，更是国际合作的普遍要求，可通过该政府间国际组织平台促进我国有关国际航运规则话语权的提升。

第二节　北极航道利用的环境风险预测

随着全球气候变暖，北极覆冰的加速融化，图 1.1 和图 1.2 显示了近些年来北极地区温度和覆冰变化状况，很明显，北极温度同比增加，位于零上温度的时间跨度逐年增加，导致图 1.2 中北极平均覆冰面积逐年减少，这使得北冰洋黄金水道的开通成为可能，其巨大战略潜质使得北极权益之争成为北极问题的核心。

首先，北极地区蕴藏着丰富的自然资源。例如，北冰洋底土蕴藏丰富的石油、天然气、矿物和渔业资源。北冰洋沿岸地区及沿海岛屿有储量可观的煤、铁、磷酸盐、泥碳和有色金属。但是以往北极地区大宗货物的运输能力薄弱使得该地区资源开发陷入瓶颈，气候变暖所导致的北极航道的开通将

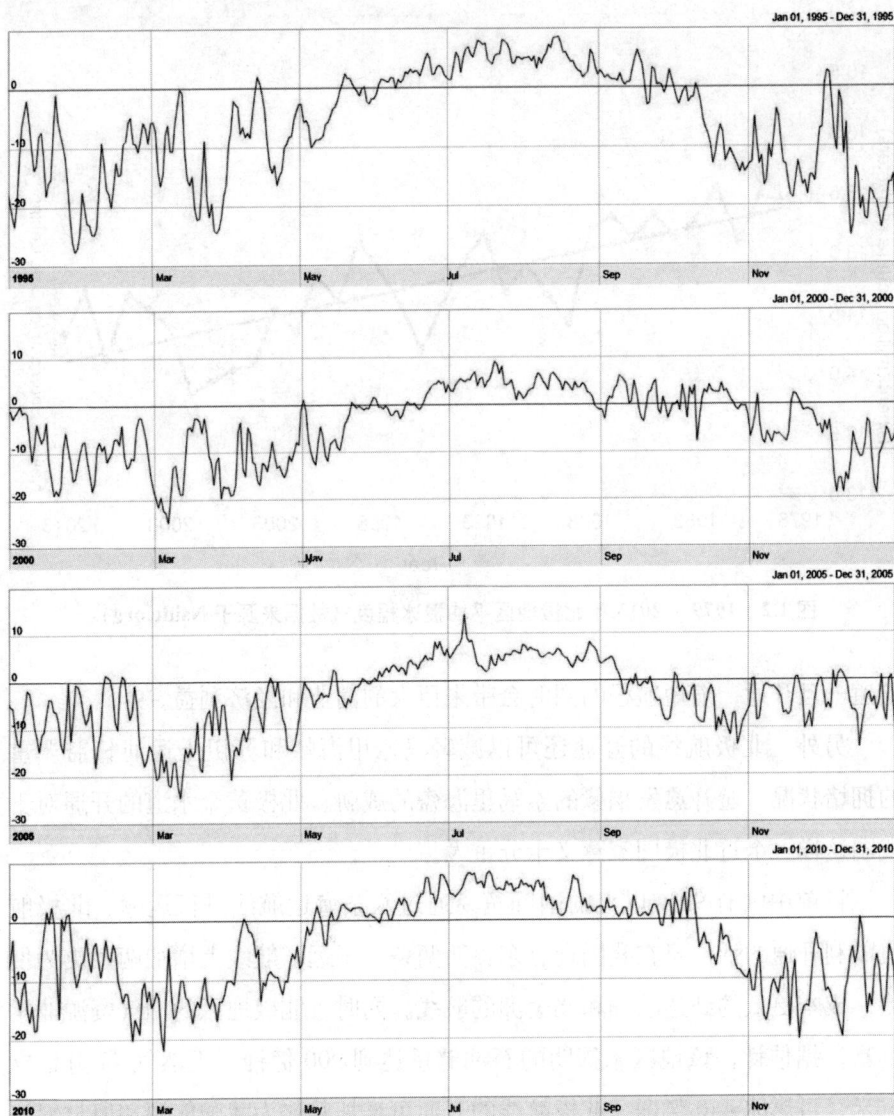

图 1.1　1995—2010 年北极地区温度变化趋势图（数据来源于 Nsidc.org）

极大缓解资源运输压力。

其次，北极航道相对于传统航道来讲，极大缩短了洲际航程，不仅降低了国际航运成本，也改变了现有海运格局，同时极大减轻了传统航线日益严重的拥堵状况。目前的环球海上航行主要通过巴拿马运河或苏伊士运河来连接太平洋和大西洋，甚至需绕道非洲南部好望角。与这些航线相比，北极

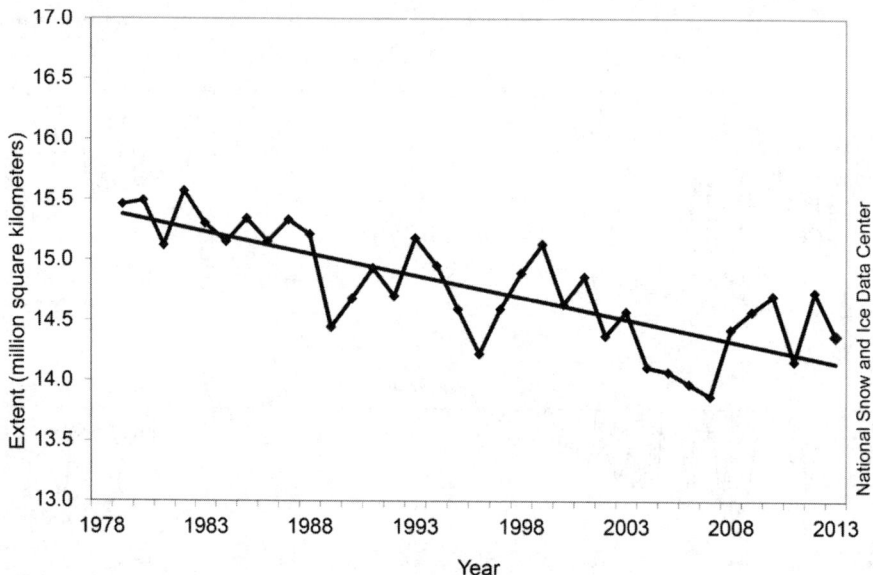

图 1.2　1979—2013 年北极地区平均覆冰程度（数据来源于 Nsidc.org）

航道一旦开通，缩短航程的同时会带来巨大的商业和经济利益。

另外，北极航线的开通还可以减轻马六甲海峡和苏伊士运河日益严重的拥堵状况，避开愈发猖獗的索马里海盗的威胁。北极黄金水道的开通对于我国这样一个近北极国家意义十分重大。

目前中国有 90% 以上的国际贸易通过八条海运航线进行运输。北极航道顺利开通的话，将在我国现有东、西两条主干远洋航线上增加两条更为便捷、成本更低的到达欧洲和北美洲的航线。同时，北极地区的油气资源非常丰富，据估计，该地区未探明的石油储量达到 900 亿桶，天然气 47 万亿立方米，可燃冰 440 亿桶，北极航线的开通可增加其作为我国能源和原材料海外采购目的地的战略地位。

以往只有俄罗斯的核动力破冰船才能到达北极地区，随着气候变暖、北极海冰日益缩小，现在常规动力破冰船也可以到达，因此夏季北极航线的开通已成为可能。目前，以起始于摩尔曼斯克港到俄罗斯远东港口为代表的季节性航线已开通若干条，这些航线作为快捷通道将北欧、东亚、俄罗斯和北美等地区联系起来，但仍存在一定的局限性。这主要源于北极地区恶劣的气候环境，诸如风、海浪、洋流、海雾和海冰等，加之航行经验、船舶技术和基础设施的不完善使得航行中易发生迷失、碰撞、搁浅等不确定事故。

目前，北极海冰是北极最主要的环境因素，北极海冰覆盖面积对全球气候、世界航运格局等都具有非常重要的影响。尤其在航运方面，随着北极冰层覆盖面积的缩小（如图 1.3 所示），北极全年可通航时间也越来越长，这对于很多航运公司来说可节约较大成本。如果能够对北极的冰层覆盖面积进行预测，可以更好的评估北极的航运风险，这对于北极航运有着至关重要的作用。但是，当前对于北极冰层覆盖面积预测的文献较少，文献综述了北极海冰数值模拟工作的相关进展。[①] 主要从物理学的角度介绍了影响海冰生成的一些相关影响因素，从这些因素出发对于海冰进行数值模拟。但是，由

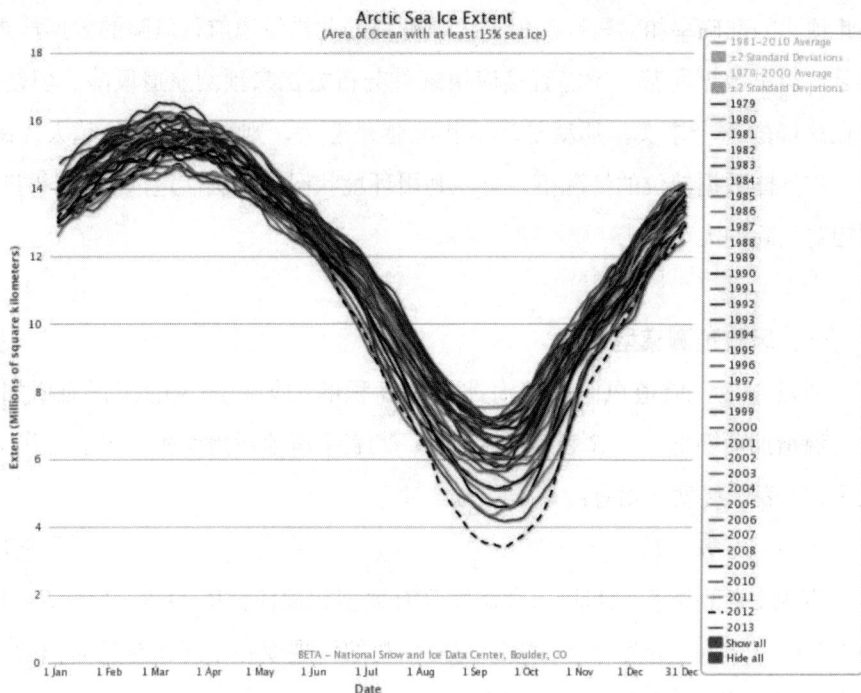

图 1.3　1979—2013 年北极海冰覆盖面积比较图（数据来源于 Nsidc.org）

---

① 郭智昌、赵进平：《北极海冰数值模拟研究述评》，载《海洋与湖沼》1998 年第 2 期。

于海洋、海冰和大气之间的相互作用非常复杂，整个北极区域海冰的形成并不能仅仅局限于几个具体因素的预测。而建立在具体影响因素上的预测方法往往会产生预测不准的结果。因此，宏观上，从历史数据本身着手，通过对数据的研究寻找其内在变化规律就变得尤为重要。当前研究较多停留在对历史数据直观的定性认识上，缺少量化角度的分析，以及对北极海冰覆盖面积的定量预测。而对北极海冰覆盖面积的定量预测将有助于更好地研究北极自然变化。本节根据北极海冰覆盖面积的历史数据，利用核回归方法对于北极冰层覆盖率进行预测。

目前，国内外对于北极通航环境的研究方法主要集中在三个方面：灰色综合评价法、层次分析法和统计分析法。灰色综合评价法和层次分析法具有很强的主观因素，其预测结果往往不够准确。统计分析法是以数据为基础，因此预测的准确率相对较高。但是，新开辟的北极航道航行风险的数据严重缺乏，历史数据尤甚，不能直接应用统计分析方法来预测航道风险。但是，存在这样的一个事实，那就是环境状况越是恶劣，则航道的风险越大。故而，在具体数据缺位的情况下，可以利用环境状况来刻画航道风险在不同时刻相对风险的大小。

一、风险预测模型

通常来说，航道风险随着海冰覆盖面积的增加和海风的加强而增加，随气温增加而降低。令 R 表示风险大小，S 表示海冰覆盖面积，W 表示风力大小，T 表示温度，则有：

$$R=f(S, \ W, \ T) \tag{1}$$

直观上，覆冰面积与风力和温度具有典型相关性，$W=k_1S$，$T=k_2S$，其中 $k_1>0$，$k_2<0$。最终对于风险影响最直观的体现就在于海冰覆盖面积的大小上，即，覆冰面积越大风险越大：

$$R=F(S) \tag{2}$$

基于上述分析，把对风险的评估转移到海冰覆盖面积的预测上。假设风险大小随海冰覆盖面积呈正态变化：

$$R(S) = e^{-\frac{(S-\mu)^2}{2\delta^2}} \tag{3}$$

这里我们假设当北极海面全部为冰层覆盖时的风险为 1，因此 μ 为北极海域面积，δ 位待定参数。下文首先通过核回归方法对北极海冰覆盖面积进行预测并给出预测结果。

设 S_i 表示一年中第天的海冰覆盖面积，y 表示年份，则海冰覆盖面积随年份变化的线性回归预测模型可表示为

$$S_i = \alpha_i + \beta_i y + \varepsilon_i \ (i = 1, \ 2, \ \cdots, \ 365) \tag{4}$$

其中，$\alpha_i + \beta_i y$ 表示 S_i 随年份 y 变化的线性部分，ε_i 为随机误差。我们所获取的数据存在一个很大的缺陷就是数据缺失，即，在某些时间点处没有数据。另外，数据观测及处理方面也存在一定的误差。为了解决上面这两个问题，我们首先对原始数据利用核回归进行处理。核回归是一种更加灵活的估计回归函数的技术，[①] 其基本思想是仅仅依赖靠近目标点的观测值来进行预测，从而使得回归函数更加光滑。这类似于加权回归，如图 1.4，我们要预测点的函数值，通常可以用与其最近的某个值的平均值来近似，但是这种做法会导致回归函数的连续性较差。因此，我们可以做一个加权平均，即

$$\hat{f}(x_0) = \frac{\sum_{i=1}^{N} K(x_0, x_i) y_i}{\sum_{i=1}^{N} K(x_0, x_i)} \tag{5}$$

这里 K 为核函数，通常其随距离 $|x_0 - x_i|$ 平滑衰减。设 S'_{ij} 表示实际观测到的第 i 年第 j 天的北极海冰覆盖面积，由于数据缺失及观测误差，我们需要利用核回归对这些观测值进行光滑处理。这里的海冰面积观测值 S'_{ij} 为二维数据，任意点 P_0 处的拟合值，即回归函数值可表示为 $S_{i0j0} = f(i_0, j_0) = f(P_0)$，这里 $P_0 = (i_0, j_0)$，则

---

① Trevor Hastie, Robert Tibshirani, Jerome Friedman, *The Elements of Statistical Learning-Data Mining*, *Inference*, *and Prediction* (*second edition*), Springer Press.

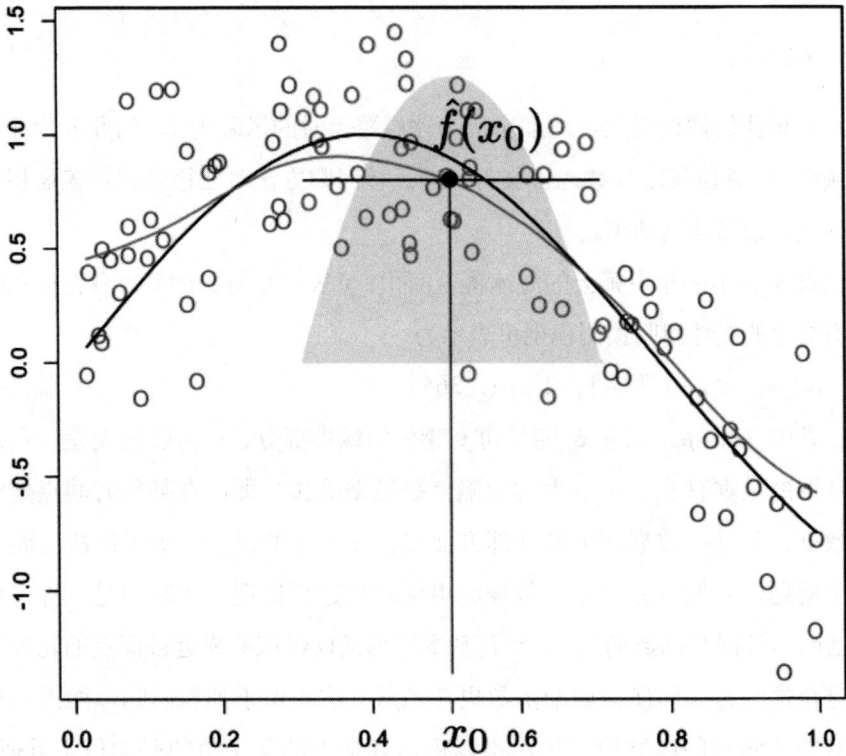

图 1.4　回归函数图

$$f(P_0) = \frac{\sum_i \sum_j K(P_0, P) S_{ij}'}{\sum_i \sum_j K(P_0, P)} \tag{6}$$

其中 $P = (i, j)$，为核函数，S_{ij} 表示第 i 年第 j 天的拟合数据。因为核函数随距离而平滑衰减，通常，$\|P - P_0\|$ 表示欧几里得距离。本节根据数据本身的性质，我们需要重新定义距离的概念。我们知道，对于原始数据，如果按照时间顺序排成一维数据的话，很明显应该具有近似周期的性质，而对于北极海冰覆盖面积数据我们既要同比（不同年份相同时间的数据之间的比较）也要环比（同年分不同时间的数据之间的比较），即在某一时刻海冰覆盖面积既和相邻时刻海冰覆盖面积有关，也和不同年份同一时刻的海冰覆盖面积密切相关。因此在二维数据中，沿横轴方向的距离我们可定义为

$$\|j - j_0\| = \min\{|j - j_0|, 365 - |j - j_0|\} \tag{7}$$

而沿纵轴方向的距离

$$\|i - i_0\| = |i - i_0| \tag{8}$$

综合这两方面，我们定义两点 P, P_0 之间的距离为

$$\|P - P_0\| = \sqrt{\frac{\|i - i_0\|^2}{a^2} + \frac{\|j - j_0\|^2}{b^2}} \tag{9}$$

这里 a 和 b 是参数，分别体现数据在同比、环比两个方面的权重（即影响力水平），$b > a$ 说明横轴方向上的一个单位的距离相对于纵轴方向上一个单位的距离要小（即影响力要大）。核函数 K 我们选取高斯核函数

$$K(P, P_0) = \exp\left\{-\frac{\|P - P_0\|^2}{2\delta^2}\right\} \tag{10}$$

这里 δ 为待定参数可看作核函数带宽，代入（9）式得

$$K(P, P_0) = \exp\left\{-\frac{\|P - P_0\|^2}{2\delta^2}\right\} = \exp\left\{-\frac{\frac{\|i - i_0\|^2}{a^2} + \frac{\|j - j_0\|^2}{b^2}}{2\delta^2}\right\} \tag{11}$$

不失一般性，（11）式可写为

$$K(P, P_0) = \exp\left\{-\frac{w^2 \|i - i_0\|^2 + \|j - j_0\|^2}{2\delta^2}\right\} \tag{12}$$

根据（6）式和（12）式，我们可以将原始数据进行拟合，例如下面的数据经（6）式和（12）式拟合后可得

综上所述，风险预测模型的步骤可概括为下面三部分：

1）数据拟合（即核回归）：即对原始海冰覆盖面积数据利用核方法进行拟合将数据光滑化得到 S_{ij}，从而修正观测误差和补充缺失的数据；

2）回归模型（加权线性回归）：对数据 $(S_{1j}, S_{2j}, \cdots, S_{Mj})$ $(j = 1, 2, \cdots, 365)$ 进行回归拟合分别求出每一天的海冰覆盖面积变化规律。

3）风险预测：根据公式（3）计算出对应的风险值。

二、结果及分析

(一) 北极海冰覆盖面积预测

本节数据获取自美国国家冰雪数据中心[①] 从 1979 年至 2013 年每一天的北极海冰覆盖面积。由于所考虑的是海冰覆盖面积随年份的变化,从数据直观分析可看出北极海冰覆盖面积逐年减少,因此我们对 1979—2013 年这 35 年中的同一天的数据做回归分析。令 (12) 中 $w=1.5$, $\delta=3$, 图 2 给出了分别利用单纯核回归和基于高斯核函数的加权线性回归模型对 2013 年前半年北极海冰覆盖面积进行预测的结果,并与实际数据进行比较。这里横轴表示 2013 年从第 1 天到第 365 天,而纵轴表示每一天中北极海冰的覆盖面积。从图中可以看出,加权线性回归方法的预测结果相对实际数据来说拟合较好,而单纯核回归方法预测结果相对实际数据来说偏低。

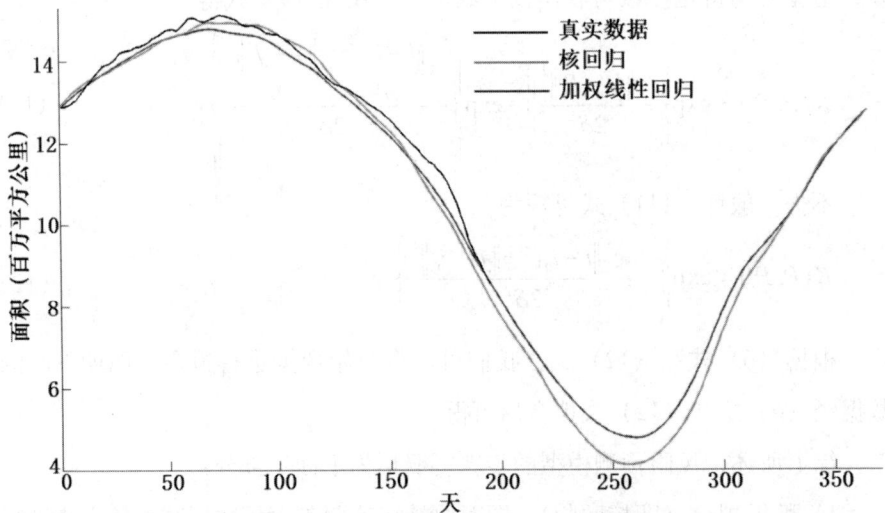

图 1.5　两种方法预测结果与实际数据的比较

我们采取加权线性回归,即对原始数据利用核方法进行光滑化,然后再做线性回归,结果见图 1.5。从图中可见,北极海冰覆盖面积呈逐年下降趋势,这与实际情况比较符合。因此在风险预测中我们采用基于核方法的线

---

① http://nsidc.org/arcticseaicenews/charctic-interactive-sea-ice-graph/.

性回归模型预测结果进行分析。

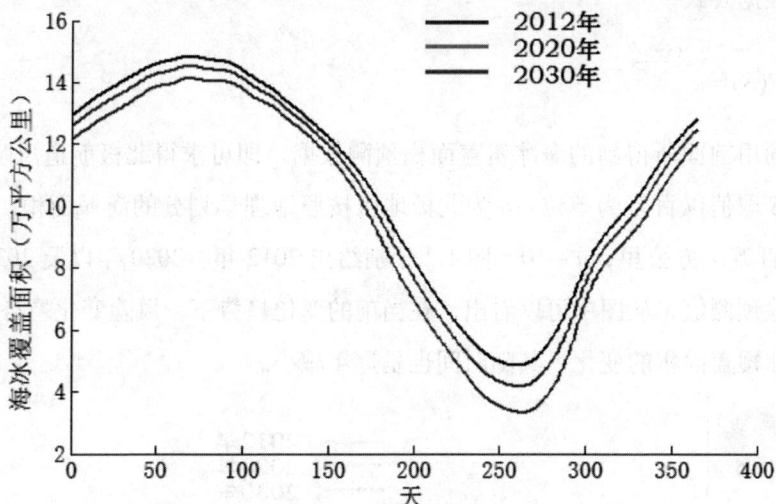

图 1.6　加权核回归预测不同年份结果比较

2012 年 9 月 16 日夏季海冰范围减小再创历史新低，仅 341 万平方公里（约为整个北冰洋面积的 1/4）。同时，东北航道商业运营已经开始，通过船只达 46 艘，货运量快速上升到 126 万吨，航行时间跨度已从两三个月延长到 5 个月（7 月中旬到 12 月上旬）。2014 年末的一艘是运载液化天然气的船舶，12 月 6 日出发，从挪威哈默非斯特港到日本横滨港。[①] 从获取的 2012 年数据可知，2012 年 12 月 6 日北极海冰覆盖面积为 11.2327 万平方公里，因此只要海冰覆盖面积小于该值，即认为是可航的。下表 1.1 列出 2012 年至 2030 年可通航时间的预测值。

表 1.1　2012—2030 年全年可航行天数

年	2012	2013	2014	2015	2016	2017	2018	2019	2020	2021
天数	175	177	178	179	180	181	183	184	185	186
年	2022	2023	2024	2025	2026	2027	2028	2029	2030	
天数	188	188	190	191	192	193	195	195	197	

---

① http：//www.dfdaily.com/html/8762/2013/5/21/1000580.shtml，2015 年 1 月 1 日获得。

（二）北极风险预测

根据公式

$$R(S) = e^{-\frac{(S-\mu)^2}{2\delta^2}}$$

利用前面所得到的海冰覆盖面积预测数据，即可求得北极航道风险值，其中 S 取值以百万为单位；μ 为北极地区按照地理学划分的海域面积，即 μ = 21 百万平方公里；μ = 10。图 1.7 分别给出 2012 年、2020 年以及 2030 年的风险预测值，从图中可以看出，在当前的变化趋势下，风险变化趋势类似于海冰覆盖面积的变化，其随时间也是逐年减小。

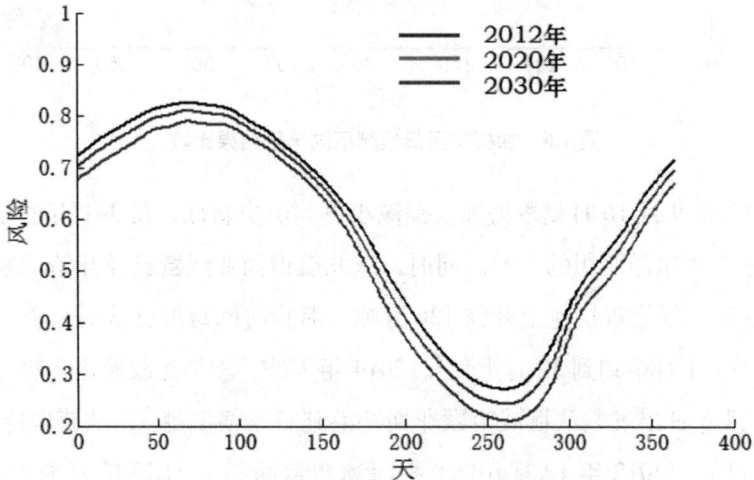

图 1.7　不同年份风险变化趋势图

风险值小于 0.62 时的天数列于表 1.2，其与表 1.1 可航行天数相当，因此可认为当风险小于 0.62 时是可航行时间。

表 1.2　2013—2030 年北极可航行（R≤0.62）天数预测

年份	2013	2014	2015	2016	2017	2018	2019	2020	2021
	176	177	179	180	181	182	184	185	186
年份	2022	2023	2024	2025	2026	2027	2028	2029	2030
	187	188	190	190	192	193	194	195	197

从该表不难看出，随着时间的推移，北极地区航行风险在逐年降低，可航行天数逐年增加，但是增加的幅度并不是很大，以这个趋势变化下去，短期之内实现全年通航不太现实。

第三节 北极航道利用对传统航道经济效益的影响

随着全球气候变暖，北极冰川融化，作为欧、亚、北美三大洲海上运输捷径的北冰洋航线越来越多的引起相关国家的重视。在全球经济一体化的大背景下，依靠海上运输的国际货物贸易尤其是洲际间的货物贸易占总贸易量的比重越来越大，主要国际航线包括亚欧航线（途径苏伊士运河）、亚洲—拉美航线、亚洲—澳洲航线、亚洲—中东航线、欧洲—北美航线以及亚洲—北美航线。北极航线的开通将极大缩短我国到北欧及北美之间的海运航程，目前，北极航线主要有东北航线和西北航线两条，从中国到北美的北极航线主要经西北航道，到北欧主要经东北航道。中国北部港口到北欧的东北航道相对于传统航道缩短的航程最高可达 50% 以上，在航运成本愈来愈高的情形下，航程的缩短对于总成本的降低具有非常显著的价值。但是航运成本的缩减并不代表利润的增加，从经济的角度考虑，我们更看重利润的增加。影响航运利润的因素主要有下面几个：航运成本、北极地区可航行时间限制和货物吞吐量。

一、航运成本

与传统航线相比，北极航线在航运成本上变化比较大的几个方面主要有：航程变化带来的成本变化、保险费用以及引航破冰费用等。[1]

（一）航行里程的变化所引起的燃油成本的变化

通常，燃油成本几乎占海运总成本的一半，如果国际油价上涨，燃油

---

[1] 张侠等：《北极航线的海运经济潜力评估及其对我国经济发展的战略意义》，载《中国软科学》2009 年 S2 期。

成本占海运总成本的比率甚至可达将近80%。因此，燃油成本是海运总成本最主要的影响因素。而燃油成本的大小跟航线航程成正比，航程的缩短对于总成本的降低具有至关重要的作用。表1.3给出了不同港口间北极航线和传统航线最短里程表的比较。以上海至纽约航线为例，沿北极西北航道至纽约总里程为8632海里，而传统航线则是沿太平洋经巴拿马运河，总里程为10567海里，北极航道相对传统航道缩短18.3%。若燃油成本占总成本的50%，则沿北极航道从上海至纽约燃油成本可节约总成本的将近10%。若是从上海到摩尔曼斯克，节约的燃油成本可达总成本的近22.9%。这个比例相当可观，从里程上来说，如果沿北极航道航行至北美和北欧港口，可节约极大的燃油成本。但是影响总成本的因素很多，燃油成本只是其中一个方面。虽然北极航道可极大的缩减燃油成本，但是其他方面的成本却会增加，包括保险费用、船舶折旧、人员薪酬等。

表 1.3　北极航线与传统航线里程对照表[①]

		B1	**B2**	**B3**	**B4**	**B5**	**B6**	**B7**	**B8**
图们	A	7047	7746	7958	9728	5754	7140	7198	8246
	C	10650	10091	9927	9440	12756	11762	11479	10143
天津	A	7966	8665	8876	10647	6728	8114	8172	9220
	C	11500	10941	10777	10290	12574	11607	11302	9988
上海	A	7722	8421	8632	10403	6508	7894	7952	9000
	C	11290	10731	10567	10080	11987	11020	10715	9401
厦门	A	8115	8985	9197	11127	6915	8301	8359	9407
	C	10779	11123	10959	10472	11465	10498	10193	8879
香港	A	8379	9078	9289	11060	7167	8553	8611	9659
	C	10567	11376	11212	10725	11253	10286	9981	8667
注：		B1：圣约翰斯 B2：波士顿		B3：纽约 B4：休斯顿		B5：摩尔曼斯克 B6：雷克雅未克		B7：汉堡 B8：里斯本	

---

① Halvor Schoyen, Svein Brathen, "The northern sea route versus the Suez Canal: cases from bulk shipping", *Journal of Transport Geography*, 19 (2011) 977-983.

（二）保险费用

海运风险包括海上风险和外来风险。海上风险又分为自然灾害和意外事故，自然灾害指恶劣气候、雷电、流冰、海啸以及其它人力不可抗拒的灾害；意外事故主要包括船舶搁浅、触礁、沉没、碰撞、失火、爆炸以及失踪等具有明显海洋特征的重大意外事故。外来风险包括一般外来风险和特殊外来风险，一般外来风险指偷窃、破碎、渗漏、玷污、受潮受热、串味、生锈、钩损、短量、淡水雨淋、包装破裂等；特殊外来风险主要指由于军事、政治及行政法令等原因造成的风险，从而引起货物损失，如战争、罢工、交货不到、拒收、海盗等。近年来苏伊士运河、巴拿马运河等传统航线已出现拥塞并存在恐怖袭击、海盗等安全隐患，尤其是中国到欧洲的远洋航线上海盗猖獗，使得保险费用骤增，一般海盗险为船总价值的 0.125%—0.2%。而北极航线发生海盗的可能性很小，因此这部分费用可以节省。但是北极地区恶劣的天气使得发生自然灾害和意外事故的概率增加，同时由于政治军事原因所造成的风险也因为各国对北极的争夺而加剧，因此这部分保险费用可能会增加，因此总体上保险费变化不大。

（三）破冰费用

北极地区航行的船舶或者本身具有破冰能力，或者需要破冰船的引航。具有破冰能力的船舶本身造价昂贵，船舶的折旧费用也随之增长；出于巩固北极战略地位的原因，俄罗斯向经东北航道的所有船只收取高昂的破冰费用，这在很大程度上增加了该航线的航运成本。

二、可航行时间限制

北极航线若要成为一条具有经济价值的对外贸易新航线，获得经济利益是最原始的驱动力。但是北极地区恶劣的自然环境，使得实际可通航的时间不能与传统航线相提并论。目前，北极地区只在夏季覆冰覆盖率较低的一段时期内可通航，其他大部分时间由于覆冰太厚而处于断航状态，这严重影响北极航道的通航。近年来，随着全球气候变暖，北极覆冰加速融化，这使得北极黄金水道的开通越来越被人们所认可。目前全年可航行时间为 120 天左右，根据目前北极气候变化趋势预测，至 2030 年可航行时间可达 150 天左右。因此每年至少有半年时间无法通航，这也严重制约北极航道的开发利用。

三、货物吞吐量

北极航线货物吞吐量是影响航线能否获得收益的一个主要因素。北极航线和传统航线在吸引客户方面存在竞争关系，客户既可以选择北极航线也可以选择传统航线，其选择行为使得货物在不同航线上进行分流。通常客户选择北极航道还是传统航道进行运输，主要考虑下面几个因素：

（1）价格因素：一般来说运价越低的航线，被选择的几率更大一些。目前为止，可认为传统航线的运价已经趋于稳定，作为新开通的北极航线，若期待从传统航线的市场份额中分得一杯羹，同时又能保证自身获益最大化，制定合适的运价是其很重要的一个决策。

（2）时间因素：直观上，在途航行时间越短的航线被选择的几率越大。北极航线比传统航线缩减了航程，航行时间亦极大缩短，这也有助于提升北极航线的竞争力。

（3）可航行时间因素：传统航线基本不存在可航行时间的制约，但是北极航道由于受环境影响，全年只有 1/3 至 1/2 的时间可通航，这会使得北极航线丧失有全年运输需求的客户。

（4）航运能力：由于北极航道恶劣的环境，经过北极航道的综合运输能力远低于传统航线，也使得部分客户倾向于选择传统航线。上述因素使得北极航线与传统航线分流有限的货物吞吐量。

四、北极航线最优定价模型

从经济利益的角度出发，航线的开通都是为了获取最大的经济效益。那么，北极航线的开通，如何才能获取最大利润呢？客户选择经传统航线还是北极航线的主要因素有上述四个因素。这里尤其以运价和航行时间为主要因素，而运价和吞吐量以及航运成本决定利润，下图 1.8 揭示了各要素之间的关系。

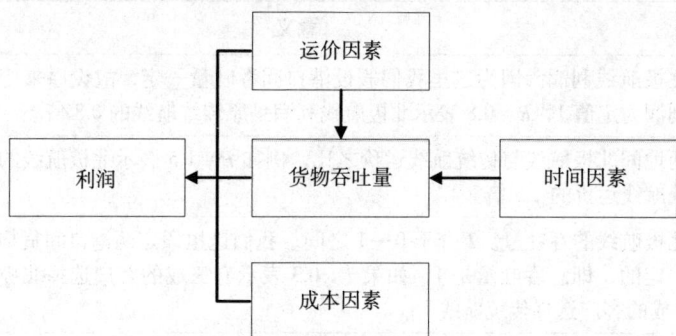

图 1.8　北极航线选择的主要影响因素

　　可以将北极航线定价模型看作北极航线通过自身定价策略与传统航线竞争客户，以达到利润最优的目的。这里假定两港口间货物吞吐量是一定的，客户选择经北极航线或传统航线，因北极航线与传统航线各具不同特点，客户从自身角度出发选择航线。首先我们来讨论客户的选择行为，假设两地之间的货物需求量一定，客户选择北极航线和传统航线通常根据上述讨论的几个因素，以一定的概率进行选择。离散选择模型被广泛地应用于各类选择问题，①②③④⑤ 比如，公共交通工具和私人交通工具的选择问题、道路选择问题、对某种商品购买的决策问题、职业选择问题等。这里如果因变量只取两个值的离散选择模型我们称之为二元选择模型，本节对航线的选择只有北极航线与传统航线两类，因此二元选择模型适用于本节。表 1.4 列出本节所要用到的一些符号以及他们所标示的意义。

---

① 刘勇、王高：《离散选择模型在零售研究中的应用——基于 MNL，MNP 和 MixedLogit 的比较》，中国高等院校市场学研究会 2009 年年会论文集。

② 聂冲、贾生华：《离散选择模型的基本原理及其发展演进评介》，载《数量经济技术经济研究》2005 年第 11 期。

③ 陈锟、王晓红、朱敏：《Logit 模型在市场营销定量研究中的应用——消费者对家电品牌选择的实证分析》，载《商业研究》2006 年第 24 期。

④ 郭永新、王高、齐二石：《品牌、价格和促销对市场份额影响的模型研究》，载《管理科学学报》2007 年第 2 期。

⑤ 董加伟、王方华：《基于离散选择模型的产品差别市场降价竞争研究》，载《商业研究》2004 年第 15 期。

表 1.4　符号及其意义

符号	意义
R	北极航线利润。因为这里我们假设港口间吞吐量一定，故设原来传统航线的利润为定值 1，$R=0.8$ 表示北极航线利润是原传统航线的 0.8 倍
P	两地间北极航线与传统航线运价之比，例如 $P=1.5$ 表示北极航线的运价是传统航线运价的 1.5 倍
T	北极航线的吞吐量。T 介于 0—1 之间。我们这里假定两港口间货物吞吐量是一定的，即总吞吐量是 1，如果 $T=0.3$ 表示有三成的客户选择北极航线，而 7 成的客户选择传统航线
C	北极航线与传统航线的成本之比，$C=0.8$ 表示北极航线的单位成本（元／海里）是传统航线单位成本的 0.8 倍
t	北极航线与传统航线单程时间之比。$t=0.6$ 表示两港口间北极航线航行时间是传统航线航行时间的 0.6 倍

Logit 模型是离散选择模型之一，是社会学、生物统计学、临床、数量心理学、计量经济学及市场营销等统计实证分析的常用方法，其逻辑分布公式为：

$$\Pr(Y=1\,|\,X=x_i)=\frac{e^{\alpha x_i}}{\sum_j e^{\alpha x_j}} \tag{13}$$

表示 X 在给定的条件下，选择 Y 的概率，这里 α 为极大似然估计，令 $r=ax$ 可看作是 Y 的效用函数，效用值越大，被选择的概率就越大。显然对于航线的选择属于二元离散选择，效用函数与定价以及航行时间成反比关系，即

$$r=-\alpha_1 P-\alpha_2 t \tag{14}$$

这里 α_1，α_2 为极大似然估计值，满足 $\alpha_1+\alpha_2=1$，也可看作定价及航行时间在效用函数中所占的权重。（α_1 的值可以看作是客户选择的时候考虑对价格的看重程度，α_1 越大 α_2 就越小，$\alpha_1>\alpha_1$ 说明客户在选择航线的时候更看重价格而不是时间，直观上来说，大部分客户对定价的看重应该更高一些，因此 α_1 相对来说就比较大一些）因此客户选择北极航线的概率可表示为

$$\mathrm{Pr} = \frac{e^{-\alpha_1 P - \alpha_2 t}}{e^{-\alpha_1 P_0 - \alpha_2 t_0} + e^{-\alpha_1 P - \alpha_2 t}} \tag{15}$$

假设传统航线的运价是 P_0，单位货物的运输成本为 C_0，则北极航线所获得的纯利润占北极航线没开通之前传统航线利润的比例为

$$R = \frac{PP_0 - CC_0}{P_0 - C_0} \mathrm{Pr} = \frac{PP_0 - CC_0}{P_0 - C_0} \frac{e^{-\alpha_1 P - \alpha_2 t}}{e^{-\alpha_1 P_0 - \alpha_2 t_0} + e^{-\alpha_1 P - \alpha_2 t}} \tag{16}$$

因此最优定价模型为

$$\max R = \frac{PP_0 - CC_0}{P_0 - C_0} \frac{e^{-\alpha_1 P - \alpha_2 t}}{e^{-\alpha_1 P_0 - \alpha_2 t_0} + e^{-\alpha_1 P - \alpha_2 t}} \tag{17}$$

五、结果及分析

由于北极航线开通得较晚，相关数据很难得到，因此对于公式（17）中的各参数很难用统计方法做估计，因此我们对于各种参数，利用公式（17），分别对最优定价模型进行计算。这里我们主要考虑定价权重和成本所产生的影响。（因为我们目前没有任何统计数据来估计定价权重的大小，因此我们对定价权重从 0.5 到 1，每隔 0.01 取一个值分别计算其对利润及最优定价的影响。直观上，接近于 1 的定价权重应该更接近于现实）图 1.9、图 1.10 分别给出定价权重（α_1）的变化分别对利润和最优定价的影响，其中，$P_0 = 1$，$C_0 = 0.4$。通过对北极航线和传统航线里程做统计分析，估计出北极航线运行时间约占传统航线运行时间的 0.8，即（17）式中 $t = 0.8$。

图 1.9 中，横坐标表示定价权重，值越大，表示客户在选择航线的时候受运价影响越大，受航运时间的影响就越小。纵坐标表示北极航线的利润占北极航线没开通之前传统航线利润的比重，例如，北极航线没有开通之前的传统航线的总利润为 1，则北极航线开通以后，北极航线的利润即为纵坐标所表示的值。

从图 1.9 可以看出，定价权重越小，利润越高，反之就越低。这可以理解为客户的选择行为受定价的影响小的话，即便定价很高，也会有很多客户选择北极航线，这样必然获得更多的利润。反之，如果价格因素作为客户主

要的考虑因素，一旦定价过高，就会有很多客户选择传统航线，而定价过低，即便选择北极航线的客户多，也不会产生很高的利润。

从图 1.10 也可以很好地体现出这一点，即价格对人的选择行为影响小的话，就尽可能地制定高价以产生更高的利润。图 1.10 的纵坐标表示给定的定价权重下，北极航线要获得最大的利润需要给出的最优定价策略。

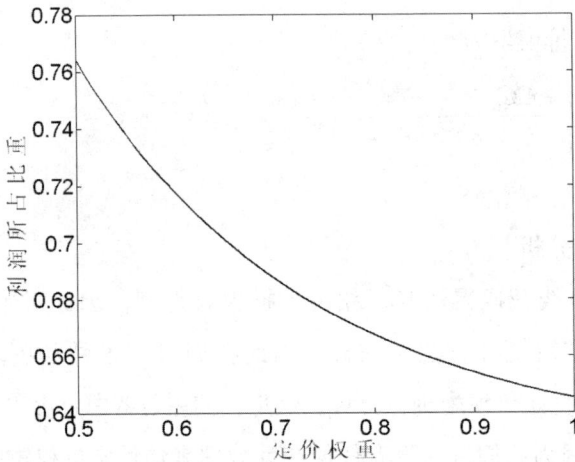

图 1.9　定价权重对利润的影响

图 1.9 是定价权重对利润的影响，横坐标是定价权重，也即价格因素在航线选择中所占的重要性，越接近于 1 说明越重要，纵坐标表示在给定的定价权重下，利润所能达到的最大比重，这个比重是指在北极航线没有开通前原来传统航线的利润的比重。从图 1.9 可以看出，北极航线开通以后，在与传统航线的的竞争中应该是占有优势的，在一定的市场份额下，北极航线所获得的利润要高于传统航线（因为利润所占比重大于 0.5）。

图 1.10 是对应于图 1.9 取得最大利润时的最优定价，从图中可见，当定价权重接近于 1 的时候，若期待获得最大利润，北极航线的价格要低于传统航线定价，这主要由于成本的降低所引起。

图 1.11 和图 1.12 分别给出成本对于利润和最优定价的影响。这里，横坐标表示北极航线的成本是传统航线成本的倍数，纵坐标同图 1.9、图 1.10 通过具体的量化结果，得出成本越高，利润越低的直观结论。图 1.12 的结

论说明成本越高的话，要想获得高利润，只能通过定价的提高来获取。

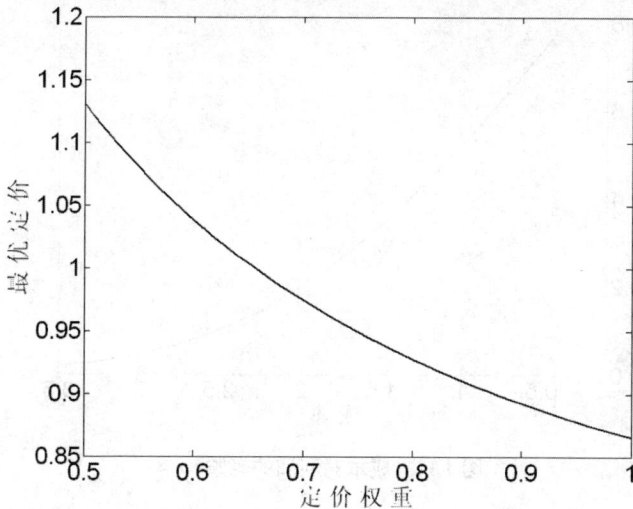

图 1.10　定价权重对最优定价的影响

图 1.10 可以看出，当北极航线的成本在 1.1 左右，稍大于传统航线的时候利润所占比重为 0.5，即在这时北极航线和传统航线的利润相当，这主要是由于北极航线的航行时间相对短一些，在这个优势下，可以适当调高价格，来保持利润最大化。而当北极航线成本小于 1.1 时，其航线的优势就更加明显，在这种情况下利润就要大于传统航线的利润。而当成本大于 1.1 的时候，在这种情况下，开通北极航线的利润就要小于传统航线，利用北极航线的价值也有所下降。

图 1.11 是对应于图 1.10 的最优定价，成本越小，达到最大利润时的价格就越低，当成本小于 1，即北极航线的成本比传统航线成本还要低的情况下，要达到最大利润，其定价也可以比传统航线低，这样就使得北极航线更具有竞争力。

图 1.13 和图 1.14 分别给出利润和最优定价受成本与定价权重的综合影响。从图 1.13、图 1.14 可见，若期待获得高利润则需定价权重和成本尽可能低，图中明显可见定价权重对于利润的影响比成本更大一些。因为定价权重对于人们的选择行为影响比较大，而人的选择行为直接决定航线的吞吐

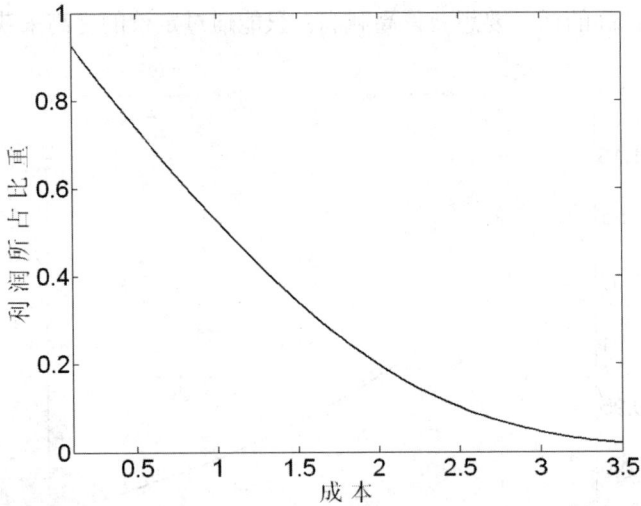

图 1.11　成本对利润的影响

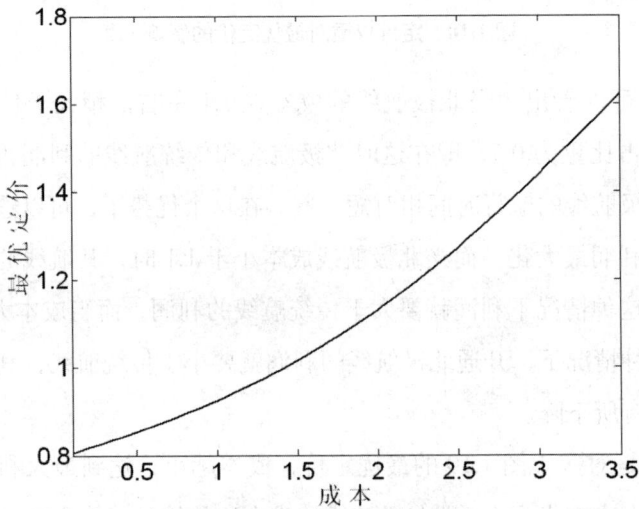

图 1.12　成本对最优定价的影响

量，这也是影响最终利润的重要因素。进而不难理解为何定价权重比成本更为重要了。

　　但是在实际中，定价权重即价格因素不以人的意志为转移，可以通过市场规律做统计分析来决定。一般情况下，选择航线对价格的敏感程度要更高一些，通常价格权重要接近于 1。从图 1.13 可见，当定价权重接近于 1，

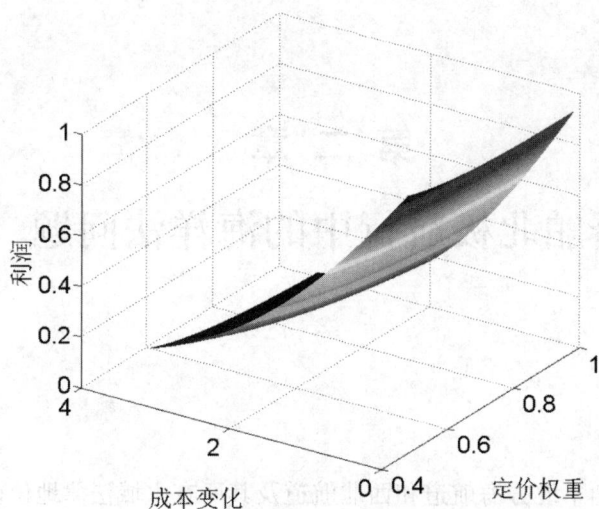

图 1.13　成本与定价权重对利润的影响

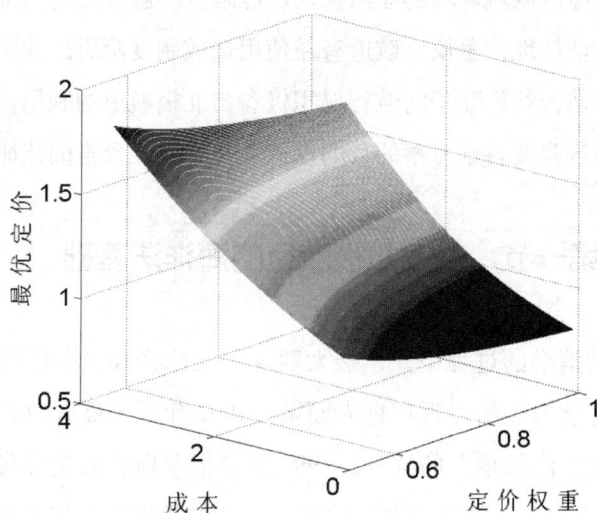

图 1.14　成本与定价权重对最优定价的影响

而成本介于 0—1 之间的时候，北极航道获得的利润相对较高，在这种情况下，从图 1.14 可见其对应的价格与传统航线相差不大，也就是说，北极航线只要定价与传统航线差不多，因为其航运时间大大缩短，亦会吸引更多客户，从而获得更高的利润回报。因此在给定的权重下，由最优定价模型可以判断最优利润是否达到我们的要求，以此给我们提供决策依据。

第 二 章
船舶北极航行中的海洋法问题

海洋法视角下北方海航道和西北航道及其所在水域法律地位尚存争议，这将对外国船舶的航行权产生影响。北极航道沿岸国根据《联合国海洋法公约》被赋予保护冰封区域环境的立法权，但应顾及一般接受的国际规则，避免航道所在水域法律地位争议给航道有益使用造成制度障碍。我国商船应根据《联合国海洋法公约》赋予的航行权积极参与北极航道的利用，科考船的北极航行活动则应强调科学考察的目的以避免带来禁止反言的法律后果。

第一节　船舶北极航行的海洋法基础

北冰洋逐渐消融的过程中，连接大西洋、北冰洋和太平洋的黄金航道之一——北方海航道逐渐浮现在世人面前。1932 年，苏联政府在官方文件中首次使用"北方海航道"的称呼。1991 年，俄罗斯官方文件将该航道定义为："位于苏联内海、领海或者毗连俄罗斯北方沿海的专属经济区内的海运线路，……西端是新地岛海峡的西部入口或沿子午线北行绕过新地岛北端的热拉尼亚角，东到白令海峡的北纬 66°、东经 168°55′37″处。"① 这与苏联出版的百科辞典中对北方海航道的定义在距离上基本相同，均认定其为国内航线。美国则主张，北极冰封区域的海峡属于国际航行海峡，应适用

---

① Erik Franckx Maritime claims in the Arctic，1993：315.

《联合国海洋法公约》中有关国际航行海峡的航行规则——过境通行制度。①
欧盟在北方海航道属性上的立场与美国相仿。可见，北方海航道国际法争议
的焦点落在该航道究竟属于俄罗斯内水中的航道，还是可用于国际航行的
海峡。

　　北冰洋消融的水域中另一条牵扯各国神经的航道是连接北美洲与亚洲
的西北航道。该航道东起北大西洋戴维斯海峡的巴芬岛，向西穿越加拿大的
北极群岛，经美国西面阿拉斯加北岸波佛特海和丹麦东面的格陵兰岛进入北
冰洋，最终进入太平洋，全长 3200 英里。1845 年，麦克尔首次通过西北航
道对富兰克林爵士的探险队进行救援。此后，有关西北航道属性的争议不
断。1985 年 8 月美国海岸警卫队的破冰船从西穿过西北航道的事件中，加
拿大主张："加拿大靠近北极的群岛水域为历史性内水，西北航道属于其内
水航道，如同密西西比河是美国的内河一样。"此后，加拿大政府宣布了包
括围绕加拿大北极群岛建立直线基线法令在内的一系列立法和执法措施，从
而加强对北极水域的控制。美国和欧盟在 1985 年加拿大提出在北极实行直
线基线后就提出了抗议，认为历史性所有权不能作为采用直线基线的依据，
西北航道属于国际航行海峡，应适用过境通行制度。美国对 1970 年《加拿
大北极水域污染防治法》（AWPPA）不予认可。因此，西北航道国际法争议
的焦点也存在于该航道属于加拿大直线基线内的内水航道，抑或是可用于国
际航行的海峡。

　　上文的分析可以看出，位于北冰洋消融水域的北方海航道和西北航道
均存在航道属性的争议，即这两处航道属于内水航道还是国际航行海峡。产
生这种争论的根源在于沿海国与船旗国在内水航道与国际航行海峡的权利分
配有极大的差异。下文将首先分析用于国际航行海峡及船舶航行权的国际法
律规制，之后论证北方海航道与西北航道是否满足用于国际航行海峡的条
件，然后探讨航道所在水域的法律地位及上述争议法律规制的发展趋势，最

---

① Olav Schram Stokke，*A legal regime for the Arctic？ Interplay with the Law of the Sea Convention*，Marine Policy 2006（10）.

后分析《联合国海洋法公约》第 234 条的内涵与挑战。

一、用于国际航行的海峡与船舶航行权

国际社会对国际航行海峡及其通过制度的关注可追溯至 1946 年英国与阿尔巴尼亚之间的科弗海峡案。① 国际法院在该案中认为，构成国际航行海峡需满足地理标准与功能标准。地理标准为海峡两端连接公海或专属经济区，功能标准方面却有实际使用和潜在使用的争议。② 第三次联合国海洋法会议以条约法的形式将国际航行海峡相关制度规定在《联合国海洋法公约》第三部分。

国际航行海峡及过境通行制度是第三次联合国海洋法会议上海洋大国与广大发展中国家斗争妥协的产物，体现了《联合国海洋法公约》一揽子条款的特点。第三次海洋法会议中，美国和苏联建议，"在公海的一部分与公海另一部分或外国领海之间的国际航行海峡中，所有过境的船舶和飞机具有通过和飞越自由。"这一建议将海峡自由航行作为接受 12 海里领海宽度的条件，否定了扩大领海宽度后属于领海的海峡所具有的领海地位。海峡沿岸国等发展中国家对这一主张极力反对，认为通过领海和通过用于国际航行的海峡应视为一个整体，由于这种海峡形成领海的一部分，应同样适用无害通过制度。1972 年 7 月，出席会议的我国代表沈韦良也表示，用于国际航行的领海海峡应适用无害通过制度，外国军舰和军用飞机通过时应事先得到许可。为达成最终合意，美国承认了 12 海里领海宽度及专属经济区制度，海峡沿岸国等发展中国家则同意接受用于国际航行海峡的过境通行制度，使得军用船舶和航空器可连续不停地通过海上咽喉要道——国际航行海峡，极大满足了海洋大国发展海上军事力量，海上自由航行的需求。

根据《联合国海洋法公约》的规定，构成国际航行海峡需符合两方面

---

① 国际法院主要对军舰在国际海峡中通过的问题做出了判决。国际法院将军舰通过海峡的方式作为判断其通过是否无害的决定性要素，认为英国军舰通过海峡属于无害的性质。

② 《联合国海洋法公约》确定了专属经济区制度。根据《联合国海洋法公约》的规定，两端连接公海或专属经济区的海峡即满足了地理标准。

条件：其一，该段狭长水域属于《联合国海洋法公约》调整的海峡；其二，该海峡用于国际航行。前者属于地理标准，后者属于功能标准。《联合国海洋法公约》的规定适用于在公海或专属经济区一部分和公海或专属经济区的另一部分的海峡。① 那些两端连接领海，或者一端连接公海或专属经济区另一端连接领海的海峡不属于《联合国海洋法公约》所调整的海峡。如果海峡两侧是一国大陆及该国岛屿，则这种海峡也不属于国际航行海峡。除满足地理标准，海峡需用于国际航行方可界定为国际航行海峡。判断北极航道法律属性应适用《联合国海洋法公约》有关国际航行海峡的定义，通过地理、功能标准的评估确定北极航道法律属性。根据《联合国海洋法公约》的规定，"所有船舶和飞机享有过境通行的权利，过境通行应不受阻碍。"② 商船和军舰均可继续不停和迅速地通过国际航行海峡。一些西方学者甚至认为，潜水艇在通过国际航行海峡时无需浮出水面展露旗帜；而我国学者则认为，潜水艇的通行需要浮出水面。

内水航道是位于一国内水水域用于船舶航行的通道。沿海国领海基线向陆地一侧的水域为该国的内水。广义的内水除了从领海基线到陆地部分的水域，还包括分布在大陆上的江、河、湖泊等淡水水域。内水属于一国领土，国家对内水拥有完全主权。外国船只在一国内水无航行权利，但进出一国港口的情形除外。如果北方海航道和西北航道被认定为内水航道，其他非沿岸国期冀通过这两处航道缩短航线的愿望将大打折扣，需要遵守俄罗斯（北方海航道）及加拿大（西北航道）国内法的规定，即便该国内法的规定严格于国际海事条约的规定。这是美国和其他欧盟海洋大国不愿看到的结果。

二、用于国际航行海峡的认定

北极航道只有成为《联合国海洋法公约》所确定的国际航行海峡，方

---

① 《联合国海洋法公约》第 37 条。
② 《联合国海洋法公约》第 38 条。

可满足欧美等海洋大国自由通行的需求，北极航道国际航行海峡属性的认定是论证的重点。北极航道所在水域的法律地位并不必然决定北极航道的法律地位。若北极航道满足"用于国际航行的海峡"的条件，作为《联合国海洋法公约》缔约国的俄罗斯和加拿大应赋予外国船舶过境通行的航行权。① 目前，俄罗斯、加拿大分别否认北方海航道、西北航道为"用于国际航行的海峡"，对外国船舶通过航道设置了特殊条件。

（一）北方海航道法律地位

俄罗斯认为构成北方海航道的维利基茨基海峡、绍卡利斯基海峡、德米特里·拉普捷夫海峡和桑尼科夫海峡不属用于国际航行的海峡。俄罗斯拒绝认可这些海峡为国际航行海峡的理由在于它们不符合实际用于国际航行的功能标准。② 美国签署外交声明称其在俄罗斯北极海峡航行时享有自由航行或不间断的无害通过的权利，认为海峡满足地理标准和潜在使用的功能标准，是用于国际航行的海峡。③ 俄罗斯却通过一系列立法夯实了其对北方海航道法律地位的主张。《1990 北方海航道海路航行规章》（本节简称《1990规章》）要求船舶在经过维利基茨基海峡、绍卡利斯基海峡、德米特里·拉普捷夫海峡、桑尼科夫海峡时，必须由引航员引水及破冰船强制引航。④《2013 北方海航道水域航行规则》（本节简称《2013 规则》）取消了强制引航的规定，仅在过往船舶提出引航申请并获得批准时方提供引航服务。但是，如果过往船舶的船长在北方海航道冰区航行经验不足三个月，必须由冰区引航员引水。⑤ 破冰船引航收费的法律依据为《联邦费率服务指令》，⑥ 商船按照船载货物种类和吨位收费，科考船、拖船、技术船等按照穿越北方海航道或抵达俄沿岸港口的不同被收费。此外，俄罗斯对船舶在北方海航道航行的

---

① 《联合国海洋法公约》第 38 条。

② P. Barabolia et al. in W. Butler, *Northeast Arctic Passage*, pp.86 and 160 footnote 79.

③ J.A. Roach and R.Smith, *Excessive Maritime Claims*, pp.200-207 and *Limits in the Seas*, No.112, pp.6, 16, 68, 71.

④ 《1990 北方海航道海路航行规章》第 7 条第 4 款。

⑤ 《2013 北方海航道水域航行规则》第 43 条。

⑥ 《联邦费率服务指令》第 122-T/1 号。

防污标准明显高于《73/78 国际防止船舶造成污染公约》中的规定。

（二）西北航道法律地位

加拿大官方认可西北航道两端连接大西洋和太平洋符合地理标准，但认为西北航道未长期实际用于国际航行，不满足功能标准。美国官方则认为，国际航行海峡的地理标准比功能标准更重要，功能标准方面符合"潜在使用"的要求即可。因此，美国国务院多次声明，认为西北航道属于国际航行海峡，外国船舶应享有过境通行权。① 美国的抗议未阻碍加拿大控制西北航道的决心。自 1970 年开始，加拿大通过丰富的立法对西北航道进行管理。《北极水域污染防治法》采取零排放原则，禁止船舶在北极水域倾倒污染物。该法将北极水域划分为 16 个航行安全控制区，对这些区域内航行船舶的建造、装备、人员配备、航行时间等进行控制，污染防治官员有权登临和检查在航行安全控制区航行的任何船舶，出于安全考虑引导船舶在安全区以外靠泊。基于《加拿大航运法》制定的《加拿大北方船舶交通服务区规定》要求 300 总吨以上的船舶、拖船与被拖船吨位之和 500 总吨以上的船舶、携带污染物或危险品的所有船舶进入船舶交通服务区后，必须向海上通讯和交通服务中心提交报告。②

三、北极航道所在水域法律地位

毗邻北方海航道的俄罗斯和毗邻西北航道的加拿大对其航道所在水域的法律地位有类似的主权主张。

（一）北方海航道所在水域法律地位

1932 年，苏联政府首次在官方文件中使用"北方海航道"的称呼。根据《2013 北方海航道水域商船航行相关俄罗斯联邦法案修正案》（本节简称《2013 修正案》）修正的《1999 俄罗斯联邦商船法》5.1 条对"北方海航道"的定义，该航道属于俄罗斯联邦管辖水域。《2013 修正案》对《1998 俄

---

① U.S. Department of State, Geographic Note, No.2, Jan.31, 1986, p.8.

② 《2010 年加拿大北方船舶交通服务区规定》第 3 条、第 6 条、第 7 条、第 8 条、第 9 条。

罗斯联邦内水、领海及毗连区法》亦做出修正，尽管不再特殊强调维利基茨基海峡、绍卡利斯基海峡、德米特里·拉普捷夫海峡和桑尼科夫海峡，却概括性确定北方海航道水域是历史上形成的俄罗斯国家交通干线。北方海航道构成东北航道的一部分。俄罗斯在 1997 年批准了《联合国海洋法公约》，但其对北方海航道属性的主张主要以"历史性水域"和"直线基线法"为理论依据。以"历史性水域"为理论依据，《苏联国家边疆法》（1960/1982）、《苏联海军国际法手册》（1966）及其它法令规定北冰洋海峡这些历史以来属于苏联的海峡为其内水。① 以"直线基线法"为理论依据，苏联两项关于直线基线的法令（1984、1985）和《1998 俄罗斯联邦的内水、领海及毗连区法》通过划定直线基线将基线内的北方海航道所在水域划定为内水。② 美国官方对俄罗斯有关北方海航道所在水域的历史性水域主张及直线基线划定为内水的主张均明确予以反对。③

（二）西北航道所在水域法律地位

西北航道位于加拿大北极群岛水域，自西向东从楚科奇海出发，穿过波弗特海，通向加拿大北极群岛，最后抵达大西洋。西北航道并非一条孤立的航道，主要由七条航道组成，航道间存在微小差异。1880 年，加拿大从英国继承了北极群岛的主权。加拿大拥有北极群岛的主权是不存在争议的，异议在于北极群岛水域的法律地位。曾领队进行北极群岛内水域探险的船长 J.E.Bernier 认为，1880 年加拿大继承范围包括了岛屿及岛屿内的水域。④ 此后，《1970 加拿大领海和捕鱼区法案》和《1970 北极水域污染防治法》分别强调了加拿大对"北极水域"的管辖，遭到美国的反对。《1970 北极水域污

---

① 1951 年国际法院"英挪渔业案"的判决认为，历史性水域通常指具有历史性所有权（historic title）的内水（1951 ICJ Fisheries Case，United Kingdom v. Norway，p.130）。

② "直线基线法"亦源于"英挪渔业案"，国际法院认为按照海岸线的一般走势、陆地组成部分间的靠近程度及特殊经济利益，可以将挪威沿岸岛屿、石垒和暗礁的外缘连线确定为直线基线。

③ J.A. Roach and R.Smith，*Excessive Maritime Claims*，p.48.

④ Photograph of plaque in J.E. Bernier，*Master Mariner and Arctic Explorer*，Ottawa：LeDroit (1939)，p.344.

染防治法》规定加拿大"北极水域"（Arctic Waters）为陆地领土向波弗特海方向100海里，西经141度到西经60度之间的北极水域，但加拿大确定"北极水域"的目的是管辖该水域内的污染事故并制定防治标准，不属于主权宣示。1973年，加拿大法律事务局签发了首个明确将北极群岛水域确定为内水的官方声明，称"加拿大基于历史性原因，主张加拿大北极群岛水域为内水。"① 1985年9月10日，加拿大以内阁命令的形式将北极群岛水域确定为历史性内水，并在北极群岛外延周边划定了直线基线。此举招致美国和欧盟的极力反对，美国认为加拿大的做法缺乏国际法依据，② 欧盟则强调欧盟成员国不认可加拿大将历史性权利作为划定直线基线的合法依据。③ 加拿大的立场未因此发生变化，但顾及该水域的和平利用和各方利益，加拿大与美国在1988年签署了《北极合作协定》。协定同意双方在不改变各自立场的情况下利用北极水域（包括北极群岛水域），意味着美国经加拿大批准通过西北航道的行为不等同于认可了加拿大有关北极群岛内水域的内水主张。

四、北极航道利用的海洋法争议发展趋势

北极航道国际法争议是航道沿岸国与使用国之间的博弈。作为沿岸国，北极航道的开通是本国攫取北极航运资源的机遇，最大限度地管辖和控制北极航道是实现该目标的直接途径。沿岸国主张北极航道位于其内水可最大限度地管辖航道。有偿通过北极航道可提高北极通航的经济效益，极其严格的环保要求可保证北极航运经济的可持续发展。但是，这些措施背后所体现的沿岸国真实目的在于：如同管辖陆地领土一样管辖消融中的北极航道，以实

---

① Letter dated Dec 17, 1973, reported in 12 Canadian Yearbook of International Law 277 (1974), p.279.

② State Department File No.P860019-8641, quoted in U.S. Department of State, Limits in the Seas, United States Responses to Excessive National Maritime Claims, No.112, p.29 (Mar.9, 1992).

③ British High Commission Note No. 90/86 of July 9, 1986, pp.29-30. The 12 members of the European Community in 1986 were: Belgium, Denmark, France, Germany, Greece, Ireland, Italy, Luxembourg, Portugal, Spain, the Netherlands, and the United Kingdom.

现本国在北极地区的经济、军事和政治目的。作为使用国，如果向航道沿岸国妥协，似乎不会对本国的航运经济利益产生本质影响。然而，海洋大国在北极地区的定位不仅限于航运经济利益，还包括北极地区的军事和政治意义。军舰及军用航空器无法自由航行或穿越北极区域会导致通过国在北极地区军事及政治利益的实现大打折扣。北极航道的海洋法争议逐渐呈现出海洋大国继续坚持北极航道属于国际航行海峡；而一些发展中国家在不放弃北极航道国际航行海峡法律主张的前提下，先行与海峡沿岸国合作，尊重其航行规则，以赢得合作机遇的发展趋势。

五、对《联合国海洋法公约》第 234 条的探讨

《联合国海洋法公约》对海洋生态环境的保护做出了许多规定，虽然具有一定的天然缺陷，也具有较高的适应性，被绝大多数参与北极事务的讨论与治理的国家所接受和认可。其中第 234 条专门针对北极海域的生态环境。

国内学者对《联合国海洋法公约》第 234 条做了较多的探讨。作为"冰封区域"条款，它对沿海国以保护专属经济区范围内冰封区域免受船源污染而制定和执行国内法的权利，这种权利的行使受到时间和程度的限制。

沿海国在专属经济区之内有权勘探开发自然资源，也有义务保护海洋环境。"冰封区域"通航条件的逐步实现使沿海国必须正视船源污染，以有效的管辖来防治船舶正常航行中的废物和石油污染。

加拿大《北极水域污染防治法》确立了严格于当时国际法的标准，以控制行经西北航道的船舶，并且在第三次海洋会议中提出保护特殊区域，希望以此政策平衡各国此方面的冲突。美国和俄罗斯尽全力保护航行自由而对此提出反对，其他沿海国家则希望扩张权利以规范船舶的航行行为。在持续多年的争论与将"例外的脆弱区域"缩小为"冰封区域"后，《联合国海洋法公约》最终确定了这一北极海洋环境保护的例外条款。

目前，专门的北极海洋生态保护法律比较少，《联合国海洋法公约》作为国际接受程度较高的全球性条约，在北极问题的解决和北极海洋生态环境标准上的指导作用十分重要。《联合国海洋法公约》第 234 条作为原则性规

定，是俄罗斯和加拿大订立国内法对北极航道进行生态保护的法律依据，但是美国并没有加入《联合国海洋法公约》，它对此条款的认定仅限于环境保护条款，并且排除阿拉斯加等地的适用。《联合国海洋法公约》第234条的完善需要更完善的制度加以弥补。

第二节　北极航道沿岸国法律规制

一、北极航道沿岸国航道管理立法变迁

北方海航道所在水域及航道自身法律地位的争论多年来一直未有休止，但北极冰融和航道利用前景的日益明朗使得科考船和商船的北极航行呈逐年上升趋势。以北方海航道为例，穿越北方海航道的船舶数量2011年为41艘，2012年为46艘，2013年为71艘。① 俄罗斯和加拿大通过航道管理立法开展船舶航行的环境管理和安全管理。这类立法在制定之初以单边立法的形式出现，其适用的水域范围和严苛的管理制度受到外界质疑。为避免单边立法的非议，加拿大在第三次联合国海洋法大会上提出增加冰封水域条款，试图给加拿大严格的航道管理立法创制国际法依据。1982年《联合国海洋法公约》制定后俄罗斯和加拿大对原有的单边立法内容做出更为严苛的调整。随着两国北极战略的公布，两国航道管理立法出现差异：俄罗斯为顺应经济发展需求而收敛了之前对北方海航道的管控措施，加拿大则以更保守的态度继续强化对西北航道的管制。

（一）俄罗斯北方海航道管理立法变迁

俄罗斯对北方海航道管理立法可追溯至前苏联时期的相关立法，1982年《联合国海洋法公约》制定后俄罗斯丰富了航道管理的立法体系，2008年俄罗斯公布《2020年前俄罗斯北极国家政策原则及其远景》，此后对外国船舶利用北方海航道的管控呈缓和的态势。

---

① 数字来源于北方海航道信息办公室网站，http://www.arctic-lio.com/nsr_transits，2014年3月22日。

1.1982 年《联合国海洋法公约》制定前的北方海航道管理立法

1960 年，苏联制定了与北方海航道高度关联的法律《边疆法》（Statute of the Protection of the State Boundary of the USSR），提出历史性海峡，确定 12 海里领海宽度，规定军舰需经过事先许可方可进入领海享有无害通过权。《边疆法》规定苏联的内水包括海湾、湾口、内凹湾、河口，以及历史上属于苏联的海域和海峡。① 1965 年，苏联海运部发布指令，要求经过维利基茨基海峡、绍卡利斯基海峡的所有船舶都需要护送或引航，到 1972 年经过德米特里·拉普捷夫海峡和桑尼科夫海峡也需满足同样的要求，② 指令还对通过北方海航道的船舶推行收费标准。③ 指令颁布后，美国科考船 Northwind 在尝试穿过维利基茨基海峡以及军舰 Burton Island 进入楚科奇海和喀拉海时分别被驱逐出航道或海域。北方海航道的严格管控初见端倪。1971 年，苏联颁布了《北方海航道管理局法》（Statue of the Administration of the Northern Sea Route），北方海航道管理局根据该法得以建立，隶属于前苏联海运部。苏联在 1982 年《联合国海洋法公约》制定前的北方海航道管理立法初步建立了北方海航道管理体制，对通过四处海峡的强制引航和收费要求为日后确定海峡法律地位及航道所在水域的内水主张埋下伏笔。

2.1982 年《联合国海洋法公约》制定后的北方海航道管理立法

1982 年《联合国海洋法公约》制定后，苏联／俄罗斯对北方海航道管理立法渐成体系。1983 年苏联颁布《苏联国家边疆法》（Law on the State Boundary of U.S.S.R.），保留了 1960 年《边疆法》有关历史性海峡的内容，规定苏联内水包括直线基线内的前苏联领海中朝向陆地部分以及属于苏联的河流、湖泊等水域。俄罗斯制定的 1993 年《国家边疆法》进一步重申了俄罗斯对北冰洋毗邻海峡的历史性权利。④ 1987 年戈尔巴乔夫发表摩尔曼斯

---

① 《边疆法》第 4 条。

② W.Bulter, *Northeast Arctic Passage*, pp.122 and 160, E. Franckx *Maritime Arctic Claims*, p.156, footnote 176.

③ *New York Times*, March 29, 1967, p.1.

④ N.Koroleva, V.Markov and V.Ushakov, *Legal Regime of Navigation in the Russian Arctic*, p.82.

克讲话，指出北极作为连接太平洋和大西洋通道的重要作用，呼吁更为广泛和深入的北极合作。1991 年，苏联解体，俄罗斯总统叶利钦阐明俄罗斯在北方海航道国际合作中的领导地位。① 在这样的开放背景下，俄罗斯颁布了《1990 北方海航道海路航行规章》（Regulations for Navigation on the Seaways of the Northern Sea Route），是 1982 年《联合国海洋法公约》制定后俄罗斯管理北方海航道海上航行活动的基础性立法。基于《1990 规章》，1996 年俄罗斯出台了三个配套性文件，即《1996 北方海航道航行指南》（Guide for Navigation through the Northern Sea Route）、《1996 北方海航道破冰和引航指南规则》（Regulations for Icebreaker and Pilot Guiding of Vessels through the Northern Sea Route）、《1996 北方海航道航行设计、装备和供给的必要条件》（Requirements for the Design，Equipment，and Supplies of Vessels Navigating the Northern Sea Route）。

《1990 北方海航道海路航行规章》将北方海航道定义为位于苏联北方沿岸内水、领海或专属经济区内的苏联国家交通干线，包括适宜冰区领航的航线。② 俄罗斯的一些学者认为北方海航道包括那些位于公海上适宜冰区领航的航线。③《1990 北方海航道海路航行规章》适用于利用北方海航道的所有船舶，未赋予外国公务船和军舰国家豁免权。④《1990 北方海航道海路航行规章》结合 1996 年的三个配套性文件统一规定了船舶进入北方海航道前的审批制度、经过四处海峡的强制性破冰引航制度、引航收费制度和环境保护制度。可见，俄罗斯在 1982 年《联合国海洋法公约》制定后有关北方海航道的管理立法更为规范和具体，其中的审批制度、强制破冰引航制度和引航收费制度因应了俄罗斯在这一时期继续坚持北方海航道及所在水域法律地位主张的需求。

---

① 郭培清：《北极航道的国际问题研究》，海洋出版社 2009 年版，第 256 页。

② 《1990 北方海航道海路航行规章》第 1（2）条。

③ Franckx，*Maritime Claims in the Arctic：Canadian and Russian Perspectives* (1993)，pp.189-190.

④ 《1990 北方海航道海路航行规章》第 1（4）条。

环境保护制度严格于国际海事组织制定的一般接受的国际规则，对航行于领海和专属经济区的外国船舶的设计、构造、人员配备或装备做出特殊要求。这类超出内水范围的单边立法本不符合国际海事法律规则，1982 年《联合国海洋法公约》第 234 条却似乎赋予了俄罗斯在专属经济区范围内为防止、减少和控制船舶对海洋的污染进行单边立法的权利。然而，那些缺少最可靠科学证据和未适当顾计航行的环境保护制度的合法性值得商榷。

3. 俄罗斯北极战略逐渐成熟后的北方海航道管理立法

2008 年 9 月 18 日，俄罗斯联邦总统令批准了《2020 年前俄罗斯北极国家政策原则及其远景》，是俄罗斯近百年来关于开发俄属北极地区的纲领性政策文件。文件明确将北方海航道的利用列为国家主要利益，强调北方海航道属俄罗斯在北极的国家统一交通线。基本原则分阶段贯彻实施，要求 2015 年以前为解决欧亚直达运输问题建立并发展北方海路交通基础设施和管理体系，2020 年以前将俄联邦北极地区转变为主导性的战略基地。2011 年 9 月，时任俄罗斯总理普京在俄罗斯城市阿尔汉格尔斯克举办的北极论坛上预测沿俄罗斯北部海岸的北极航道将很快成为超越苏伊士运河沟通亚欧的航路，甚至表态北方海航道在服务收费、安全和质量方面将超过传统贸易航线。①

以往的俄罗斯北方海航道管理立法无法适应经济发展和航道大规模利用的需求，强制引航和高昂的破冰费用另全球航运企业望洋兴叹。为提高北方海航道竞争力，实现俄罗斯北极政策中的阶段性目标，俄罗斯公布了《2013 北方海航道水域商船航行相关俄罗斯联邦法案修正案》和《2013 北方海航道水域航行规则》，废除了《1990 北方海航道海路航行规章》《1996 北方海航道破冰和引航指南规则》和《1996 北方海航道航行设计、装备和供给的必要条件》。新立法将北方海航道水域限定在俄罗斯专属经济区范围内，修改审批制度为许可证制度，制定了具体的、可操作和可预期的航行许可条件；修正了强制破冰引航制度，以船长丰富的冰区航行经验作为避免强制引

---

① http：//www.reuters.com/article/2011/09/22/us-russia-arctic-idUSTRE78L5TC20110922，2014 年 3 月 22 日。

航的条件；降低了引航收费标准，收取费用低于苏伊士运河的收费额度。这一系列转变提高了北方海航道利用的收益成本比，提升了北方海航道的全球竞争力。

（二）加拿大西北航道管理立法变迁

加拿大对西北航道管理立法始于北极水域污染防治的需要，以一种不提出主权要求的方式采用单边立法控制北极群岛水域的航运。为使单边立法得到广泛承认，加拿大在第三次海洋法会议上提出冰封区域的环境保护条款，获得足够国际支持后成功推动了《联合国海洋法公约》第234条的制定。冰封条款似乎为加拿大严苛的西北航道管理立法提供了国际法依据。2009年加拿大公布北极战略后，又进一步修正原有立法，以严格的管控制度强化对西北航道及所在水域的法律主张。

1. 1982年《联合国海洋法公约》制定前的西北航道管理立法

加拿大对西北航道管理立法源于"曼哈顿"号事件。1969年，"曼哈顿"号未经加拿大事先批准，在两艘美国海岸警卫队破冰船的护航下从波弗特海经西北航道抵达戴维斯海峡，是美国将阿拉斯加开采的石油运往美国东岸的实验性航行。当时，加拿大主张的领海宽度为3海里，除麦克卢尔海峡外，"曼哈顿"号主要在国际水域中航行。出于保护北极水域环境不受溢油污染损害，以及维护北极水域主权的考虑，加拿大国会在1970年通过了《北极水域污染防治法》（Arctic Waters Pollution Prevention Act）。该法规定的北极水域宽度为100海里，远超过加拿大的领海宽度。此后加拿大又修正了《领海与捕鱼区法》（Territorial Sea and Fishing Zones Act），将3海里领海延至12海里。1977年加拿大通过建立"北极交通系统"（Arctic Canada Traffic System，即NORDREG）提高北极海运安全和北极环境的保护。

应该说，《北极水域污染防治法》并无主权宣示的效果，法案公布后加拿大总理强调这部法律旨在防止北极污染，不属于主权宣示。[①] 但在公海海

① D.L.Larson，"United States Interests in the Arctic Regions"，*Ocean Development and International Law*，No.21，1990，p.178.

域适用高于一般国际规则要求的环境保护单边立法被一些国家认为是不可接受的。① 寻求国际法依据成为平息各国反对声音的有效途径。1972 年斯德哥尔摩会议和 1973 年政府间海事协商组织防止船源污染会议上，加拿大均提议沿海国有权对毗邻领海的海域进行特别管理，但这些多边会议平台未直接采纳加拿大的建议，仅政府间海事协商组织在最终会议文件中承认沿海国可以在"环境特别脆弱"海域采取特别措施。② 1982 年《联合国海洋法公约》制定前的西北航道管理立法侧重北极水域环境保护，但环保措施却单方拓展至领海范围以外，缺乏国际社会的支持。

2. 1982 年《联合国海洋法公约》制定后的西北航道管理立法

为提高《北极水域污染防治法》的认可度，加拿大积极利用第三次联合国海洋法大会的多边磋商机会倡议针对冰封地区采取特殊的管理措施，获得苏联、美国、瑞典、挪威、冰岛的支持，最终实现了 1982 年《联合国海洋法公约》第 234 条的制定。根据《联合国海洋法公约》第 234 条的规定，冰封区域沿岸国有权在专属经济区内冰封区域为防止海洋污染制定和执行非歧视性的防治、减少和控制船源污染的法律及规章。这样的国际法授权为加拿大完善船舶航行管理立法奠定了基础。《加拿大航运法》(Canada Shipping Act) 于 1985 年颁布（2001 年修订），全面规定了船舶登记、人员配备、航行服务、防治污染和应急反应等措施。但是，这一年发生的"极地海"号事件让加拿大认识到，环境保护目的的国内立法不足以维护北极群岛水域主权。③1985 年 9 月 10 日，加拿大颁布法令宣布划定直线基线，并于 1986 年 1 月 1 日生效。此时的加拿大尚未批准《联合国海洋法公约》，其对直线基线的划定主张依据历史性权利和习惯国际法规则。

---

① Smith B.D, "United States Arctic Policy", *Oceans Policy Study*, No.1, 1971, University of Virginia, Center for Oceans Law and Policy, p.40.

② IMCO, Doc. MP/CONF/C, 1/W, p.36.

③ 1985 年 8 月 1 日，美国海岸警卫队重型破冰船"极地海"号从格陵兰岛的图勒出发进入西北航道，加拿大被迫放行。航行过程中，加拿大海岸警卫队队员登上"极地海"号。8 月 9 号，"极地海"号抵达波弗特海。

　　加拿大直线基线宣布后即刻遭到美国、欧盟的质疑，这反而加强了加拿大通过西北航道管理立法证明北极群岛水域主权的决心。20 世纪 90 年代中后期，加拿大出台了北极航行船舶的建造标准、北极冰区航行制度标准、油轮和驳船活动指南、北极水域石油运输指南等。① 这一阶段，加拿大还通过了《1996 海洋法》建立了 200 海里专属经济区制度。1982 年《联合国海洋法公约》制定后加拿大有关西北航道所在水域的主权宣告和航道管理立法相辅相成。

　　3. 加拿大北极战略指导下的西北航道管理立法

　　2009 年 7 月 26 日，加拿大联邦政府发布了《加拿大的北方战略：我们的北极，我们的遗产，我们的未来》。战略中四个同等重要和互为补充的优先领域包括：行使主权、促进社会和经济发展、保护环境、改进和加强北极地区管理。整体而言，行使主权应是加拿大北极战略中最重要和优先的主题，在此基础上加拿大会创造可持续发展的优越条件，推动北极经济和社会的发展，这过程中以生态系统为根本的治理方法将得以推行。加拿大北极战略将主权行使列为首要目标，体现在西北航道管理立法中即明确立法适用海域，加大对外国船舶的管控，推动本国防治船舶污染的环保立法对多边条约的影响。2009 年 6 月 11 日，加拿大批准了《北极水域污染防治法修正案》，使该法的适用范围扩展至距离海岸线 200 海里，覆盖到加拿大的全部专属经济区海域。2010 年《北方加拿大船舶交通服务区规定》强制性要求进入北部交通服务区的船舶提交报告。自 2009 年强制性《极地规则（草案）》制定以来，加拿大也积极参与其中，意欲通过国际规则巩固现有西北航道国内立法，提高国内立法的认可度和遵守效果。

二、北极航道沿岸国法律规制与《联合国海洋法公约》的衔接及冲突

　　《联合国海洋法公约》作为海洋宪章，全面规范了涉海事务的方方面

---

① 　加拿大于 1995 年 10 月 1 日颁布了《北极级别船舶建造普通标准》、1996 年 10 月 1 日颁布《北极航行污染防治规则：北极冰区航行制度标准》、1997 年 4 月 1 日颁布《加拿大北极水域油轮和驳船活动指南》和《北极水域石油污染指南》。

面，其中的第 234 条"冰封区域"条款规定沿海国有权制定和执行非歧视性法律和规章以防止、减少和控制船舶在专属经济区范围内冰封区域对海洋的污染。俄罗斯、加拿大分别于 1997 年和 2003 年批准了《联合国海洋法公约》，两国有关北极航道的法律规制应全面顾及《联合国海洋法公约》的目的和宗旨，在享有"冰封区域"条款所赋予的环境立法权的同时确保立法内容与《联合国海洋法公约》的整体规定相衔接。俄罗斯为与《联合国海洋法公约》规定相衔接，在《2013 北方海航道水域航行规则》有关强制引航、收费标准方面作出调整。但是，两国有关防止船舶污染的环境标准及立法范围与《联合国海洋法公约》存在一定冲突。

（一）俄罗斯、加拿大北极航道法律规制与《联合国海洋法公约》的衔接

俄罗斯《1990 北方海航道海路航行规章》规定非歧视性适用于所有国家的任何船舶和航空器。① 其他国家的军舰和用于非商业目的的政府船舶也在该规章的调整范围内。《联合国海洋法公约》则明确规定公约有关保护和保全海洋环境的规定不适用于任何军舰和非商业性服务之用的政府船舶。② 《2013 北方海航道水域航行规则》未明确规定适用船舶种类和船籍，淡化了原规章明确要求适用任何船舶的影响。加拿大《北极水域污染防治法》原则上适用于所有船舶，③ 如果外国军舰、政府公务船的船旗国采取了适当措施确保船舶满足该法有关航行于安全控制区的规定，并采取了所有合理措施降低航行中废物排放的风险，那么内阁总理有权决定通过法令免除对外国军舰、政府公务船的管辖。④

俄罗斯《1990 北方海航道海路航行规章》规定船舶在经过维利基茨基海峡、绍卡利斯基海峡、德米特里·拉普捷夫海峡和桑尼科夫海峡时需接受强制引航。⑤ 随着该四处海峡更多用于国际航行，其将逐渐满足《联合国海

---

① 《1990 年北方海航道海路航行规章》第 1.4 条。
② 《联合国海洋法公约》第 236 条。
③ 《加拿大北极水域污染防治法》第 6 条（1）（c）款。
④ 《加拿大北极水域污染防治法》第 12 条（2）款。
⑤ 《1990 年北方海航道海路航行规章》第 7.4 条。

洋法公约》对用于国际航行海峡之功能标准的界定。《2013 北方海航道水域航行规则》及时淘汰了强制引航制度，俄罗斯交通部最初公布的俄文版本送审稿中明确规定采取许可证制度和不予颁发许可证的情形，① 但目前从北方海航道管理局网站可查阅的规则英文版本删除了可能导致许可证不予颁发的内容。规则送审稿规定，船长的北方海航道航行经验少于三个月时方需要一名冰区引航员的引航；② 规则最终版本修改了该规定，仅要求冰区航行船舶在无法独立移动时，应通知北方海航道管理局以获得破冰服务。③ 俄罗斯对北方海航道的法律规制朝着有利于北方海航道国际化的方向发展，与《联合国海洋法公约》赋予那些穿越国际航行海峡的船舶过境通行权的制度相趋同。加拿大则自始不存在强制引航制度。

俄罗斯在颁布 2014 年的《联邦税费服务指令》之前，对北方海航道通过的俄罗斯船东和外国船东提供破冰引航服务的收费有所差别。《联合国海洋法公约》第 234 条要求冰区沿岸国在其专属经济区内针对海洋污染防治的立法不应存在歧视。2014 年《联邦税费服务指令》取消了之前的差别收费。此外，《联合国海洋法公约》对沿海国向外国船舶提供服务而收取的费用主要规定在领海内船舶的无害通过部分，④ 结合条约用语的通常意义和宗旨，冰区沿海国因提供服务而收取的费用不应超过其提供服务的合理对价。《2013 北方海航道水域商船航行相关俄罗斯联邦法案修正案》明确规定，北方海航道中的破冰引航服务费用应根据实际提供的服务程度来收取。⑤2014年《联邦税费服务指令》不再根据船载货物的种类收取高昂的费用，而主要根据船舶航行时间、航行季节、吨位和冰级来进行收费，收费数额也趋于合理。加拿大未制定穿越西北航道船舶的引航收费制度。船舶的通航需要告知

① 《2013 北方海航道水域航行规则》（最初公布版本）第 11 条，参见《中国海洋法学评论》2013（1），361.
② 《2013 北方海航道水域航行规则》（最初公布版本）第 43 条，参见出处同上。
③ 《2013 北方海航道水域航行规则》第 44 条、第 45 条。
④ 《联合国海洋法公约》第 26 条第 2 款。
⑤ 《2012 年俄罗斯联邦商船法修正案》第 5 条。

加拿大有关主管部门，但无需接受政府强制配置的破冰服务及其他不必要的有偿服务。

（二）俄罗斯、加拿大北极航道法律规制与《联合国海洋法公约》的冲突

俄罗斯近年来对北方海航道的相关立法做出了调整，使其更趋于与《联合国海洋法公约》的规定相衔接；加拿大对西北航道的法律规制从最初相对宽松到要求船舶进入航道的强制性通知等有关规定与《联合国海洋法公约》规定渐行渐远。两国北极航道法律规制与《联合国海洋法公约》的冲突主要体现在高于一般接受的国际规则或标准的防污标准，以及行使《联合国海洋法公约》第 234 条赋予的环境立法权时，将有关航行安全维护的内容也列入其中，超出了《联合国海洋法公约》的授权。

早在《联合国海洋法公约》制定之前，俄罗斯和加拿大即制定了高于《国际防止船舶造成污染公约》（MARPOL73/78）的防污标准。两国在批准《联合国海洋法公约》之后，认为《联合国海洋法公约》的第 234 条赋予了其制定高于一般接受的国际规则或标准的环境法律、法规的权利，未修改相关立法。例如，《2013 北方海航道水域航行规则》禁止船上油类残渣的排放，加拿大的《北极航运污染防治规则》对油类和油类废物的排放实施零排放制度，这些规定都严格于 MARPOL73/78 的规定。然而，《维也纳条约法公约》规定，条约的解释除确保其通常的含义外，应参考上下文和条约的目的、宗旨。① 《联合国海洋法公约》规定沿海国为防止、减少和控制专属经济区内来自船舶污染而制定的法律和规章应符合一般接受的国际规则和标准。② 对《联合国海洋法公约》第 234 条的解释应结合海洋环境保护与保全部分的整体规定，冰封海域沿岸国在专属经济区防止船舶污染的立法应与一般接受的国际规则——MARPOL73/78 等国际海事规则相一致。

俄罗斯、加拿大依据《联合国海洋法公约》第 234 条的规定进行的立法实践甚至超出了环境保护的范围。两国有关北极航道的法律规制一部分体现

---

① 《维也纳条约法公约》第 31 条第 1 款。
② 《联合国海洋法公约》第 211 条第 5 款。

在本国的航运法体系中，这类立法除对防止船舶污染做出规定，也对船舶航行安全加以规范。俄罗斯、加拿大往往以管控船舶污染不能脱离对航行安全的维护为由，做出这样的立法安排。但这显然与《联合国海洋法公约》海洋环境保护和保全部分的第234条制定初衷不相符。

三、北极航道沿岸国航道管理法律制度发展

俄罗斯和加拿大的北极航道管理立法随国家核心利益的需要而不断调整和完善，航道管理体制、管理制度的适用水域和针对船舶种类、航道管理立法目的、航道通行制度基础等具体法律制度在近年来有所发展。

（一）俄罗斯北方海航道管理法律制度发展

俄罗斯北方海航道管理法律制度一直较为严格，甚至在北方海航道水域航行的外国公务船和军舰也不享有国家管辖豁免的权利，招致海洋大国的不满。近年来，俄罗斯北方开发战略促使其对以往的法律制度做出有限度的调整，在保持北方海航道及所在水域法律地位主张的前提下修改或取消了部分原有的法律制度。

1. 俄罗斯北方海航道管理体制

俄罗斯对北方海航道的管理采取联邦与地方管理相结合的管理体制。联邦层面，北方海航道管理局负责北方海航道管理事务。该机构根据2013年3月15日的俄联邦政府358号指令及《1999俄罗斯联邦商船法》建立，旨在确保北方海航道航行船舶的安全及海洋环境污染的预防。具体职能包括：外国船舶经过北方海航道的审批、许可；北方海航道上的冰情和航行情况的调查、分析；北方海航道上的水文测量和航行辅助；北方海航道上的搜救服务；船上有害物质、疏浚物和垃圾排放的禁制；北方海航道上航行信息的提供；破冰船服务的提供。[1] 地方层面，地方政府负责辖区内航运条件的完善、基础设施的建设，为联邦层面的北方海航道管理提供协助。[2]

---

[1] http://www.arctic-lio.com/nsr_nsra，2013年12月3日访问。

[2] 郭培清、管清蕾：《北方海航道政治与法律问题探析》，载《中国海洋大学学报》（社会科学版）2009年第4期。

2. 航道管理适用的水域范围及针对的船舶种类

《2013 北方海航道水域商船航行相关俄罗斯联邦法案修正案》修正的
《1999 俄罗斯联邦商船法》5.1 条将北方海航道水域界定为：毗邻俄联邦北方
沿岸的水域，由内水、领海、毗连区和专属经济区构成，东起与美国的海上
划界限及其到杰日尼奥夫角的纬线，西至热拉尼亚角的经线，新地岛东海岸
线和马托什金海峡、克拉海峡和尤戈尔海峡西部边线。《2013 北方海航道水
域商船航行相关俄罗斯联邦法案修正案》将北方海航道限定在俄罗斯专属经
济区以内，改变了已作废的《1990 北方海航道海路航行规章》将公海也纳
入北方海航道的做法。另外，《1990 北方海航道海路航行规章》要求任何船
籍的任何船舶与航空器在北方海航道航行时均受该规则调整。① 取缔该规则
的《2013 北方海航道水域航行规则》取消了适用船舶种类、船籍的规定。

3. 航道管理法律规制目的

2013 年 2 月 12 日，俄罗斯总统普京批准发布的《俄罗斯联邦外交政策
理念》提出俄罗斯"奉行积极的、建设性的政策，以加强北极地区多种形式
的合作"；优先开展与北极国家互动的同时，"对与非北极国家的互利合作持
开放态度"。文件强调了俄罗斯希望与中国在所有领域进一步发展全面、平
等、互信的合作伙伴关系的良好意愿。2013 年，俄罗斯完善了北方海航道
管理立法，主要体现在取消了以往强制引航和较高的引航收费制度，由较为
宽松的《2013 北方海航道水域航行规则》全面取代严苛的《1990 北方海航
道海路航行规章》。可见，俄罗斯有关北方海航道管理法律规制在朝着有利
于其他国家更好利用北方海航道的方向发展。

4. 航道通行的制度基础

《2013 北方海航道水域航行规则》明确对北方海航道航行的船舶实行许
可证制度。② 凡有意通过北方海航道的船舶需在通行前 120 个日历日向主管
部门——北方海航道管理局提出申请，申请内容包括船舶信息、航线信息、

---

① 《1990 北方海航到海路航行规则》1 (4) 条。
② 《2013 北方海航道水域航行规则》第 2 条。

有关船舶污染损害的民事责任保险证明等。① 如果申请通行的船舶无法达到俄方要求，即便船上驾驶人员有丰富的冰区航行经验，也会被拒绝通过。许可证制度是船舶在北方海航道航行的制度基础。

5. 引航要求与收费

《2013 北方海航道水域航行规则》取消了《1990 北方海航道海路航行规章》强制引航的规定，仅在过往船舶提出引航申请并获得批准时方提供引航服务。但是，如果过往船舶的船长在北方海航道冰区航行经验不足三个月，必须有冰区引航员引水。② 破冰船引水收费的法律依据为《联邦费率服务指令》，③ 商船按照船载货物种类和吨位收费，科考船、拖船、技术船等按照穿越北方海航道或抵达俄沿岸港口的不同被收费。

6. 财务保证与保险要求

《2013 北方海航道水域航行规则》要求那些申请在北方海航道航行的船舶需持有俄罗斯加入的国际条约、联邦法律规定的船舶污染损害或其他损害民事责任保险或其他财务保证书的材料复印件。④ 俄罗斯是《1969 船舶油污损害民事责任公约 1976/1992 议定书》的缔约国，也是《2001 燃油污染损害民事责任公约》的缔约国。这两部公约分别对载运 2000 吨以上散装油类的油船和 1000 总吨以上的船舶实施强制保险或其他财务保证制度。⑤

（二）加拿大西北航道管理法律制度发展

加拿大对西北航道的管理主要体现在北极水域的污染防治方面。这种看似不易刺激国际社会的西北航道管理方式体现了加拿大在航道治理方面不同于俄罗斯的特殊智慧。从最初远超过领海的北极水域污染防治措施到进入北极水域的强制报告制度，加拿大对西北航道的治理始终披着环境保护的

---

① 《2013 北方海航道水域航行规则》第 6 条、第 4 条。

② 《2013 北方海航道水域航行规则》第 43 条。

③ 《联邦费率服务指令》第 122-T/1 号。

④ 《2013 北方海航道水域航行规则》第二部分，第 4 (4) 条。

⑤ 《1969 船舶油污损害民事责任公约 1992 议定书》第 7 条，《2001 燃油污染损害民事责任公约》第 7 条。

外衣。

1. 加拿大西北航道管理体制

加拿大未设置西北航道管理的专门行政机构，主要由加拿大交通部及隶属于渔业与海洋部的海岸警卫队负责西北航道的管理工作。加拿大交通部管理船舶在西北航道内航行安全、污染预防、压载水交换等事项，同时具体实施港口国控制制度；加拿大海岸警卫队负责提供破冰船护航、船舶搜救、交通服务区管理、污染事故应急处理、海上灾害监控服务。

2. 航道管理适用的水域范围及针对的船舶种类

《北极水域污染防治法》界定的"北极水域"包括了北纬60度、西经141度加拿大内水、领海和专属经济区（另一界限为加拿大与丹麦格陵兰岛之间专属经济区界限）。西北航道位于"北极水域"中加拿大主张的直线基线向陆地一侧的内水。《加拿大航运法》管理加拿大海域内船舶航行，防治加拿大专属经济区内的船源污染。在西北航道航行的外国非军事船舶和议长未认可排除适用该法的外国政府公务船被要求遵守有关污染物和压载水排放的严苛规定。① 《北极水域污染防治法》则规定不同类型和破冰级别的船舶满足不同航行安全控制区内有关船舶构造、配备和船员的要求。②

3. 航道管理法律规制目的

加拿大有关西北航道管理的立法丰富，多以西北航道的环境保护为立法宗旨，《北极水域污染防治法》处于这些立法的核心地位。即便对具有管辖权范围界定意义的"北极水域"概念亦始见于环境保护立法，③ 可见加拿大对西北航道管理法律规制的表面目的在于环境保护。然而，基于《加拿大北极航运法》出台的《2010加拿大北方船舶交通服务区规定》要求进入北极水域的船舶履行强制告知义务。在对北极水域提出严格的环保标准的同时，加拿大立法开始更注重对该水域内外国船舶活动的控制。

---

① 《加拿大航运法》第7条。

② 《北极水域污染防治法》将"北极水域"划分为16个航行安全控制区。

③ 《北极水域污染防治法》第2部分。

4. 航道通行的制度基础

除军舰外，商船在西北航道航行无需申请、审批和批准程序。2010年以前，船舶在西北航道航行的通知义务不是强制性的。2010年7月开始生效的《加拿大北方船舶交通服务区规定》要求300总吨以上的船舶、拖船与被拖船吨位之和500总吨以上的船舶、携带污染物或危险品的所有船舶进入船舶交通服务区后，必须向海上通讯和交通服务中心提交航行计划报告、方位报告、最终报告和绕航报告。① 强制报告制度是船只在西北航道航行的制度基础。

5. 航行安全控制区制度

《北极水域污染防治法》建立了航行安全控制区制度，制定法规对这些区域内航行船舶的建造、装备、人员配备、航行时间等进行控制。污染防治官员有权登临和检查在航行安全控制区航行的任何船舶，出于安全考虑引导船舶在安全区以外靠泊。《航行安全控制区法令》具体将北极水域划定为16个航行安全控制区，每个区域内船舶航行标准均有不同。加拿大政府认为法规的特殊规定是出于保护北极脆弱生态环境的需要，不与《73/78 国际防止船舶造成污染公约》相矛盾。

6. 以"零排放"为代表的严格防污制度

《北极水域污染防治法》采取零排放原则，禁止船舶在北极水域倾倒污染物。② 《压载水控制和管理规定》要求跨洋船舶须在加拿大海岸线以外200海里至少2000米以上水深处排放压载水。加拿大有关污染防治的标准普遍高于一般接受的国际规则。

四、北极航道沿岸国航道管理法律规制与强制性极地航行规则的互馈

《联合国海洋法公约》所代表的国际海洋法体系赋予航道沿岸国的航道管理立法权主要限于领海内的航行安全和环境安全的维护，在涉及外国船舶

---

① 《2010 加拿大北方船舶交通服务区规定》第3条、第6条、第7条、第8条、第9条。

② 《北极水域污染防治法》第4条。

的设计、构造、人员配备和装备时需要与一般接受的国际规则或标准相一致，专属经济区范围内为海洋环境保护和保全目的的立法也应尊重相关国际法规则。

俄罗斯和加拿大在北极冰融前没有针对北方海域制定特殊的法律制度，随着北方海航道和西北航道的开通，两国从国家传统安全——主权安全的角度提升了对这一地区的法律规制。相关立法主要围绕海域主权行使、环境保护和航行安全的主旨展开。立法适用的海域范围覆盖到专属经济区全部海域，相关内容不乏环境保护以外的制度要求。

尽管《联合国海洋法公约》第234条赋予了冰封海域沿岸国单边立法的权利，却也同时强调单边立法应满足冰封气候、重大生态损害威胁、最可靠科学证据和航行便利的要求。根据2009年的计算和预计，全球气候变暖导致北冰洋夏季无冰年将在10年内出现。① 若干年后，北冰洋夏季在无冰雪覆盖的情境下第234条似乎不应再适用，单边立法也使得最可靠科学证据的论证缺乏国际海事安全维护认知共同体的认可。若俄罗斯和加拿大的航道管理法律规制同时考虑一般接受的国际规则，既可以提高北方海航道和西北航道的竞争力，又能够避免客观条件发生变化后因立法调整给航运业带来的不便。

国际海事组织2009年启动的强制性极地规则成为针对南北极冰区船舶操作的一般接受的国际规则。强制性极地规则未以独立的条约法形式制定船舶安全和环境安全的内容，而在《国际海上人命安全公约》（International Convention for Safety of Life at Sea，简称SOLAS）和《国际防止船舶造成污染公约》（International Convention for the Prevention of Pollution from Ships，简称MARPOL）框架下制定极地规则，默认适用于两大公约的缔约国。俄罗斯和加拿大均为两大公约的缔约国，强制性极地规则生效后也对两国产生约束力。但由于《联合国海洋法公约》第234条的存在，船舶在北冰洋航道

---

① Al Gore, Jonas Gahr Støre. Co-Chair's Summary, *Melting Ice: Regional Dramas. Global Wake -Up Call*: Tromsø, 2009.

沿岸国专属经济区和公海航行中适用的法律制度将有所不同。国际海事组织下属的船舶设计与建造工作组负责极地规则的起草工作。极地规则制定过程中，俄罗斯和加拿大希望加大单边立法对极地规则形成的影响。但俄罗斯和加拿大作为北极航道沿岸国发表意见的同时，也应同时从航运大国利益（俄罗斯为 A 类理事国）和国际贸易大国利益（加拿大为 B 类理事国）出发提出合理的建议。以技术专家组成的国际海事安全维护认知共同体能根据极地水域的客观情况、船舶航行能力等客观条件出发，综合各国意见制定并完善极地航行规则，最终提交国际海事组织。为维护本国主权利益的严苛航道管理制度不应反馈到一般接受的国际规则中；反之，广泛考虑各方利益的一般接受的国际规则应反馈到沿海国针对领海以外海域的相关法律规制中，以促进全球航运业的繁荣发展。

北方海航道和西北航道的开通极大缩短了欧亚和北美亚的航线距离，北极地区经济的可持续发展呼唤成熟的国际海事规则治理北极航运。俄罗斯和加拿大对北极航道及所在水域法律地位的主张由来已久，为维护主权利益以严格于一般接受的国际规则的法律制度约束外国船舶对北极航道的利用。北极航道沿岸国航道管理法律规制一直围绕本国核心利益发展变迁。未来北极航道沿岸国法律规制的发展应充分考虑强制性极地规则的内容，实现北极航运国内法规制与国际规则的良性互动。

五、我国北极航线的选择

根据《联合国海洋法公约》，我国在北方海航道和西北航道都有合法的航行权益。[①] 但面对俄罗斯、加拿大针对北方海航道和西北航道的立法特点、管理措施和发展趋势，我国有必要综合考虑适合我国近期和长期利用的航线来发展我国北半球航运网络，做出我国北极航线的合理选择。

（一）我国利用北极航线的战略意义

北极航线对于我国的战略意义主要在于经济利用、安全维护、能源开

---

① 白佳玉：《中国北极权益及其实现的合作机制研究》，载《学习与探索》2013 年第 12 期。

发和科考服务等四个层面。

（1）经济利用层面，北极航线将缩短我国到北美洲东岸、西欧和北欧的航线，提高我国与这些地区国家的贸易往来。以上海至鹿特丹的海上航线为例，经过北方海航道的航线将比传统航线缩短 22% 的航程，运输燃料和成本的节省能够使航运的利润大大提升。北极地区的通航所带来的基础设施建设和发展也会对中国的出口和基础建设项目等带来新的机遇。①

（2）安全维护层面，北极航线可避免商船航运中遭受海盗的威胁，也避免因特殊政治原因而对我国带来能源危机。马六甲海峡和索马里海域存在海盗问题，苏伊士运河和巴拿马运河的通航量即将达到饱和，传统国际航线可能因美国等国际因素的干涉而不稳定。

（3）能源开发层面，北极地区稳定的国际环境和潜在丰富的能源、资源储存量更适合我国发展能源贸易。我国对中东等地区的石油依赖程度较高，中东地区并不稳定的国际局势对我国的能源安全带来不稳定因素。畅通的北极航运有利于我国参与北极资源开发，拓展我国能源开发渠道。

（4）科学考察服务层面，我国对北极持续开展的相关科考活动也需要我们更积极的利用北极航线。我国开展的北极科考多通过传统航线抵达北极地区获取相关数据。了解北极资源分布状况，进行有的放矢的资源开发使得我国有必要通过北极航线航行，并在获得北冰洋沿岸国批准的前提下开展科考活动。

（二）我国选择北极航线的综合考量

北极地区自然条件恶劣，因变化的冰情而对航行活动有特殊要求，航道及沿线地区基础设施尚不完备，我国在航行中面临船体设计、设备、人员配置和船员相关素质需要完善的诸多挑战。②

在对北极航道的选择上，需要全面考虑具体航线走向、航线自然条件、沿岸国管控等具体情况。在航线自然条件相近的情况下，航线沿岸国的国内

---

① 王杰、范文博：《基于中欧航线的北极航道经济性分析》，载《太平洋学报》2011 年第 44 期。

② 唐国强：《北极问题与中国的政策》，载《国际问题研究》2013 年第 1 期。

立法和政策导向将成为我国航线选择的主要考虑因素。

1. 航线沿岸国的国内立法考量

俄罗斯有关北方海航道国内立法对于船舶的资质和豁免、破冰和引航、航行和通信、收费等方面都做出了较为严格的规定。其中不乏与国际法律规则相冲突的国内制度，但现行的法律通过立法修改与完善，使北极航行受到的阻扰有所减少。

加拿大对西北航道的通航未予过多限制。加拿大对通航船舶的要求更多的存在于对于通航行为的告知和对环境的保护方面，较为强烈的反对情绪也主要存在军舰的航道利用方面。加拿大在国内立法中，针对航道的环境保护做出了详细规定。这些规定在保护北极海域特殊且脆弱的生态环境的同时，也使其他国家的船舶和人员在该地区的活动受到限制。

我国船舶在进行北极航行活动时，选择北方海航道水域内的航线在近期来看受到的俄罗斯国内立法的阻碍较少，接受引航服务的收费也较为合理。选择西北航道水域内的航线航行无船长冰区航行经验等方面的限制，但其繁复的环保制度无形中增加了航运成本，在我国商船缺少冰区航行经验，也不满足设计、建造等硬件要求的情况下似乎短期内不适合选择在西北航道水域内的航线航行。

2. 航线沿岸国的政策导向考量

俄罗斯愈来愈重视北方海航道和周边地区的开发，包括航运活动的开展、基础设施的建设和能源的开发。它以越来越开放、和缓的立法与管辖为北方海航道的通航提供支持与便利，并且重视国际社会的反馈与合作。俄罗斯更加宽松的国内立法即是对这种政策导向的呼应。随着俄罗斯对北极地区的开放与开发，势必会产生大量资源开发、港口建设的机会，这为我国开展以俄罗斯毗邻北方海航道港口为出发港（资源出口）或目的港（港口基础设施进口）的北方海航道内的航线发展提供了机遇，是我国可长期发展的北极航线。

加拿大重视西北航道的航运活动，同时也十分看重北极地区的环境保护、能源和资源的开发和科考活动的进展，但其首要关注和维护的是国家安全。加拿大在外交战略和北极理事会的活动中，强化双边关系，注重与其他北极国家的合作，推动建立北极理事会之经济理事会的同时却排斥观察员国的介入。尽管注重多边合作的策略，却希冀通过单边立法影响北极航行规则的走向。西北航道严苛、保守的管控措施似乎将成为加拿大的长期策略，但也不排除加拿大基于北方开发需要有限度开放西北航道利用的可能。从政策导向上，我国未来是否选择西北航道水域内航线取决于加拿大对其国土安全的信心和经济发展需求的综合衡量。

我国与地缘位置较近的俄罗斯近些年有着较多的经济合作项目，更有长期稳定友好的两国关系。虽然俄罗斯曾认为我国北极航运事业的开展会因缺少破冰船而受限，但俄罗斯可提供的破冰服务及合理收费无疑弥补了这些不足。我国 2013 年 8 月的"永盛"轮北方海航道商业航行即是一次有益的商业航行实践。应该说，在自然条件差距不大并且可以自由选择航线的情况下，基于航线沿岸国国内立法和政策导向的分析，近期内我国更适合选择穿越北方海航道所在水域开拓我国至北欧和西欧的航线，远期内发展以俄罗斯和加拿大北部港口为目的港或出发港的航线来服务于我国的北极能源开发和科学考察，实现我国多维度北极权益。

第三节　我国科考船北极航行的国际法意义

北极地区因其气候终年寒冷而较少引起关注，很长时间以来仅有个别国家在北极地区进行零星的科学考察及探险活动。二战后，北极地区的军事战略地位及冷战格局使之成为美苏对抗的前沿。这样的政治环境与自然环境随着美苏冷战的结束和气候变暖而成为北极国家和非北极国家关注的热点地区。北极之"热"不仅在于北冰洋底土蕴藏着丰富的油气资源，① 更在于气候变暖对北极海冰消融的影响及其对气候反馈的物理机制和未来海冰演变趋

---

① 根据 2008 年美国地质勘探局公布的数据显示，北极地区拥有全球未探明石油储量的 13%，未开采天然气储量的 30% 和未开采液化气储量的 20%。

势的科学认知。

北极地区的科学考察是人类分析和认知气候变暖及北极冰融化造成极端天气的重要手段。联合国政府间应对气候变化专门委员会（Intergovernmental Panel on Climate Change，简称 IPCC）第四次报告将中国列为最容易遭受气候变化负面影响的国家之一。通过开展北极科学考察研究海洋、冰雪、大气环境可以更好地了解气候变化对中国乃至全球的负面作用。我国科考船北极科学考察任务的顺利完成有赖于畅通的航行环境。2012 年 7 月 22 日至 9 月 7 日，我国科考船"雪龙"完成了穿越北极东北航道，以及从北极高纬航线向东穿越北冰洋的考察之旅。此次科考也是我国首次利用北极新航道（东北航道）的历史之旅。[①] 在欣慰于我国海洋科学考察发展之余，有必要深入探讨"雪龙"船北极航行中的相关国际法问题和蕴含的国际法意义。

一、我国科考船的北极科学考察实践

我国极地方面的科学考察由南极科考引领，已进行了 28 次南极科学考察。有关北极地区分别在 1999 年、2004 年、2008 年、2010 年、2012 年、2014 年和 2016 年进行了七次科学考察。我国极地科考总数已超过 30 余次，但科考任务主要由科考船"雪龙"完成。我国南极科考比较成熟，北极科考任务主要集中在海洋、冰雪、大气环境的考察，水下机器人遥控实验的进行。自 1999 年 7 月 1 日我国派出首支北极科考队，科考船的航行海域逐渐扩大。2008 年 7 月"雪龙"船行驶到北纬 85° 25′，创造了当时我国航海史上的新纪录。2010 年 7 月至 9 月"雪龙"船首次将海洋综合考察和对北极海冰的考察延伸至北极点。2012 年 7 月至 9 月"雪龙"船首次穿越东北航道，并在返航时二度穿越北冰洋。

2012 年，我国科考船"雪龙"北极科考中穿越东北航道得益于北极海冰的大面积融化。美国国家冰雪数据中心卫星云图显示，2012 年 9 月的北

---

① 目前，可穿越北极的航道包括东北航道（Northeast Passage）、西北航道（Northwest Passage）和穿极航道（Trans-polar Passage）。本节讨论的北极航道主要指东北航道和西北航道。

极冰范围创 1979 年以来新低。① 甚至有专家预测，北冰洋将在 2020 年前后出现夏季无冰年。② 北极冰的融化开通了北极新航路，使得科考船穿行更为便利。2012 年 7 月 22 日，"雪龙"船与其它三艘芬兰、巴拿马和俄罗斯船旗的商船组成混合编队，在俄罗斯核动力破冰船 Vaygach 的破冰引航下穿越了楚科奇海、东西伯利亚海、拉普捷夫海、喀拉海，7 月 29 日离开维利基茨基海峡后"雪龙"船离开编队单独在巴伦支海航行，于 8 月 2 日抵达挪威海，完成东北航道的首次穿行任务。此间，"雪龙"船穿越两处位于俄罗斯北方海航道水域的海峡，分别为德朗海峡和维利基茨基海峡。完成冰岛访问及周边海洋调查后，"雪龙"船在 8 月 23 日沿斯瓦尔巴德群岛西侧北上，进入高纬航线，沿斯瓦尔巴德群岛和法兰士约瑟夫群岛北侧与海冰边缘线之间向东航行。8 月 28 日从俄罗斯北极群岛 12 海里外通过，之后在北冰洋中心区执行了冰站和海洋站考察任务。9 月 7 日，"雪龙"船完成高纬航线航行任务回到东北航道起点。"雪龙"船在高纬度航线航程中未要求俄罗斯提供破冰和引航服务，高纬度航线航程 2160 海里中全程独立航行。往返全程实际航程共 5940 海里，返程中的高纬度航行比东北航道航行缩短约 1/3 航程。③

二、我国科考船北极航行的可归因性

"雪龙"船是我国自首次南极科考直至首次穿越北方海航道进行北极科考的唯一极地科考船。我国于 1993 年从乌克兰进口"雪龙"船，之后按南北极科考需要进行改造。国家海洋局局属单位——中国极地研究中心为"雪龙"船的登记船东。研究我国科考船北极航行是否构成对北极航道沿岸国之航道所在水域法律地位确认，或对北极航道沿岸国之航道法律地位确认，需要判断我国科考船北极航行是否属于可归因于国家的行为。下文将依次在国家责任理论和国家管辖豁免理论视阈中分析我国科考船北极航行的可归

---

① http：//nsidc.org/arcticseaicenews/2012/09/，2013 年 3 月 15 日访问。

② Al Gore，Jonas Gahr St ϕ re，Melting Snow and Ice Report，2009.

③ 白响恩、王建忠、肖英杰：《中国船舶首次穿越北极东北航道纪实》，载《航海技术》2013 年第 1 期。

因性。

（一）国家责任理论视阈

国际关系中，某一法律主体的法律利益受到另一个法律人格者的侵犯，就会产生法律制度确定的各种不同形式的责任。[1] 国家是国际法和国际责任的一般主体。国际责任的承担与法律主体行为的可归因性密切相关。因此，在国家责任理论视阈探讨我国科考船北极航行的可归因性是合理的。国家责任法的编撰可追溯到 1930 年国际联盟主持召开的海牙国际法编撰会议，此后国际法委员会将国家责任作为编撰专题之一。2001 年，国际法委员会完成《国家对国际不法行为的责任条款草案》（本节简称《草案》）二读。尽管该草案未生效，但其中的规定代表了国家责任法的发展方向。

《草案》第 8 条规定，如果一人或一群人实际上按照一国的指示或在其指挥或控制下行事，其行为应视为国际法所指的该国行为。《草案》第 4 条规定，任何国家机关在行使立法、行政、司法职能或其它职能应被视为国际法所指出的国家行为。综合分析，如果赋予"雪龙"船以拟制人格，"雪龙"船的北极航行完全在中国极地研究中心及其所属的国家海洋局指挥与控制之下，中国极地研究中心及其所属的国家海洋局对"雪龙"船的指挥与控制的行政管理行为属于国家行为，最终可推导出"雪龙"船的北极航行属于可归因于国家的行为。

（二）国家管辖豁免理论视阈

《联合国海洋法公约》将船舶分为商船、用于商业目的的政府船舶、用于非商业目的的政府船舶和军舰四类。军舰和用于非商业目的的政府船舶享有豁免权，[2] 用于商业目的的政府船舶无豁免权。可见，《联合国海洋法公约》采纳了限制豁免理论。在该公约之前，1926 年《关于统一国有船舶豁免的某些规定的公约》、1958 年《领海与毗连区公约》和《公海公约》、1969 年《国际油污损害民事责任公约》均对船舶采纳了类似的限制豁免理论。

---

[1]　［英］伊恩·布朗利：《国际公法原理》，曾令良、余敏友译，法律出版社 2007 年版，第 385 页。

[2]　《联合国海洋法公约》第 32 条。

行使限制豁免的国家实践与诸多公约共同促进其发展为一项国际习惯规则。一艘船舶享有管辖豁免的权利往往不单纯由于某国对这艘船舶拥有所有权，更源于某国对船舶的控制和船舶提供的公共服务。有权行使并实际行使了国家主权权力的国家机构、部门或其它实体属于国家管辖豁免中所指称的"国家"。① 也就是说，那些享有了国家豁免权的机构在其权力范围内所从事的行为属于可归因于国家的行为。同理，享有豁免权的军舰和非用于商业目的的政府船舶在被授权范围内所从事的行为属于可归因于国家的行为。"雪龙"船为国家所有，用于从事我国海洋科学考察的公共服务，是典型的非用于商业目的的政府船舶，其在国家机构——国家海洋局授权范围内所从事的北极航行和科考活动属于可归因于国家的行为。

三、一国对他国海上领土主张的默认

"雪龙"船北极航行是否会对北极航道所在水域法律地位及航道本身法律地位产生国际法意义上的影响是科学考察活动之外，国际法学者尤其关心的问题。由于航道所在水域的法律地位及航道本身法律地位是两类不同的法律问题，前者关乎航道沿岸国对海上领土的取得，后者属于航道是否满足用于国际航行条件以及可对外国船舶赋予相应航行权的制度内容，因此本节将逐一探讨一国对他国海上领土主张的默认以及一国对他国航道法律地位的默认。前文已充分分析了"雪龙"船北极航行的可归因性，即我国历次科考船的极地科考活动——包括穿越北方海航道的北极科考活动均具备可归因于国家行为的特点，关键在于探讨该国家行为是否构成了对他国海上领土和航道法律地位的默认。

传统国际法较为关注陆地领土的取得，当陆地领土主权存在争议时，"失去"领土的国家通过默认的态度来表达对它国拥有领土主权的接受，而第三国可通过单方面承认或签订条约的形式接受。海上领土取得中需采取默认表达接受的国家更多。格老秀斯时代，海洋由领海和公海构成，沿海国拥

---

① 《联合国国家及其财产管辖豁免公约草案》第 1 (b) 条。

有主权的领海范围较窄，领海以外的广阔公海海域原则上为共有物。现代国际海洋法的发展使得作为共有物的公海范围大为缩水，比如根据历史性权利或直线基线划定的内水及领海在扩大了沿海国海上领土范围的同时却缩减了全球公海范围，因此需要取得其它国家的普遍默认。俄罗斯、加拿大主张根据历史性权利及划定直线基线，分别将北方海航道和西北航道置于其所主张的领海基线向陆地一侧的内水，缩减了北冰洋公海海域的范围。那么，我国科考船"雪龙"已完成的穿越北方海航道的航行及未来可能穿越西北航道的航行是否会构成对俄罗斯及加拿大海上领土主张的默认？默认的证据有哪些？默认的缺乏是否会延滞沿海国对海上领土所有权的形成？默认是否会必然造成禁止反言的法律后果？下文将依次分析和解答这些问题。

默认通常指一国在其权益受到威胁或侵犯时未采取行动，在抗议原本可以预料的情况下未采取抗议的行为，这种消极的不作为往往被解读为对不利情况的接受。"英挪渔业案"中，法院认为众所周知的事实、国际社会的普遍容忍、英国一直以来在北海的态度，以及长期放弃表达抗议的做法使得英国不可再对挪威有关直线基线的划定持异议。[①] 判决中所表述的国际社会"普遍容忍"可同解为"普遍默认"，而包括英国在内的国际社会的"普遍默认"是挪威直线基线合法性的重要依据。由此可见默认在海上领土取得中的重要作用。那么，我国科考船"雪龙"穿越北方海航道的航行是否构成对俄罗斯北方海航道所在水域之内水主张的默认呢？这就需要考察默认的证据和效力。2012年"雪龙"船穿越北方海航道前的四个月已根据当时有效的俄罗斯《1990北方海航道海路航行规章》向北方海航道管理局提交了穿越申请，鉴于当时冰清等客观情况，要求俄方提供了破冰和引航服务并给付了服务费用。俄罗斯《1990北方海航道海路航行规章》亦要求穿越北方海航道的船舶需事先申请，并在通过维利基茨基海峡、绍卡利斯基海峡、拉普捷夫海峡和桑尼科夫海峡时进行强制破冰和引航。问题的关键在于"雪龙"船申请穿越和要求提供破冰引航服务的目的是什么。

---

① 1951 ICJ Fisheries Case，United Kingdom v. Norway，p.139.

　　"雪龙"船穿越北方海航道的目是进行有效的北极科学考察，不是对任何海上领土主张的默认。同时，破冰和引航服务是在"雪龙"船的要求下进行的，并非源自对俄罗斯《1990 北方海航道海路航行规章》的主动遵守。"雪龙"船穿越北方海航道的航行不构成对俄罗斯内水主张的默认。2013 年俄罗斯出台新规章取缔了强制破冰和引航的规定，未来科考船穿越北方海航道可依客观需要决定是否提出破冰引航的要求。尽管如此，外国船舶穿越北方海航道仍需经过北方海航道管理局的许可。为避免俄罗斯、加拿大通过对外国船舶利用航道的管理加强航道所在水域主权的强化，日后我国科考船北极航行的同时可强调航行的科考目的，明确科考动因的航行活动不构成对任何海上领土主张的默认。缺乏其它国家默认的海上领土主张很难完成历史性逐渐强化，无法将本质上最初相对的所有权演变为绝对的对世权。①

　　此外，默认也不必然产生禁止反言的法律后果。国际法院在 1951 年"英挪渔业案"和 1962 年"隆端寺案"表述了长期默认在领土取得中的决定性作用。也有学者持不同观点，认为长期默认在一些具体案件中没有决定性质，而仅是对事实和法律权利进行辅助性的解释。② 鲍威尔教授提出禁止反言的要素包括：第一，有关方面对相关事实进行了清清楚楚、毫不含糊的陈述；第二，做出这一陈述必须是自愿的、无条件的，而且是经过授权的；第三，相关各方的确真心实意地相信该陈述，并使得相信该陈述的一方遭受损害，或做出该陈述一方获得了好处。③ 我国科考船北极航行不属于对海上领土主张的默认，更不满足长期性的要求，难以推断出我国对北极航道所在水域的主权存在毫不含糊的、自愿的、无条件的默认，随着我国日后科考船北极航行中非主权默认态度的明朗化，俄罗斯不能仅根据 2012 年我国穿越北

---

① Schwarzenberger, "Title to Territorial: Response to a Challenge", *American Journal of International Law*, 1957: 311.

② 张卫彬：《论海洋划界中的禁止反言原则》，载《常熟理工学院学报》（哲学社会科学）2008 年第 1 期。

③ Martin, L'Estoppel en droit international public (1979)；Thirlway, 60 BY (1989), pp.29-49.

方海航道的航行适用禁止反言制度。

四、一国对他国航道法律地位的默认

1930 年海牙国际法编撰会议上未就海峡的通过制度达成任何协议，但学者却认识到海峡、特别是用于国际航行的海峡应具有独立的法律地位。①1949 年国际法院在科孚海峡案中探讨了用于国际航行的海峡的构成条件和通过制度。国际法院认为，"两端连接公海的地理条件和正在用于国际航行的事实"是构成用于国际航行的海峡的决定性因素。② 国际法院有关国际航行海峡构成的表述存在解释上的争议，即地理条件（地理标准）是否比航行事实（功能标准）更重要，或两者应给予同等的考虑。美国政府在判断海峡是否属于国际航行海峡时更侧重地理标准的考量，航行事实达到潜在使用的要求就符合功能标准。加拿大政府和代表性学者认为：地理标准和功能标准需要被同等考虑，国际法院判决中国际航行海峡构成的"决定性"因素包括了地理标准和功能标准，判决原文使用连词"和"来表达两个标准的同等重要性，功能标准的证实需要依靠海峡被用于国际海上运输的历史证据。③

科孚海峡案之后，国际法委员会在公海和领海的公约草案编撰中制定了用于国际航行海峡的内容，赋予外国船舶在两端连接公海的用于"正常"国际航行的海峡中拥有不受中止的无害通过的权利。④1958 年《领海及毗连区公约》取消了"正常"国际航行的表述，规定"在用于国际航行的、位于

---

① E Bruel，International straits：a treatise on international law，Sweet&Maxwell（1947），p.20.

② 国际法院判决的原文措辞是，"the decisive criterion is rather its geographical situation as connecting two parts of the high seas and the fact of its being used for international navigation."

③ D. Pharand，"The Arctic Waters and the Northwest Passage：A Final revisit"，Ocean Development and International Law 38（2007）：3-69.

④ United Nations，General Assembly，International Law Commission，Report，8th Session，A/3159（New York：1956），art.17. "There must be no suspension of the innocent passage of foreign vessels through straits normally used for international navigation between two parts of the high seas."

公海的一部分和另一部分之间，或公海与一外国领海之间的海峡上，不得停止外国船舶的无害通过。"① 第三次联合国海洋法大会扩张了领海宽度，创制了专属经济区制度，同时顾及了用于国际航行海峡的沿岸国和使用国利益，在《联合国海洋法公约》中规定外国船舶在两端连接公海和专属经济区的用于国际航行的海峡享有过境通行的权利。② 由此不难发现，无论追溯回科孚海峡案判决所体现的习惯国际法规则，还是之后的条约法规则，有关国际航行海峡的功能标准似乎莫衷一是。

但是，如果仔细研读国际法院科孚海峡案判决及其后的条约法规定，不难得出以下结论：用于国际航行海峡的功能标准更侧重对目前海峡是否可用于国际航行的评价，那些目前较难进行国际航行但满足地理标准的国际海峡在日后满足了用于国际航行的条件后可自动成为用于国际航行的海峡。国际法院科孚海峡案判决规定功能标准时的英文表述为"its being used for international navigation"，《领海及毗连区公约》和《联合国海洋法公约》表述为"straits which are used for international navigation"，系动词使用的均为现在时态，强调了海峡目前正在用于国际航行的状态。

北方海航道和西北航道显然满足上述用于国际航行海峡的条件，科考船通过北方海航道更印证了该航道满足目前用于国际航行的功能标准。那么，公务船是否会因其行为与海峡沿岸国的国内法管理制度相吻合而构成对海峡法律地位的默认呢？前文第二部分阐释了俄罗斯和加拿大对北方海航道和西北航道的管理制度，外国船舶通过航道前的通知和提供破冰引航服务后的收费制度备受诟病。国内立法管理沿岸海峡属海峡沿岸国的主权范围，取决于海峡所在水域的法律地位，而非海峡自身的法律地位。③ 因划定直线基线使得未被认为是内水的区域被包围在基线以内成为内水的主张亦不影响处于该水域的海峡的法律地位。④ 因此，我国科考船"雪龙"通过北方海航道

---

① 《领海及毗连区公约》第 16 条第 4 款。
② 《联合国海洋法公约》第 37 条。
③ 《联合国海洋法公约》第 34 条第 1 款。
④ 《联合国海洋法公约》第 35（a）条。

前通知北方海航道管理局，及后来要求的破冰服务和给付费用不构成对北方海航道法律地位的默认。更何况"雪龙"船的通知和破冰要求并非出于俄罗斯国内法规定，而是基于自身航行安全的需要。

进而论之，俄罗斯和加拿大有关北方海航道和西北航道管理的特殊制度是否超出了《联合国海洋法公约》海峡沿岸国的权利范围？或者俄罗斯和加拿大的管理规定在逐步靠近《联合国海洋法公约》有关海峡沿岸国的义务要求？首先，海峡沿岸国有防止、减少和控制来自船舶污染的权利；[①] 再次，如果顾及了航行和现有最可靠的科学证据、出于海洋环境保护和保全的需要，为避免对海峡的海洋环境造成重大损害或有造成重大损害的威胁，[②] 海峡沿岸国可以制定和执行非歧视性的法律和规章来防止、减少和控制船舶污染；[③] 最后，这类规定应比照《联合国海洋法公约》第十二部分第七节，尊重一般接受的国际规则和标准。

俄罗斯和加拿大分别有防止、减少和控制外国船舶污染北方海航道和西北航道环境的义务，出于环境保护的需要在不影响正常航行和充分科学证据的前提下，可为使相关公约有效实施通过国内法并对外国船舶无歧视的适用。俄罗斯、加拿大防止船舶污染的国内法规定严格于《国际防止船舶造成污染公约》，但也应看到北极航道沿岸国，如俄罗斯，已在《2013 北方海航道水域航行规则》中取消了强制引航的要求，其规定在逐渐向国际法律规制靠拢。至于"雪龙"船穿越北方海航道过程中要求提供破冰服务后给付费用更类似外国船舶通过沿海国领海时，要求沿岸国提供特定服务后的付费。[④] 为更有效地保护北极航道环境，相关环境保护制度和因此而发生的收费标准应由航道沿岸国与使用国以双边协议的形式达成共识，以期促进北极航道的可持续利用。

---

① 《联合国海洋法公约》第 42 条第 1（b）款。

② 《联合国海洋法公约》第 233 条。

③ 《联合国海洋法公约》第 234 条。

④ 《联合国海洋法公约》第 26 条。

五、我国科考船北极航行的国际法意义

我国科考船"雪龙"穿越北方海航道及日后可能穿越西北航道的诸多国际法问题已得到一一剖析和阐释，这些问题回答的同时，应认识到具有公务船性质的科考船北极航行蕴含的多层面国际法意义。其一，科考船北极航行可促进北极航道用于国际海上运输的趋势；其二，北极航道利用为我国参与北极航行规则的制定提供了实践经验；其三，科考船北极航行为中国与俄罗斯、加拿大及其它北极国家的双边合作和交流开拓道路；最后，科考船北极航行也成为我国北极实质性存在的有效证明。

从我国科考船"雪龙"穿越北方海航道从事海洋科考活动，后又经穿极航道返航的航行活动评价，其国际法视阈中的核心意义在于对北方海航道未来法律地位的影响。现有国际法框架下，具备明确科考目的的科考船北极航行不会对航道所在水域及航道本身的法律地位产生默认的法律效果，却通过国家实践加快了航道用于国际海上运输的步伐。2013 年 8 月 27 日至 9 月 5 日，中远集团商船"永盛"轮顺利通过北方海航道所在的东北航道。[①] 科考船穿越北极航道所引领的商船利用北极航道的趋势逐步显现。国际法院科孚海峡案判决中未将穿越海峡的船舶数量作为海峡是否可成为国际航行海峡的决定性因素，却统计了一年零九个月内，靠泊或经过科孚港的船舶数量，这无疑成为海峡用于国际海上运输的佐证。[②] 因冰雪覆盖等原因而不满足实际使用标准的两端连接公海的北方海航道和西北航道在外国船舶穿越后而满足实际使用的要求，将逐步发展为用于国际航行的海峡。

北极航道通航后需要完善的国际法律规制来确保船舶安全、船员安全和环境安全。1996 年国际海事组织发布了《北极有冰覆盖水域营运船舶导则》，[③] 该导则属非强制性法律文件。2009 年，国际海事组织正式启动强制性

---

① 仲元：《中远集团永盛轮首航北极东北航道》，载《中国远洋报》2013 年 8 月 9 日第 A01 版。

② 国际法院科孚海峡案判决中描述，1936 年 4 月 1 日至 1937 年 12 月 1 日，靠泊或经过科孚港的船舶总数为 2884 艘。参见 1951 ICJ Fisheries Case, United Kingdom v. Norway, p.29。

③ MSC/Circ.1056-MEPC/Circ.399.

极地规则的制定，旨在现有国际海事组织文件基础上，采用基于风险的目标功能方法，制定针对特定极地水域风险的船舶安全和环境保护补充要求。极地航行规则的涉及面较广，存在不同利益集团的立场分歧。我国作为国际海事组织的 A 类理事国，科考利益和商船的北极航行利益是主要考虑因素。因此，科考船北极航行及其所带动的商船航行为我国参与强制性极地航行规则的制定增加了实务经验。

我国北极权益包括航行权益、资源开发权益、科学考察权益和环境保护权益。① 航行权益的维护有助于其它北极权益的有效实施：北极资源开发和科学考察依赖畅通无阻的北极航行，船源污染的控制更需要船旗国的努力。北极地缘政治领域，我国属近北极国家，北极权益的实现应以国际合作为桥梁。科考船北极航行为我国与北极航道沿岸国的双边合作提供了机遇，如航道环境保护和提供破冰、引航服务的收费事项等即可成为双边合作协商的内容。

我国海洋强国战略涵盖了航运强国的内容，维护我国北极权益、参与北极治理、强化在北极地区的实质性存在是新时期战略用海的重要组成部分。科考船北极航行具有重大的战略意义，是我国在北极实质性存在的体现，有利于获取在北极事务上的"话语权"。科考船探路后的商船北极航行迈出了我国海运公司利用北极航道的关键一步，是我国实质性参与北极地缘经济的具体表现。

北冰洋联系着亚洲、欧洲和北美洲大陆，千百年来因冰雪覆盖而鲜有人类问津。气候变暖、北极冰雪融化开通了北极航道，为人类亲近神秘的冰雪世界、探索未知科学奥秘、了解气候变化对人类的影响带来便利。我国科考船"雪龙"，两次抵达北极点——奏响海洋科学考察的新篇章，首次穿越俄罗斯北方海航道——开辟了中俄两国交流的海上丝绸之路。北极航道沿岸国存在航道所在水域及航道本身法律地位的主张，以海洋科学考察为根本目的的科考船北极航行不构成对航道所在水域主权主张的默认，亦不构成对航

---

① 白佳玉：《中国北极权益及其实现的合作机制研究》，载《学习与探索》2013 年第 12 期。

道位于用于国际航行海峡的否定。北极航道沿岸国无法就科考船北极航行提出禁止反言，国际航行海峡的法律地位也不会因海峡所在水域的法律地位而撼动。

科考船北极航行及其所带动的商船航行可促进北极航道的国际化，使得北极航道日益满足习惯国际法和条约法针对用于国际航行海峡的功能标准要求。同时，科考船北极航行具有其它多层面的国际法意义，其为我国参与强制性国际航行规则的制定提供了第一手资料，为我国与北极国家合作、更好地履行负责任大国的义务提供了出路，更是我国经略海洋、实现海洋强国战略、强化北极地区实质性存在的有益途径。

第 三 章
船舶北极航行中的国际海事公法问题

北极航道利用中应充分遵守国际海事组织为维护海洋环境安全、船员安全及航行安全制定的条约及软法性指南。北极航行治理新规则经历了从委员会通函、大会决议等软法规则到具备法律约束力的《极地规则》之发展历程。以《极地规则》为代表的国际海事公约制度构成我国船舶北极航行的国际海事公法基础，在实践中遵守并完善相关制度的不足之处是航运大国的权利，更是义务。

第一节　船舶北极航行的国际海事公法基础

一、国际海事公法层面的治理主体

船舶北极航行在国际海事公法层面的治理主体主要是国际海事组织（International Maritime Organization，简称 IMO）。为更有效保障海上航行安全，经 19 世纪中叶酝酿，并在联合国成立后于 1948 年召开的日内瓦国际会议上以公约形式成立 IMO 的前身，即"政府间海事协商组织"。1958年，正式更名为国际海事组织。截至目前，IMO 共有 170 余个正式成员，是负责海上船舶航行安全和防止船源海洋污染等统一标准的制定和实施及解决此过程中法律问题的联合国专门机构，总部设在伦敦。IMO 主要由大会、理事会、主委员会和秘书处构成，主委员会由 5 个机构构成，即海上安全委员会、海上环境保护委员会、法律委员会、技术合作委员会、便利委员会。另外，还有一些为主委员会提供技术支持的分委员会，即 Sub-Committee on Human Element，Training and Watch keeping（HTW）；Sub-Committee on Implementation of IMO Instruments（III）；Sub-Committee on Navigation，Communications and Search and Rescue（NCSR）；Sub-Committee on Pollution Prevention and Response（PPR）；Sub-Committee on Ship Design and Construction（SDC）；Sub-Committee on Ship Systems and Equipment（SSE）和 Sub-Committee on Carriage of Cargoes and Containers（CCC）。这些分委员会对所有成员国开放。①

IMO 通过的诸如公约、规则、修正案、决议等规范性文件是各国进行船舶设计、建造、检验，海上运输监管、海事监督等活动所必须遵守的法定文件，其具体规定也当然适用于船舶北极航行。

二、船舶北极航行相关国际海事公约

IMO 通过的各类规范性文件虽不是专门针对船舶北极航行的海事规范，但仍是规制船舶北极航行的重要海事公法规范。

随着国际海运业和科技发展的快速进步，以及解决海运业不断涌现的新问题、新情况，截至目前，IMO 已通过 50 余个公约、数个议定书以及 800 余个关于船舶海上航行安全、防治船源污染海洋的规则、修正案或建议书，② 并在此基础上构筑起以《国际海上人命安全公约》（SOLAS）、1973/1978 年《国际防止船舶造成污染公约》及其 1978 年议定书（MARPOL73/78）和《海员培训、发证和值班标准国际公约》（STCW）为龙头的三大分公约体系。该分公约体系经由 IMO 的自愿履约审核机制至强制履约审核机制的发展，已形成一套系统化的国际性规则，在确保 IMO 宗旨方面发挥着至为关键的作用。

其中，SOLAS 公约体系由 SOLAS 公约及其议定书、修正案组成。"泰

---

① http：//www.imo.org/en/About/Pages/Structure.aspx.
② 宗刚：《世界海事中心伦敦》，载《中国港口》2009 年第 8 期。

坦尼克"号海难事件发生后，国际社会于 1914 年通过了第一版《国际海上人命安全公约》，在船舶结构、设备和性能等方面规定了统一的国际标准，以保障海上航行船舶的人命安全。同时明确规定，船舶从事国际航行的前提条件是，船舶必须通过其所属的缔约国政府授权的机构检查，各项技术指标达到公约要求，且取得合格证书。随后国际社会又分别于 1929 年、1948 年、1960 年和 1974 年通过 SOLAS 公约第二版、第三版、第四版和第五版，就船舶的构造、救生设备、无线电、货物（包括危险货物）装运、高速船安全措施、海上安全与安保等方面不断提高安全要求。SOLAS公约第五版又经过两次议定书和多次修正案的修正。SOLAS 公约及其议定书、修正案的修正被普遍认为是所有海事公约中对商船航行最为重要的公约体系。

MARPOL73/78 公约体系是由一系列防治船源污染海洋的国际规范性文件构成。自 20 世纪 50 年代始，随着海上石油运输的大规模发展，船源海洋石油污染问题成为国际社会愈加关注的对象，并专门针对船源海洋污染问题陆续出台一系列国际性规范文件，逐渐形成了以 MARPOL73/78 为核心的防治船源海洋污染的公约体系。截至目前，该体系由三级类型公约构成：一是船载油类污染海洋的管控公约；① 二是其他形式的船源污染海洋的管控公约；② 三是关于船源污染的防备、反应和合作领域的公约。③

STCW 公约体系则是从提升海员符合 SOLAS 公约体系和 MARPOL 公约体系要求的素质角度，从培训考试、证件发放与换领、值班标准等方面，制定具体的规定，主要由《1978 海员培训、发证和值班标准国际公约》（STCW 公约）及其修正案构成。截至 2013 年，IMO 对 STCW 公约进行了

---

① 包括《1954 年国际防止海上油污公约》《1969 年国际干预公海油污事故公约》等。

② 主要包括《1972 年防止倾倒废物和其他物质污染海洋公约》《1973 年国际防止船舶造成污染公约》《2001 年国际控制船舶有害防污底系统公约》《2004 年船舶压载水和沉积物控制和管理公约》等。

③ 主要包括《1990 年国际油污防备、反应和合作公约》和《2000 年有害有毒物质污染事故防备、反应和合作议定书》等。

9 次修订，其中包括 1995 年和 2010 年的整体性修正。

国际海事公约对船舶北极航行的意义主要体现在以下两个方面。

首先，为船舶北极航行提供调整范围和内容的大致框架。国际海事公约历经百年发展，基本形成明确的调整范围与内容，即航行安全、防止船舶海洋污染、海员培训发证与值班，并相应构建了三大公约体系。船舶北极航行与船舶其他海域航行相比，只是存在航行海域方面及调整力度的不同，具体调整范围与内容并无二致。因此，成熟的国际海事公约为船舶北极航行的海事规制提供了方法论，北极海事治理主体可在既有的调整范围与内容方面进行海事规制的尝试与努力。目前，国际海事组织（IMO）在这方面的尝试与努力主要以通函的形式在 SOLAS 和 MARPOL73/78 基础上作了加强或附加规定。例如，2002 年，MEPC48 和 MSC76 审议和批准的《北极冰覆盖水域船舶航行指南》，即以联合通函的形式发布，后该指南因增加南极的适用而形成《极地水域船舶航行指南》。[①] 该指南对船舶冰区航行的冰区驾驶员的配备及其培训与书面证明等方面做出了规定，并认为基于极地水域的航行安全和防治船源污染的诉求，需要附加在 SOLAS 和 MARPOL73/78 现有规定之中。[②]

其次，可直接成为船舶北极航行海事治理的依据。国际海事公约的法律性规范内容具有普遍适用性，当然也可直接适用于船舶北极航行。在北极航行呈快速发展态势下，IMO 也积极着手三大公约体系在北极海域的适用。其中最为典型的事例是 2011 年 IMO 针对北极海域固有的极端恶劣天气带给船舶航行的风险，将国际航行警告系统（WWNWS）扩展适用于北极水

---

① 《北极冰覆盖水域船舶航行指南》（Res.A1024（26））的主要内容包括船体结构、分舱和稳性、起居处所和脱险措施、方向控制系统、锚泊和拖带装置、主机、辅机系统、电气装置、防火安全、救生设备和装置、航行设备、作布置、船员配备、应急设备、环境保护和破损控制。

② 实际上是在 SOLAS 和 MARPOL 基础上的附加规定，主要包括航行、通信、救生、主辅机、环境保护和破损控制，安全航行要求特别注意人的因素，以及人员培训和操作程序。李永鹏、陈爱玲："极地航行的相关规则及最新进展"，载《青岛远洋船员职业学院学报》2012 年第 4 期。

域。①② 另外，MARPOL73/78 公约体系是一系列防止船舶海洋污染的公约，其中某些公约规定的"污染者付费""国际合作"等均可直接适用船舶北极航行。

第二节　船舶北极航行治理新规则

随着北极冰融，鉴于北极航道可节约航行时间、节省运输成本、避免遭受海盗侵扰等方面的优点，基于较短航线、免受海盗侵扰等优势，更多商船将取道北极。北极蕴含的丰富矿产资源与旅游业的发展也将促使更多的船舶在北极水域航行。为确保航行安全，保护脆弱的北极海洋环境，国际海事组织花费大量人力、物力致力于制定专门的北极航行规范。北极航行特殊风险决定的船舶和船员能力要求，以及北极地缘政治背后复杂的国家利益牵引，造成北极航行规范在制定之初发展较为缓慢。经过国际海事组织和利益攸关国的共同努力，北极航行治理新规则于近年发展迅速并取得重大进展。

2014 年 11 月 21 日，具有法律约束力的《极地水域船舶航行国际准则》(International Code for Ships Operating in Polar Waters，即 Polar Code，本节简称《极地规则》) 安全部分在国际海事组织海事安全委员会（MSC）第 94 届会议中通过，环保部分也在海洋环境保护委员会（MEPC）第 68 届会议中通过，标志着北极航行治理的国际标准业已形成。为响应国家关于加强北

---

① WWNWS 在 20 世纪 70 年代后期由 IMO 与 IHO 联手建立。该系统将全球海洋划分为 16 个航行警告区域，每个区域内由一个签署协议的国家负责该区域内的航行信息传送。气象警告区域的范围划分与之相同。北极航行警告区域的协调方和气象警告区域服务方是加拿大、挪威和俄罗斯等 3 国。具体分工如下：第十七、十八航行警告区域和气象警告区域由加拿大负责，第十九航行警告区域和气象警告区域由挪威负责，第二十、二十一航行警区域和气象警告区域由俄罗斯负责。

② 这一扩展具有重大意义，意味着在北极恶劣的环境中航行的船舶，可以自动从 IMO 和 WMO 划定的 5 个新的航行警告区域和气象警告区域接收有关航行和气象危险的重要信息以及其他紧急航运信息。吴磊明：《国际航行警告系统扩大到北极水域》，载《水运管理》2011 年第 4 期。

极事务的研究和参与力度的要求，有必要深入研究《极地规则》的形成发展历程，深入剖析其主要内容和特点，并从船旗国、沿海国、港口国三方视角下探索新规则的实践模式。①

一、船舶北极航行治理新规则的起源

在探究极地规则发展特色前有必要了解其起源，把握规则的立法背景与基础。

（一）安全与环保的挑战

尽管北极航道开通后的经济利益驱动可能使北极航道的商船运输量大幅提高，但北极地处高纬，低温、大风、磁暴、极夜等极端天气状况可导致船舶航行中面临诸多严峻考验，加之船员对冰区内的航行经验比较匮乏，人为因素造成海难事故的几率较高，北极航行安全管理问题亟待解决。此外，北极环境相比其他海域更为脆弱，溢油及其他海洋污染一旦发生，海冰的存在导致海水自净分解能力减弱，清污工作开展难度大，人为活动增多将产生更大的环保压力，对北极生态环境带来威胁。因此，北极特殊风险下的航行安全与生态环境保护，给北极航行治理提出双重要求。

（二）北极航行治理法律规制的碎片化

国际海事组织为统一规范全球海上航行活动，颁布了数量较多的安全与防污公约和准则，其中影响较广泛的为 SOLAS、MARPOL73/78 和 STCW 公约等。这类国际海事公约已成为海上航行中一般接受的国际规则和标准，规制船舶在包括北极水域在内全球可航海域的航行活动。②

在北极环境保护战略基础上成立的北极理事会一定意义上实现了北极八国的实质性合作。北极理事会在北极气候、环境监测，促进生态保护与平

---

① 国务院 2014 年发布的《关于促进海运业健康发展的若干意见》（国发〔2014〕32 号）文件中明确要求加强重要国际海运通道和北极事务的研究和参与力度，支持企业参与北极航线运行，加强国际海运保障能力建设。

② 白佳玉：《北极航道利用的国际法问题探究》，载《中国海洋大学学报》（社会科学版）2012 年第 6 期。

衡等方面取得了重要成果，颁行了具有法律约束力的《北极搜救协定》和《北极海洋石油污染预防与应对合作协议》，系适用于北极航行的区域性协定。北极国家援引《联合国海洋法公约》第 234 条"冰封条款"进行毗邻北极海域的环境治理，其中加拿大和俄罗斯出于特殊的地缘优势和政治诉求，是北极国家中通过国内法进行北极航道管理的航道沿岸国。[①] 俄罗斯于 1991 年出台《北方海航道海路航行规则》，并顺应"东北航线"发展新形势，在 2013 年制定了新的《北方海航道水域航行规则》，内容涉及航行安全、环保、救助、引航服务收费等多方面，形成了较全面的航行管理法律体系；加拿大作为西北航道的重要利益攸关国，极为重视航道内的航行安全与环境保护问题，建立了相对系统的环境治理法律体系，最具代表性的国内立法 1970 年《北极水域污染防治法》用于防治船舶航行造成的北极水域污染。[②]

概言之，船舶航行于北极时须遵守国际海事组织条约、尊重北极理事会为平台通过的区域性协定，顾及符合国际法规范的北极航道沿岸国国内法律制度。面对相关标准重叠衔接不清的局面，可普遍接受的专门治理极地航行的国际法律规则呼之欲出，《极地规则》便是在此背景下生成并渐趋完备。

（三）《极地规则》形成的历史脉络

2002 年，国际海事组织（IMO）海上安全委员会与海洋环境委员会联合颁布了《北极冰覆盖水域船舶航行指南》（Guidelines for Ships Operating in Arctic Ice-Covered Waters），[③] 在统一治理北极水域的进程中迈出坚实一步，但此指南以 MSC 通函形式生效，不具有法律拘束力，实施效果不佳。随着《北极冰覆盖水域船舶航行指南》的出台，有关南极水域也须引入航行指南的声音不断，国际海事组织开始着手制定统一适用于极地水域的航

[①] 白佳玉：《北极航道沿岸国航道管理法律规制变迁研究——从北极航道及所在水域法律地位之争谈起》，载《社会科学》2014 年第 8 期。

[②] 白佳玉：《俄罗斯和加拿大北极航道法律规制述评——兼论我国北极航线的选择》，载《中国海洋大学学报》（社会科学版）2014 年第 6 期。

[③] IMO doc. MSC/Circ.1056 and MEPC/Circ.399，December 22，2002.

行规范，2008 年，船舶设计与设备分委会（SDC）审议《极地水域船舶航行指南（草案）》，随后，国际海事组织大会通过《极地水域船舶航行指南》(Guidelines for Ships Operating in Polar Waters)，作为非强制性指南施行。① "软法"性质的指南仅有指导意义，没有足够的约束力，无法达到预期的效果。值得注意的是，该指南最终由大会通过，属于大会决议，影响力相较先前通函形式的"北极冰区指南"更为深远，有可能发展成为习惯国际法而具有法律拘束力。2009 年，IMO 海上安全委员会第 86 届会议中提议商讨拟定强制性《极地规则》，并一致同意在南极和北极采用适当相异的举措。

　　究竟以独立条约形式或现有国际海事条约修正案的形式使《极地规则》具有法律约束力？考虑到国际海事条约的制定往往历时久远，且需要一定数量且占全球商船总吨位一定百分比的缔约国批准方可生效。通过现有国际海事条约的修正则更有利于促成《极地规则》的强制性约束力。如启动 SOLAS 和 MARPOL73/78 中修正案的默示接受程序，只要在规定时间内没有缔约国提出异议，则该修正案在规定时间内自动生效，加速了《极地规则》的生效步伐，符合国际海事组织努力推行极地冰区航行标准的造法初衷。2010 年至今，经过国际海事组织设计与设备分委会、海洋安全委员会和海洋环境保护委员会多次会议的缜密讨论，现今形成的《极地规则》主要由安全与环保两大部分构成，其中 I-A 部分涉及船舶安全的规定，涵盖建造、设计、配备、通讯、操纵、应急救援、海员培训等内容，I-B 为建议性规定；II-A 部分有关环保的要求包括油污水、生活污水、垃圾排放等内容，II-B 亦为建议性质的导则。② 《极地规则》以 SOLAS 和 MARPOL73/78 修正案的形式通过适用公约中的默示接受程序生效。

　　《极地规则》经过漫长波折的发展过程，由法律效力较低的"北极冰区指南"试水，再通过大会决议形成的"极地航行指南"提升地位以扩大

---

① IMO Resolution A. 1024 (26).

② MSC 94/21/Add.1 Annex6, p.3.

影响力，最后以具备强制力的硬法模式推行，《极地规则》未来影响力可见一斑。

二、船舶北极航行治理新规则的形成

具有法律拘束力的《极地规则》旨在设立极地航行船舶的作业新规范，目前形成的《极地规则》建立在利益相关方相同的国际法价值基础之上，在此指引下形成了特色鲜明的航行管理与环境保护机制。

（一）价值定位

法律价值在法律运行进程中处于指导地位，渗透于法律制定、生效的全过程。国际法规范的创制体现了两国或多国以基本价值追求为基础一致的意思表示，并因此对缔约国设定权利和义务。国际海事组织成员国在探讨《极地规则》的内容过程中明确了相应的价值定位。分析《极地规则》所表征的价值有益于掌握该北极航行治理新规则存在的意义和根据，发现隐藏于法律规范中的主导因素。

1. 正义价值

正义与法有着密切联系，亚里士多德认为法就是正义的体现。正义类似普罗透斯的脸，内容丰富且变幻无常。[①] 赫德利布尔立足于正义行为体与关注侧重点的不同，将正义区分为"国际正义""个人正义""全球正义"三种类型。[②] 其中，"国际正义"以国家为行为体，意在追寻国际社会的共同目标或共同价值，而不是少数或个别大国的垄断利益。以此价值为指导的国际规范通常兼顾各国的利益，为各国所承认并具有约束力。当代国际法律体系基本依照"国际正义"的价值模式形成和发展。[③] 国际海事组织为平台所

① ［美］博登海默：《法理学——法哲学及其方法》，邓正来译，中国政法大学2001年版，第252页。

② ［英］赫德利布尔：《无政府社会——世界政治秩序研究》，张小明译，世界知识出版社2003年版，第64—68页。

③ 刘志云：《直面正义纷争：全球化背景下国际法的价值定位与发展路径》，《国际关系与国际法学刊》2012年第2卷，第124页。

进行的航行规则的协商、讨论并最终缔结无不体现着各国对"国际正义"的追求，其实现更多依赖于对国家共同利益的尊重。《国际海事组织公约》宗旨中明确鼓励取消各国政府采取的影响国际贸易运输的歧视或不必要限制行为，以实现航运服务的充分发展。① 这表明，航行的自由、不公正或歧视行为的限制已发展为国际海事组织成员国所普遍认可的共同利益。

2. 秩序价值

法既是秩序的象征，又是秩序得以维护的手段。若缺失了对秩序的追求，维护社会稳定的法的功能便无从实现。有学者指出：秩序表明各国对它们相互间关系所具有的有限稳定性和可预见性持共同的强烈要求，此需求导致国际法的产生。② 国家在无政府情况下对秩序极度渴望，处于无政府状态的国际社会对秩序的需求尤甚。秩序的建立需以一定的安全、和平和有序为条件，其无法在持续的动乱或冲突中实现。人身、财产、环境的安全是人类社会得以维系的基础。如果人身、财产、环境的安全无法得到保障，国际社会将限于混乱的秩序缺位状态。可见，安全性是秩序价值的重要侧面。③ 北极水域航行涉及人身、财产与环境安全的维护，若要实现秩序价值的追求，势必采取措施维护安全。《极地规则》采取了目标导向型标准（GBS），将总体目标明确为人在航行过程中的安全、人的财产——船舶等在航行中的安全、以及环境免受船源污染的安全。④

3. 正义与秩序价值的兼顾

正义与秩序的价值目标不是分离的，而是相互依赖、紧密相连的。正义需以相当程度的秩序实现为保障，而秩序的稳定和发展需要以维持一定的正义价值为使命。⑤ 为实践《国际海事组织公约》体现的"国际正义"，实现国际海事组织成员国的共同利益，《极地规则》有必要保证航行的自由。

---

① 《国际海事公约》第一章，第1条（b）。
② ［美］熊玠：《无政府状态与世界秩序》，余逊达等译，浙江人民出版社2001年版。
③ 尹田：《论不公正胜于无秩序》，法律出版社2002年版，第124页
④ 在航行中的安全，以及人的财产——船舶等在航行中的安全统称为航行安全。
⑤ 尹田：《论不公正胜于无秩序》，法律出版社2002年版，第109页。

秩序价值尤其以"安全性"为主，要求确保航行安全与环境安全。《极地规则》所体现的秩序价值不得偏离正义价值的轨道，否则不但有损各国的共同利益，更使得秩序的维护脱离了国家的意志，导致各缔约国怠于履行相应的义务，造成《极地规则》所确定的总体目标难以实现。

（二）《极地规则》的内容

《极地规则》作为一部约束各国冰区航行活动的国际海事法律规范，其制定体现了正义与秩序的价值定位，以此为基础形成维护航行安全与环境安全的总体目标，并根据该目标设计相关制度以期辅助目标的实现。

1. 体现正义价值的制度内容

《国际海事组织公约》规定各国应保持航运服务自由公平，尽量消除对于他国航行活动的不平等待遇和非必要限制性的行为。《国际海事组织公约》作为国际海事组织赖以建立和运作的内部法，其宗旨和原则等内容对国际海事组织成员国具有法律约束力。以国际海事组织为平台的造法活动必然遵循《国际海事组织公约》的宗旨完成条约的缔结、修正。《极地规则》最初草案由国际海事组织下属的船舶设计与设备分委会提供，此后由海洋环境保护委员会和海洋安全委员会分别负责环境和安全部分的内容制定，专家起草草案过程中必然遵守国际海事组织内部法的宗旨并避免与之发生冲突。具体表现为在北极水域航行中，一国不得非法无理由限制他国的正常通过，或以其它与《极地规则》不相吻合的标准设置通行标准。各国应秉持正义之旨，在极地船舶建造、搜救、操作、通信等方面展开合作，促进北极航运业的可持续发展。

2. 体现秩序价值的内容

《极地规则》在极地水域航行中人身、财产、环境安全整体目标的指引下，制定了诸多针对船舶设计、配备、操作等方面的标准，以保证秩序价值的安全性侧面，实现《极地规则》的秩序之维。

（1）配备极地水域操作手册的要求。《极地水域操作手册》（PWOM）应包括船舶特定功能和限制、涉及船舶在极地水域发生事故时的特定程序等，规范并帮助船长、船员形成科学决策，减少不必要事故发生。北极航行的船舶应配备极地水域操作手册，为船舶所有人、经营人、船长和船员提供关于船舶操作能力和限制的充分信息。①

（2）船舶建造要求。规定船舶应保持结构完整性、确保船舶在完整和破损状况下提供足够的稳性和分舱，以保证机器设备能够满足安全航行的船舶结构、稳性及分舱要求。以安全为主要考虑因素，规范极地船舶的建造与设计，以保障船舶在冰区水域的正常航行。②

（3）消防救生安全设计。确保消防安全系统和设施的有效与可操作性，保证逃生途径符合消防安全规定的有效性，保证安全逃生、撤离的救生设备和布置的完备，特定条件下逃生与救生的结构设计和方法需满足特殊要求，以作为事故发生时确保安全的辅助方案。③

（4）导航、通信设备。提供适当航海信息，导航设备功能的有关航行安全内容，以及旨在为高纬度航行的船舶和救生艇于正常操作和紧急情况提供有效通信的规定，要求船舶配备符合标准的导航、通信设备，以便为船舶的安全航行予以保障。④

（5）人为因素的管理。确保船舶配备足够的，经过培训合格并有充分经验的人员，确保向公司、船长和船员提供充分信息以便其操作能符合人船安全、环保标准为目标的航行计划。通过对人为因素进行控制与规范来降低人为因素导致事故发生的几率。⑤

（6）环境保护的要求。《极地规则》涵盖了诸多防污措施以维护北极水域的环境安全，从环境安全角度对船只作业进行适当规制。包括防止油污，

---

① International Code For Ships Operating in Polar Waters（Polar Code），Resolution MSC.385（94），Part I-A，Chapter 2，article 1.

② International Code For Ships Operating in Polar Waters（Polar Code），Resolution MSC.385（94），Part I-A，Chapter 3 article 1，Chapter 4 article 1.

③ International Code For Ships Operating in Polar Waters（Polar Code），Resolution MSC.385（94），Part I-A，Chapter 8 article 1，Chapter 9 article 1.

④ International Code For Ships Operating in Polar Waters（Polar Code），Resolution MSC.385（94），Part I-A，Chapter 10 article 1，Chapter 11 article 1.

⑤ International Code For Ships Operating in Polar Waters（Polar Code），Resolution MSC.385（94），Part I-A，Chapter 12 article 1，Chapter 13 article 1.

禁止排放油类或其他含油混合物；防止有毒液体物质污染，禁止极地船舶排放任何有毒液体或包含这类物质的混合物；防止包装形式有害物质污染，援引 MARPOL 公约相应的规定，要求颁布包装、标记、标签、文件等的详细标准，防止或最小化有害物质引起的污染；防止船舶污水污染，原则上禁止排放生活污水，仅在特定条件下允许适当排放；防止垃圾污染，船舶只在限定条件下方可排放垃圾入海。①

（三）《极地规则》的特点

新的极地水域航行规则具有不同于以往国际海事公约的特色，主要表现为目标导向型标准的适用、环境保护标准的严格化、分阶段实现目标战略思维的适用三方面。

1. 目标导向型标准的适用

2002 年国际海事组织 MSC77 届会议中首次提出目标导向型标准（GBS），该理念起初被用来指导船舶建造。巴哈马和希腊提案建议国际海事组织应扮演更重要的角色，建立一套船体建构和配备的"以目标为导向的标准"，而非着重制定新船的建构细节。②2004 年，巴哈马、希腊、国际验船联盟（IACS）向 MSC 提议将 GBS 具体化，形成了 GBS 的五个阶层体系，分别为目标，功能需求，验证符合的准则，鉴别规则与产业标准的技术程序和纲领，针对船舶设计、运营、培训、人员配备等具体的章程。③ 不同于造船标准，GBS 推广应用在国际海事公约的制定时，即目标导向型公约，一般由四到五个层次构成：第一是目标层，总体规定公约要达成的目标；第二为功能层，规定实现目标层所需的功能性要求；第三为核实和认同层，缔约国经协商并认可总体目标和功能要求，进而同意遵循各具体规定；第四是指导层，具体规定缔约国进行相关问题协调、验证、报告、评估等；第五为确

---

① International Code For Ships Operating in Polar Waters（Polar Code），Resolution MSC.385（94），Part II-A.

② MSC77/2/5 "IMO Strategic Plan- New build standards"，Submitted by Bahamas and Greece。

③ MSC78/6/2，"GOAL-BASED NEW SHIP CONSTRUCTION STANDARDS"，Submitted by Bahamas，Greece and IACS.

保公约或规则的切实履行，应有履约层，即成员国及产业界保证履行公约各部分的执行规定。①

《极地规则》开创性的采取 GBS 立法理念进行编制，渗透于第一部分安全措施的各个章节。规则根据各成员国形成的共同价值追求制定了总体目标，并以此目标指导安全与环保部分的编定。在安全措施部分，每一章均由目标、达成目标的功能性要求和具体规定构成。例如第三章船舶结构中，首先确立该章目的在于确保船材尺度保持结构完整性；在此指引下规定了实现目标的功能要求，包括计划在低温条件航行的船舶，须使用适合在极地工作温度下运行的材料，而且，冰区加强船舶的结构设计须在可预见冰况下能承受预期的全球和地区的结构负荷。根据该功能性要求，章节最后制定了若干满足要求的具体规定，如船舶裸露结构的材料须经主管机关或认可组织的批准，并基于国际海事组织接受的或其他同级安全水平的标准等。② 极地规则中尤其是安全部分适用 GBS 理念具有诸多显著益处。

首先，GBS 有利于突出目标的地位，而非立足于技术条件、标准或某一利益集团的需求。《极地规则》的总体目标和安全部分各章节目标均从风险的视角出发，通过风险分析得出结论，进而渗入到分目标及各自功能要求中，相对客观、科学，可防止规则受限于个别技术标准或沦为某些国家推行单方利益的工具。

其次，GBS 有利于促进技术标准的灵活度和可操作性。《极地规则》安全措施可视为一部涉及船舶构建、设计、配备等方面的技术方案，GBS 比传统规范性标准更能迎合规则的需求。实践证明，技术发展的速度总比标准快，若出现技术革新，规范性标准便无法适时、正确地进行管理；即使有更好的技术出现，仍实行低标准的评估技术，会导致不必要的花费或风险。不同于僵硬的规范性标准，GBS 更灵活并对新技术持开放态度，只要方法能达到同样的目标和功能要求便可采用。随着各种方法的试用，符合成本效益

---

① 杨剑：《北极治理新论》，时事出版社 2014 年版，第 340 页。

② MSC94/21/Add.1 Annex 6 "INTERNATIONAL CODE FOR SHIPS OPERAING IN POLAR WATERS", p.14.

分析和安全需求的技术更易于被市场接受。此外，由于北极作业环境的不同，统一规范性标准将产生不必要的船舶营运成本，推行 GBS 具备更强的可操作性。

再次，GBS 有利于保持规则的稳定性与适用的持续性。SOLAS 等国际海事公约经常通过修正案确保相关标准对新技术的吸收并使之趋于合理化。为数不少的公约修正加剧了国际海事组织及其下设分委会的工作量，造法成本提高。此外，诸多例外情形导致规则内容繁复，给缔约国的履约和其他利害关系方的遵守带来难度。面对此种形势，GBS 体系令功能要求和具体描述性规范条款分处不同层级，位于高层级的功能要求更为稳定。随着时间与环境的演变，细节化的技术要求有可能被推翻，而功能要求却仍可适用。据此，国际海事组织不必频繁的修改标准，进而维持了规则的稳定性和持续性。

2. 环境保护责任严格化

《极地规则》环保要求最初仅作为一小章节制定，随后成为独立的一部分予以商讨，足显其重要地位。环境保护措施部分的内容分为五个章节，与 MARPOL73/78 公约的附则呼应，以弥补专门降低极地水域航行环保风险的空白。规则中相关环保要求对比 MARPOL73/78 各附则更为严格，主要表现在四个方面。

第一，防止油类污染方面，在 MARPOL73/78 附则 I 的基础上将南极标准拓展应用于北极，统一要求极地船舶油污水的零排放。除此之外，根据油排放限制，对极地船舶设计提出了特殊规则，如 A 类和 B 类新建船舶需要在燃料舱、油污水储存仓与残油舱、燃料舱（免除 30 立方米及以下容积的小舱）实行双壳保护，① 全部货油舱及Ⅲ型从事运输散装危险化学品或有毒液体物质的船舶（NLS）也需双壳保护，其中后者最终由主管机关确定；2017 年 1 月 1 日及以后建造的 A 类和 B 类船，用于承载油类或油混合物的

① A 类船舶指至少能在中等当年冰（也可能包括陈冰）的极地水域航行的船舶，B 类船舶指能在当年薄冰（也可能包括陈冰）的极地水域航行的 B 类船舶。

所有舱柜须与船体外板保留至少 210 毫米的间距。①

第二，《极地规则》第二章防止散装有毒液体物质污染中，结合 MARPOL73/78 附则 II 的规定，按照船舶类别、大小等特性的差异予以相应的建议。增加了新的载有有毒液体的 A 类、B 类船舶的认可程序，要求需要经主管机关的核准。此外，该章给予承载有毒液体舱柜与附则 I 中货物同等水平的保护，以防泄漏。②

第三，防止船舶生活污水污染方面，基于 MARPOL73/78 附则 IV 的要求，根据极地水域船舶特性增加了额外规定。例如 A 类及 B 类新船和其他所有新造客船，须经生活污水使用形式认可的生活污水处理设施处理后排放；冰区水域排放距离冰架或陆缘应有固定距离（不少于 30 英里），尽可能地远离海冰密集度超过 1/10 区域，且排放的污水须经过粉碎和消毒。③

第四，防止垃圾污染项目中，考虑极地特殊的生态敏感环境，虽规定允许特定条件下允许垃圾入海，但相比 MARPOL73/78 附则 V 增加了诸多额外限制。食物废弃物被禁止排放在冰上，且只能在特定环境中可排放经粉碎或磨碎的废弃物入海，如应距离最近陆地、冰架或固定冰至少几海里；船舶可在作业时排放货物残渣的条件为，船舶的起运港及目的港均在北极水域内，而且，由于这些港口尚未配备充足的接收设施并且航行路线不会越过北极水域，仅特定的被归类为对海洋环境无害的货舱洗舱水（货物残余物、清洁剂或添加剂）可被排放。④

《极地规则》除第三章防止包装形式有害物质污染内容为直接援引 MARPOL73/78 公约相应附则的规定外，其它章节均在 MARPOL73/78 公约

---

① MSC94/21/Add.1 Annex 6 "INTERNATIONAL CODE FOR SHIPS OPERAING IN POLAR WATERS", p.38.

② MSC94/21/Add.1 Annex 6 "INTERNATIONAL CODE FOR SHIPS OPERAING IN POLAR WATERS", p.39.

③ MSC94/21/Add.1 Annex 6 "INTERNATIONAL CODE FOR SHIPS OPERAING IN POLAR WATERS", p.39.

④ MSC94/21/Add.1 Annex 6 "INTERNATIONAL CODE FOR SHIPS OPERAING IN POLAR WATERS", p.40.

基础上有所发展。在 MEPC66 届会议中，由于美国的提议，《极地规则》中的环保部分取消目标导向型标准的适用，删除了各章节的目标与功能性要求。但鉴于该部分的制定之初充分顾及了相应目标与功能需求，目前总体内容响应了《极地规则》事故发生前控制风险的宏观目标。

3. 分阶段实现目标的战略思维

《极地规则》覆盖领域广、需要调整的问题较多，诸多航运大国在极地水域尤其是对北极水域有着重要利益关切，但南极海域现存《南极条约》治理模式，国际海事组织、北极理事会等全球性和区域性国际性组织为平台制定的公约、协定以及北冰洋沿岸的国内法构成了北极治理的多层级法律体系。如何将《极地规则》顺利嵌入目前的北极治理法律体系是国际海事组织推动《极地规则》制定过程中审慎考虑的议题。为此，国际海事组织采用分阶段实现目标的战略思维，使规则得以兼顾各方利益，进而减小生效阻力。

（1）《极地规则》规范的分阶段适用

从《极地规则》的适用对象来看，现阶段其主要约束 SOLAS 规范的客船和货船，下阶段将拓展至渔船等其它非 SOLAS 规范的船舶。未来在北冰洋作业的渔船存在发生事故的概率，其他非 SOLAS 规范的船舶在北极航行，面临的环保风险或发生海难事故的概率也较大，《极地规则》若要全面维护极地水域的人身与环境安全，有必要扩展其适用范围。负责规则制定的国际海事组织船舶设计和设备分委会衡量利弊，考虑现阶段最为稳妥的方法是将规则置于 SOLAS 框架下，统一的适用范围有助于减少利益分歧，调整工作也因此分两阶段完成。[①] 第一阶段通过试用积累经验，以减少第二阶段工作的困难与复杂度，提高造法的科学性。此外，规则以生效日为基准，分阶段对现有船舶及新建船舶提出不同的要求，如安全部分有关救生设备和布置的内容中，规定 2017 年 1 月 1 日及以后建造的船舶，应布置露天逃生路线，防止阻碍提供极地保护的服务人员的通过。现有极地船拥有一年宽限

① 　IMO DE56：Agenda preview—External Client Version https：//www.cdlive.lr.org/information/Documents/IMOMarineServices2010/DE%2056%20Agenda%20preview%20EXTERNAL%20version.pdf 2012.

期，需在 2018 年 1 月 1 日之后的首次中间或换证检验符合极地规则适用要求，且持有要求的极地证书。① 该规定给予现有极地船舶一定的调整期，利于规则内容的充分试用和平稳过渡。在环保内容中，规则给予已有在极地水域连续营运经验的 A 类船 5 年宽限期以满足防油污的规定，也暗含分阶段实现目标之意。

（2）强制性与任意性结构的体现

《极地规则》分为安全、环保两部分，每部分包含强制性规定（A）与建议性规定（B），B 部分为 A 部分的实施提供指导，供缔约国参考。回顾国际海事公约的制定，如 2006 年《国际海事劳工公约》，《海员培训、发证和值班标准国际公约》（STCW）亦采用了区分强制规定与建议导则的模式，提升了公约实施的灵活性，收到较好的成效。前一阶段的指南为过度试水时期，目的是使公约能在全球范围内被广泛接受，随后经过实践中总结的经验适用那些最初可能被认为过于严苛而难以被接受的标准，以达到分阶段实现目标的效果。《极地规则》作为新的综合性治理极地航行活动的国际法律规范，涉及众多利益攸关国的利益，以目标为指引的规则适用较难一蹴而就，有必要设定一个缓和期，使利益攸关国逐步接受规则，甚至自愿适用建议性规定。这类分阶段实现目标的设计有助于规则的生效，更为新理念、新要求的广泛适用预备了缓冲期。

三、《极地规则》的发展

《极地规则》从早期缺乏法律拘束力的软法发展至强制性国际法律规范历经数年的研究、探讨和完善，目前基本定型的草案文本是国际海事组织分委会在分析并解决极地水域船舶航行可能遇到的各类问题和风险后，汇总了各利益攸关国的反馈意见形成的综合性规范。但不可否认，在今后北极水域航行多样化发展的前景下，《极地规则》将根据现实需求的变化及技术的革

---

① MSC94/21/Add.1 Annex 6 "INTERNATIONAL CODE FOR SHIPS OPERAING IN POLAR WATERS", p.20.

新而有所发展，目前可预测的规则发展主要表现为目标导向型标准更为广泛的适用，以及建议性规定向强制性规定的转变。

（一）环保措施对目标导向型标准的适用

《极地规则》的最初版本在环境保护部分适用了目标导向型标准，每一章节均由"目标、功能要求及具体规定"构成，但在 MEPC66 届会议中，美国提出议案，表示应考虑删除该部分的目标、功能性要求，会议最终采纳了美国的提议，目前《极地规则》环境保护部分只保留具体的描述性规定。分析美国的提案，对环保措施中目标导向型标准适用的异议可归纳为以下两点。[1]

1. MEPC 相较 MSC 缺少目标导向型标准运用的经验

美国表明目标导向型标准为多种方法与安排留出足够的空间，提高了《极地规则》的灵活度，但该方法最初由 MSC 为船舶建造的安全目的发展而来，MEPC 及其他分委会尚无为保护环境而适用目标导向型标准的法律文件。环境保护议题下的目标导向型标准的适用仍需广泛征询意见、积累经验。MSC89 届会议中提到《极地规则》适用目标导向型标准，并对具体架构进行了讨论，然 MEPC 对如何在《极地规则》（PART II-A），即环境保护部分适用目标导向型标准的问题未作特殊考虑。在 MEPC65 届会议中，当时由船舶设计与设备分委会 57 会议提交的规则草案包含了环保章节，仅由一个目标和功能性要求构成，MEPC65 届会议讨论的重点在于具体的描述性条款，未商讨该章节中草拟的目标和功能要求是否妥当以及如何与具体环保条款相衔接的问题。随着《极地规则》草案的完善，单一的环保章节移至第 II 部分，分为 5 个章节，每一章节被草率地冠以新的目标功能要求，不同于 MSC 完善的第 I（A）部分，这些功能性要求的含义欠缺清晰的表述，且未明确该功能要求是否与具体法律责任相捆绑，带来适用的困难。

---

[1]　MEPC 66/11/13, "REPORTS OF SUB-COMMITTEES USE of goal-based standards in part II-A of the Polar Code", Submitted by the United States.

2. 制定的功能性要求易与既定的环保目标相悖

美国指出，《极地规则》草案中环保部分的功能要求由于与相应描述性规定的关系未确定，将给予船旗国或港口国任意解释的机会，与最初的环保目标背道而驰。如原 1.3.1 款的功能性标准要求："船舶在正常操作中避免油或油混合物导致的环境影响"，在 1.4.1 款的描述性条款中规定："禁止油或油混合物排放入海"，这表明若其它措施满足"避免油物质致使环境影响"的功能要求，也可被认为是可取的，不必限于禁止油或油混合物的排放。显然，该功能要求是模糊的，且体现的指标比 1.4.1 款中的规定更为宽泛。再如，原 5.3.2 款中功能性标准为："减少由垃圾产生环境影响的风险"，相应的描述性条款涉及食物垃圾和动物尸体在北极的排放，但未规定在 MARPOL 附则 V 中其它垃圾的排放。港口国可能指出即使船舶同时遵守了描述性规定及 MARPOL 的内容，仍不足以满足"减少垃圾的环境风险"的功能要求。因此，美国认为环保功能要求将致使环保标准过窄或过宽，违背预期的目标。

MEPC66 届会议同意美国有关环境保护部分适用描述性规定的建议，但同时欢迎任何仍希望讨论目标功能型方法的国家和组织，按照委员会工作方法导则的要求以一项新工作计划提出继续研究目标导向型标准的适用。另外，在 MSC94 届会议中，已成立目标导向型标准工作组来研究、完善该方法，足见国际海事组织对目标导向型标准适用的重视。尽管目前在环境保护领域适用目标导向型标准尚存挑战，但国际海事公约中灵活机制的适用已是大势所趋。随着目标导向型标准在安全领域的适用和实践，MEPC 可在借鉴吸收 MSC 的经验基础上加紧对环境保护领域中目标导向型标准的探究，其适用指日可待。

（二）建议性规定向强制性规定的转变

《极地规则》安全及环保措施均包含补充、说明强制性规定的建议性规定，这些规定汇聚了诸多专家代表团经过了审慎且周密的讨论后的意见。伴随船舶建造技术的提升与极地水域作业经验的增加，该类建议性规定具有发展为强制性规定的可能。

国际海事公约中不乏建议性规定发展为强制性规定的先例，STCW 公约 1975 年修正案的原建议规定 B 部分中的 ECDIS 和 BRM 培训、证书注册数据库的建立与提供电子查询便利等要求发展至 STCW 公约马尼拉修正案时，吸收为强制性规定 A 部分中有关培训的内容。[①] 鉴于此尝试的先例，国际海事组织分委会在日后《极地规则》完善过程中的此类实践亦有经验可借鉴。各国于北极航行时亟需全球统一规范的指导，尽管目标导向型标准赋予缔约国选择实现目标方式的自主权，由于相关经验的欠缺，许多国家可能仍会援引建议性规定中的内容作为参考，此种合理科学的非强制性建议更易于被各国接受。当建议性规定通过国家实践得到充分认可并得到承认或接受，形成法律确信，甚至被并入某些国家的国内法中，这类建议性规定便获得了习惯国际法的地位，其转变为强制性规定也自然名正言顺。如《极地规则》建议性规定中的船舶安全综合区评估（FSA）的风险评估理念、确定等效冰级的方法等先进建议有望日后获得强制性规范的法律效力。是以，国际海事组织成员国和航运企业等利益攸关方不可忽视《极地规则》中的建议性规定，其表明了规则未来发展的风向标。

四、《极地规则》的未来实践

国际法与其称为一套规则，不如说是一系列过程。[②] 这过程中，条约的遵守至关重要，条约的有效遵守有利于条约价值和目标的实现。《极地规则》生效后，能否达到其安全与环保的预期价值目标，需要依赖多元主体的实践与合作。

（一）沿海国国内立法与《极地规则》标准的融合

国际条约及其修正案的实施与缔约国的履约力度和实践能力息息相关，其有必要通过国内立法、法律修改或法律废除使得国际法律规范中的权利、义务内容得以落实。俄罗斯和加拿大作为北极航道沿岸国，通过国内立法规

---

① 范育军：《相关国际海事公约的产生及发展规律》，载《中国海事》2010 年第 10 期。

② Rosalyn Higgins. Problems and Process, *International Law and How We Use it*, Oxford University Press, 1994, pp.2-12.

制北方海航道和西北航道水域内船舶的航行活动。随着国际海事组织颁行统一规范北极水域船舶运营活动的强制规则，俄罗斯和加拿大的国内法律规制有必要与《极地规则》有效衔接、避免冲突。

1. 俄罗斯国内法的新配合

俄罗斯于 1990 年颁布的《北方海航道海路航行规则》中规定了严格的"强制引航服务收费、强制性报告"制度，航行于北方海航道的船舶进入规定的水域，须向俄罗斯北方海航道管理局报告，且必须接受破冰引航服务并缴纳费用，即使此项服务并非航行活动所必需的。[①] 此外，俄罗斯的单边防污标准严苛于一般接受的国际标准，对外国公务船不适用管辖豁免。[②] 诸多类似僭越国际法的国内法规制饱受诟病。伴随北极冰消融和北极航道的开通利用，国际社会对北极航行治理的统一规则需求倍增。国际海事组织启动《极地规则》的制定以来，俄罗斯积极参与《极地规则》其中，并对其国内法进行大幅度调整以和《极地规则》保持一致。2013 年，俄罗斯通过了修改后的《北方海航道水域航行规则》，废除 1991 年规则，新规则允许经过北方海航道的船舶在满足特定条件时可不经破冰引航，修正了之前"强制引航"的强硬态度。[③] 俄罗斯之前要求由其代为检验航行冰区船舶的冰级，《极地规则》明确船舶冰级为船旗国的职责，可授权认可的组织进行，为避免冲突，俄罗斯在新规则中已删除该超越国际法律规制的内容。[④] 其它内容如船舶应携带"操作与培训证书"、禁止排放油及油混合物，未禁止船舶在北极航行中将重油作为燃料油使用，均与《极地规则》的规定相一致。另外，为增益于《极地规则》的实施成效，俄罗斯表示将建立 10 个应急救援分中心，

---

① 俄罗斯联邦委员会：《北方海航道海路航行规则》，1990 年，http：//www.arctic-lio.com/nsr_legislation。

② 俄罗斯联邦委员会：《俄罗斯联邦内水、领海和毗连区法》，1998 年，http：//www.un.org/en/mainbodies/secretariat/index.shtnl。

③ 张侠、屠景芳等：《从破冰船强制领航到许可证制度——俄罗斯北方海航道法律新变化分析》，载《极地研究》2014 年第 2 期。

④ Northern Sea Route Administration. Rules of navigation in the Northern Sea Route water area, 2013. http：//www.arctic-lio.com/nsr_legislation.

并在 2013 年的新规则中增加了要求船舶清理残骸并配备造成污染损害的保单与财务担保证书的内容，符合《极地规则》安全与环保的整体目标。

2. 加拿大国内法修正的趋势

加拿大因缺少足够的巡航船与人力、物力等管理资源来监测船舶在北极群岛水域内的航行活动，因此其通过较为严苛的法律控制北极群岛水域内污染事故的发生。[①] 例如，加拿大 1970 年出台的《北极水域污染防治法》禁止西北航道内航行船舶排放含油污水，禁止垃圾倾倒。[②] 该标准比《极地规则》的规定更严格，尽管《极地规则》同样禁止含油废水的排放，但未限制特定条件下垃圾的排放。《北极航运污染防治规章》中在海岸线外 100 海里内设立了 16 个航行安全控制区，以防污监控为由对通过该区域船舶的建造标准等加以约束，这种做法不利于西北航道内的商船航行。《极地规则》可帮助加拿大保护其北极群岛水域环境，防止污染的发生，可助其实现对航行于西北航道船舶的管理，加拿大学界认为《极地规则》的内容不会损害加拿大的国家利益，相反地，可促进加拿大更好地保护北方地区的环境。[③] 在此驱动下，加拿大政府致力于参加《极地规则》的生成与完善，向国际海事组织分委会提交的提案获得了采用。例如：极地操作手册的示范模板，极地水域负责航行值班的船长和高级船员的强制培训，北极水域油污"零排放"等。

加拿大全程积极投入《极地规则》的制定，参与了诸多标准的讨论，最终形成的《极地规则》内容切合其管理航行活动、保护海域环境的要求。《极地规则》的内容与其保障北极群岛水域的环境和安全的国家利益不相冲突，加拿大有适当调整其严苛国内法的可能性，以促进国内法与《极地规

---

① New deal nears on "polar code" to regulate Arctic shipping, STEVEN CHASE, Published Tuesday, Jan. 21 2014, http：//www.theglobeandmail.com/news/national/the-north/new-deal-nears-on-polar-code-to-regulate-arctic-shipping/article16443760/.

② Canada：Arctic Waters Pollution Prevention Act 1970，Article 4.

③ Peter Kikkert，"Promoting national interests and fostering cooperation：Canada and the development of a polar code"，*Journal of Maritime Law and Commerce*，43 J. Mar. L. & Com. 319，1-12.

则》的良性互动。

总之，以俄罗斯和加拿大为代表的北冰洋沿岸国积极参与《极地规则》的制定，试图通过对国际规则的影响保护其国家利益，并在《极地规则》生效后通过国内法的修正推进国际规则的国家实践。

（二）港口国控制的实施

《联合国海洋法公约》赋予港口国在船舶自愿位于其港口或岸外设施时对任何排放进行调查的权利，该调查应依据一般接受的国际规则和标准。①其它国际海事公约也对港口国控制（PSC）做出了规定，如《1993 年捕捞渔船安全议定书》第 4 条、《国际渔船船员培训、发证和值班标准公约》第 5条。港口国依据相关国际公约的授权，对停靠或驶入其港口的外籍船舶登船检查，以核实该船是否满足国际海事公约限定的最低安全与防污标准，若证明为低标准船舶，则将被滞留或禁止离港直至维修符合安全和环保要求。②

1. 北极航行中适用港口国控制的必要性

北极航道地处偏远加之恶劣天气可能导致通信失灵，船旗国较难实时监控其管辖船舶。港口国控制可弥补船旗国监管的不足，帮助减少不符合国际标准的船舶数量，降低海难事故发生率并保护海洋环境。另外，为加快《极地规则》生效的步伐，现阶段渔船未在规制范围内。但渔船由于构造、配备、人员等因素，面临安全问题也不可小觑。港口国可通过对进入其港口的外国渔船实行登临、检查，查看其证件、渔具和渔获物等是否合规。③ 若船舶从事非法、未报告和无管制捕捞（IUU）时，港口国有权拒绝该船利用其港口进行渔获装卸、船舶补给、维护、中转等活动。④ 针对《极地规则》适用对象不包括渔船的情况，有必要充分利用港口国控制，辅助船旗国管理

---

① 《联合国海洋法公约》218 条，第 1 款

② 刘新山、任玉清：《捕捞渔船安全国际海事立法之观察》，载《中国海商法研究》2012 年第 1 期。

③ 参见《执行 1982 年 12 月 10 日联合国海洋法公约关于跨界鱼类和高度洄游鱼类保护与管理协定》中港口国登船检查部分。

④ FAO. Agreement on port state measures to prevent, deter and eliminate illegal, unreported and unregulated fishing [EB/OL]. http：//www.fao.org/Legal/treaties/037s-e.htm.

以规范渔船捕捞行为。

2. 北极航行中开展港口国控制的方式

目前形成的《极地规则》未针对港口国控制做出明确规定，需根据已有的港口国监督机制寻求最佳方式适用于北极水域。1991 年国际海事组织大会通过 A.682（17）号决议，肯定了地区性合作对有效实行港口国控制的必要性并鼓励各国重视和加强地区合作。当前港口国监督以区域化合作为主，出现以巴黎备忘录与东京备忘录为代表的区域性监督网络。国家间的合作可使港口国控制的信息共享，方便现有资源的合理利用。协作进行的港口国控制可减少重复检查等，保证监督的质量和效率。北极航行中开展的港口国控制同样依靠北冰洋沿岸国和其他航线沿途国家通力合作。目前北冰洋国家间有关港口国控制的备忘录，巴黎备忘录和东京备忘录中涉及较多北极航道利用的利益攸关国，如巴黎备忘录的成员基本涵盖北冰洋各沿岸国，其中俄罗斯、加拿大同为两个备忘录的成员。港口国控制机制下的国家间协作已成不断深化的趋势，[①] 巴黎备忘录与东京备忘录中的成员国可进行必要的协作，将港口国控制的各类标准细化。在各成员国协商调和下使标准渐趋统一，为消除低标准船的北极航行共同努力。

（三）船旗国的主导性履约义务

"约定必须遵守"作为一项被各国普遍承认的国际法基本原则，在《维也纳条约法公约》与《联合国宪章》中均有体现，其基本含义为当事国应尽善意履行对其生效的条约。《联合国海洋法公约》中单列执行一章，规定船旗国执行有关防止海洋污染的一般接受国际标准的义务，包括制定法律和规章并采取其它必要措施促使相关国际标准有效；采取适当措施以确保在其管辖下的船舶遵守关于设计、建造、人员配备方面的规定；确保受其管辖船舶持有符合国际准则的证书等。[②] 国际海事组织第 26 届大会决议 A.1080（26）定立了自愿审核机制强制化发展的方向。经国际海事组织联合工作组修订

---

① 吴帅：《港口国监督的发展趋势与我国的应对》，载《对外经贸》2012 年第 11 期。

② 《联合国海洋法公约》第 217 条。

的《国际海事组织强制性文件实施规则》中具体规定，船旗国有义务实施国际海事组织为加强全球海上安全和海洋环境保护而通过的文件，内容涵盖实施、授权、执行、船旗国指定检查员、调查、评估和审议。船旗国须采取一切必要的措施保证悬挂其船旗的船舶以及其管辖下的单位和人员遵守国际海事组织的相关国际规则和标准。《极地规则》针对船舶设计、建造、人员、发证等设立了标准，船旗国应对悬挂其旗帜的船舶、人员加以监督，使船舶在北极的航行活动符合规则中的安全和环保标准。

需注意到，国际海事公约的履约过程中，船旗国居主导地位，沿海国与港口国仅起到辅助作用。《国际海事组织文件实施规则》规定不同成员国应根据自身情况履约，某些成员国的船旗国身份显著于港口国或沿海国身份，而有些成员国的港口国或沿海国身份显著于船旗国身份。[①]《联合国海洋法公约》要求港口国进行的调查记录，经请求应转交船旗国，沿海国和港口国的执行措施须迅速通知船旗国，并将采取措施的正式报告递交船旗国。[②] 可见，只在船旗国无力监管或请求的情况下，港口国与沿海国才可实行监督举措，且港口国和沿海国采取的监管措施应充分尊重船旗国的管辖权，应履行及时通知义务。《极地规则》亦是如此，在未来实践中，船旗国应积极采取措施履行条约义务，必要时借助港口国、沿海国之力达到北极水域的安全和环保价值目标。

（四）多元主体合作共赢

北极航行的治理涉及沿海国、港口国、船旗国等多元主体。安全与环保价值的兼顾需要依赖多元身份的主体间互相尊重、通力合作。北冰洋沿岸国的资源开发活动所带动的航运业发展需要船旗国船队的配合，同时依靠港口国监督对船旗国的配合；港口国控制作用的充分发挥需要沿海国或船旗国的协助；新规则及现有公约修正案生效后由船旗国负主要的履约义务，但受其管辖的船舶是否遵守公约的要求仍需各沿海国和港口国的监督。此外，某

---

① IMO A.996（25），Part I：Common areas.
② 《联合国海洋法公约》第218条。

一主体可能兼具船旗国、沿海国和港口国的多重身份，这要求各国在履约过程中制定的国内法规则不得含有歧视具备其它身份的主体应有的权利，这类歧视性规定不利于多元主体间的合作，更为其有效履行条约设置了障碍，妨碍了国家间伙伴关系的建立。

北极航道治理主体的多元化还表现为国家以外的其他政府间、非政府间国际组织、企业对治理的积极参与。国家这类治理主体中包括发达国家与发展中国家，发展中国家出于资金、技术、人才等限制，短期内恐无法满足《极地规则》的各类标准，为实现共同的安全与环保目标，发达国家需对发展中国家进行必要的援助，以求北极治理新规则的有效实施。《极地规则》制定过程中相关非政府间国际组织与航运企业积极参与其中，为规则的快速推行贡献力量。如国际标准化组织（ISO）最初便参与国际海事组织极地工作组的各项活动。2014年10月，国际标准化组织、船舶与海洋技术委员会（ISO/TC8）在巴拿马召开的年会中决定成立 WS9 "极地航行" 直属工作组，该工作组今后制定标准的领域将涵盖极区航行船舶的设计、操作、动力、设备、海洋环境保护和船舶安全维护等。多元主体间的合作与互动将赋予《极地规则》更深刻的内容，也将为船舶航行国际规则的实践积累更丰富的历史经验。

北极冰持续消融，可预见未来北极水域航行将呈现繁忙态势，《极地规则》作为专门管制极地水域航行活动的规范，其制定与生成一直倍受关注。《极地规则》建立在正义、秩序的国际价值基础上，运用目标导向型标准，形成了航行安全与环境安全保护的目标追求，于此整体目标指导下制定了较为全面的针对冰区船舶建造、设计、配备、人员、操作、环保等方面的标准和要求。

通过对《极地规则》内容与结构的分析，可窥知其主要特点包括对目标导向型标准的运用、环境标准相对 MARPOL73/78 的严格化与分阶段实现目标之战略思维的应用。《极地规则》虽已基本成形，规则的实践已拉开帷幕，其相关内容会应客观环境的变化及技术的发展而有所调整，如目标导向型标准在《极地规则》环境保护部分的适用，建议性规定向强制性规定的转变等。任何国际规则的有效实施离不开缔约国的配合，《极地规则》若要达到预期成效，船旗国、港口国、沿海国的相互尊重与充分合作必不可少，且北极水域航行的治理无法仅依靠单一主体实现，需要多元主体的协作。船旗国应担负履约的主要职责；沿海国需注意防止国内标准与《极地规则》的冲突，提供适当的监督与航行辅助；港口国需充分发挥港口国控制机制在北极航行中的作用，通过东京备忘录与巴黎备忘录成员国的合作对北极航行船舶实施监控并对《极地规则》未规范的渔船对象进行相应的监督。各国应以互相合作取代不必要的歧视与限制，共同实现北极航行的良性治理，在追求经济利益的同时兼顾环保目标，达到共赢。我国在《极地规则》的制定过程中发挥了重要作用，在规则的未来实践中也应与其它国家积极合作，共同建立、见证北极航运业的繁荣。

第三节   船舶北极航行国际海事公法制度

国际海事公约历经百年发展，建立了较为成熟的海事领域的概念与分类，搭建了较为完善的船舶航行海事法律制度框架与体系，具体包括三个方面，即航行安全，防止海洋污染以及船员培训、值班与发证。现行及未来船舶北极航行海事法律制度也基本围绕上述三个方面展开和构建，只是与其他海域船舶航行海事法律制度相比，相关内容更加严格和更具针对性。现根据船舶北极航行海事公法规范的内容，归纳和总结如下几项特色较为明显的法律制度。

一、航行安全制度

航行安全法律制度主要规定了北极航行船舶的构造、设备、操作等最低标准，以保证船舶和船上人员的安全。船旗国通过签发证书的形式证明该船的上述方面满足相关国际海事公约的要求，同时通过港口国监督（PSC）对有明显证据证明船舶或其设备等不满足公约要求的其他缔约国船舶进行检查或采取滞留措施，以此来促使该船在航行过程中仍能持续符合公约的相关规定。

船舶北极航行安全法律制度确立依据主要包括《联合国海洋法公约》第 94 条，SOLAS 公约第 V/5、V/6、V/31 和 V/32 条，2002 年《北极冰覆盖水域内船舶航行指南》（MSC/Circ.506），2009 年《极地水域内的船舶航行指南》（A.1024（26）），《在偏远地区航行客船航行计划指南》（A.999（25）），IMO《极地水域船舶航行国际准则》"安全措施"部分，北极航道沿岸国国内法律等，涉及冰区航行水文气象服务、巡航以及危险信息的报告等内容。其中较为显著的制度主要有以下几项。

（一）航行申告制度

船舶航行过往北极水域，尤其是处于国家管辖范围内水域时，一般须事先经过告知或申请。告知或申请都有严格的时间要求、水域限定和申告内容。以俄罗斯和加拿大为例。根据《北方海航道水域航行规则》第 2 条的规定，过往北方海航道的船舶必须事先取得俄政府或其授权机构——北方海航道管理局（the NSR Administration）的许可。申请人① 提交的申请应当包括船舶进入北方海航道之前符合现有规定的保证函以及附有电子版的船级证书、丈量证书等。申请的提交时间应在船舶预计进入北方海航道的时间之前，但不早于 120 个自然日且不晚于 15 个工作日。相关管理机构在接到申请后应在 10 个工作日内进行审查。经审查，决定同意船舶北方海航道航行的，应在决定做出后的 2 个工作日内在官方网站上公布船舶航行许可证，其内容包括：船名、船旗、IMO 注册码、许可证的有效期（不超过 365 天）、船舶在北方海航道航行的路线或区域、破冰船需求信息等。经审查，拒绝船舶北方海航道航行的，应通过电子邮件形式向申请人发送由主管领导签署的通知，并附拒绝的理由，同时应在 2 个工作日内在官方网站上公布相关信息。② 被许可的船舶不应在许可证有效期开始前驶入北方海航道，且驶离北

---

① 申请人包括船舶所有人（Shipowner）、船舶所有人的代理人（Representative of Shipowner）或船长（Ship Master）。

② Rules of navigation on the water area of the Northern Sea Route 第 Ⅱ 部分 "Procedure of the navigation of ships in the water area of the Northern Sea Route"。

方海航道的日期不应晚于许可证有效期的结束日期。如果船舶不能在许可证有效期届满前驶离北方海航道，船长应立即通知北方海航道管理局，并说明理由，同时应遵循北方海航道管理局的指令。

如果船舶自西驶往北方海航道，在到达东经 33°（西部界线）前的 72 小时内，或者船舶自东驶往北方海航道，在到达西经 169°或北纬 62°（东部界线）前的 72 小时内，或者船舶驶离港口后船舶航行至西部界线或东部界线的时间少于 72 小时，船长应告知北方海航道管理局船舶抵达西部界线或东部界线的时间，并报告以下信息：船名，IMO 注册码，目的港或目的地，最大操作船舶吃水，船载货物类型与数量，船载危险货物的种类、数量及当前情况，报告时的燃油容量，淡水容量，食物储备及其他船舶供应情况，船员和乘客的数量，船舶机械故障和维护设施信息等。接近西部界线或东部界线前的 12 小时内，船长须再次向北方海航道管理局报告船舶接近界线的预计时间。在北方海航道水域，若船舶驶离俄罗斯港口，船长应立即将驶离时间通知北方海航道管理局，并发送船舶的相关信息。船舶从俄罗斯内陆水域驶入北方海航道水域，船长应将驶入时间通知北方海航道管理局，并发送船舶的相关信息。当船舶驶近西部界线或东部界线时，船长应将驶入北方海航道水域的预计时间、地理坐标、船速等信息告知北方海航道管理局；当船舶进入西部界线或东部界线时，船长应将驶入北方海航道水域的实际时间、地理坐标、船速等信息告知北方海航道管理局。船舶在北方海航道水域完成航行任务后驶离北方海航道水域，船长应将驶离北方海航道水域的预计时间、地理坐标、船速等信息告知北方海航道管理局。船舶在北方海航道水域完成航行任务即将停靠北方海航道水域的俄罗斯港口时，船长应在停靠后立即将船舶停靠港口的时间连同港口名称通知北方海航道管理局。

2001 年，加拿大修订了《加拿大航运法》，增设新条款，要求国际船只在进入距离加海岸线 200 海里以内水域前向海岸警卫队负责管理的加拿大北方交通管理系统（NORD REG）报告。这个制度在 2010 年 7 月 1 日开始实施。NORD REG 系统是 1977 年加拿大建设的信息搜集系统，该系统要求在船只进入加拿大北极水域后应向海岸警卫队汇报船舶消息。① 根据该制度，散发冰情资料和冰的路径资料，并协调对加拿大海岸警卫队破冰帮助的请求。其中，比较有特色的是加拿大当局向进入北极水域的船舶颁发承认书（Acknowledgment）的措施。根据该措施，船长可自愿选择是否报告。当船长做出北极船舶航行操作决定并将这些决定告之该地区的冰情作业主管后，加拿大当局可据此颁发承认书，以便船舶按照设计的通道前进。但船长告之并不构成船舶在请求准许航行，加拿大当局颁发的"承认书"也只是表明所设计的通道看起来是适当的，并不因此而解除船长以应有的谨慎航行并对当地冰情持续关注的义务，船长应对自己的操作决定负责。目前进入加拿大北极水域的 99% 以上的船舶都遵循了该体制。

（二）破冰援助制度

在北极水域航行是否需要破冰援助，一般要考虑冰区加强级别、② 冰情程度（重、中、轻）以及航行时段等因素。以俄罗斯为例，根据《北方海航道水域航行规则》第 10 条第 6 项和附件二的规定，对于无冰区加强的船舶，若独立航行，只能在北方海航道无冰区域进行；对于无冰区加强级的 10000 总吨以上的油轮、液化气船和化油品船，只能在 7 月至 11 月 15 日期间在北方海航道的无冰区域航行，且必须有破冰援助；对于无冰区加强船舶和冰区加强 Ice1—Ice3 船舶，其在北方海航道航行的时间仅限于每年的 7 月至 11 月 15 日，11 月 16 日至 12 月 31 日以及次年的 1 月至 6 月则被禁止航行。具体许可情况见表 3.1 至表 3.4。③

---

① 刘江萍、郭培清：《加拿大对西北航道主权控制的法律依据分析》，载《中共青岛市委党校青岛行政学院学报》2010 年第 2 期。

② 所谓冰区加强，系指船舶航行冰区时，由于海面上海水结冰形成的冰层、冰块，而需要分别对与"冰"有关的船体结构、主机、轴系、齿轮箱、螺旋桨、启动装置与冷却水系统采取的强化措施，其实际是对上述有关项目的附加标准。许运秀：《冰区加强的含义及相关问题》，《中国船检》2008 年第 9 期。

③ Rules of Navigation on the Water Area of the Northern Sea Route, Annex Ⅱ "Criteria of the Admission of Ships to the Northern Sea Route in Compliance with Category of their Ice Strengthening".

表 3.1　无冰区加强船舶和冰区加强 Ice1—Ice3 级船舶在不同航行模式
和不同冰情条件下的航行许可情况（7 月—11 月 15 日）

船舶冰区加强类型	航行模式	喀拉海		拉普捷夫海		东西伯利亚海		楚科奇海
		西南部	东北部	西部	东部	西南部	东北部	
		重中轻	重中轻	重中轻	重中轻	重中轻	重中轻	重中轻
无	Ind.	− − −	− − −	− − −	− − −	− − −	− − −	− − −
	IA	− − +	− − +	− − +	− − +	− − +	− − +	− − +
Ice1	Ind.	− − +	− − +	− − +	− − +	− − +	− − +	− − +
	IA	− − +	− − +	− − +	− − +	− − +	− − +	− − +
Ice2	Ind.	− − +	− − +	− − +	− − +	− − +	− − +	− − +
	IA	− + +	− − +	− − +	− − +	− − +	− − +	− − +
Ice3	Ind.	− − +	− − +	− − +	− − +	− − +	− − +	− − +
	IA	+ + +	+ + +	− − +	− − +	− − +	− − +	− + +

注（下同）："Ind." 表示"独立航行"（independent navigation）；
"IA" 表示"在破冰援助下航行"（navigation under the icebreaker assistance）；
"重" 表示"冰情严重"；"中" 表示"冰情居中"；"轻" 表示"冰情较轻"；
"＋" 表示"允许船舶航行"；"－" 表示"禁止船舶航行"。

表 3.2　冰区加强 Arc4—Arc9 级船舶在不同航行模式和
不同冰情条件下的航行许可情况（7—11 月）

船舶冰区加强类型	航行模式	喀拉海		拉普捷夫海		东西伯利亚海		楚科奇海
		西南部	东北部	西部	东部	西南部	东北部	
		重中轻	重中轻	重中轻	重中轻	重中轻	重中轻	重中轻
Arc4	Ind.	− + +	− + +	− − +	− − +	− − +	− − +	− + +
	IA	+ + +	+ + +	− + +	− + +	− + +	− + +	− + +
Arc5	Ind.	+ + +	+ + +	− + +	− + +	− + +	− + +	− + +
	IA	+ + +	+ + +	+ + +	+ + +	+ + +	+ + +	+ + +
Arc6	Ind.	+ + +	+ + +	+ + +	+ + +	+ + +	+ + +	+ + +
	IA	+ + +	+ + +	+ + +	+ + +	+ + +	+ + +	+ + +

续表

船舶冰区加强类型	航行模式	喀拉海		拉普捷夫海		东西伯利亚海		楚科奇海
		西南部	东北部	西部	东部	西南部	东北部	
		重中轻	重中轻	重中轻	重中轻	重中轻	重中轻	重中轻
Arc7	Ind.	＋＋＋	＋＋＋	＋＋＋	＋＋＋	＋＋＋	＋＋＋	＋＋＋
	IA	＋＋＋	＋＋＋	－－＋	－－＋	－－＋	－－＋	－＋＋
Arc8	Ind.	＋＋＋	＋＋＋	＋＋＋	＋＋＋	＋＋＋	＋＋＋	＋＋＋
	IA	＋＋＋	＋＋＋	＋＋＋	＋＋＋	＋＋＋	＋＋＋	＋＋＋
Arc9	Ind.	＋＋＋	＋＋＋	＋＋＋	＋＋＋	＋＋＋	＋＋＋	＋＋＋
	IA	＋＋＋	＋＋＋	＋＋＋	＋＋＋	＋＋＋	＋＋＋	＋＋＋

表 3.3　冰区加强 Arc4—Arc9 级船舶在不同航行模式和不同
冰情条件下的航行许可情况（1 月—6 月和 12 月）

船舶冰区加强类型	航行模式	喀拉海		拉普捷夫海		东西伯利亚海		楚科奇海
		西南部	东北部	西部	东部	西南部	东北部	
		重中轻	重中轻	重中轻	重中轻	重中轻	重中轻	重中轻
Arc4	Ind.	－－＋	－－＋	－－＋	－－＋	－－＋	－－＋	－－＋
	IA	－－＋	－－＋	－－＋	－－＋	－－＋	－－＋	－－＋
Arc5	Ind.	－－＋	－－＋	－－＋	－－＋	－－＋	－－＋	－－＋
	IA	－－＋	－－＋	－－＋	－－＋	－－＋	－－＋	－－＋
Arc6	Ind.	－－＋	－－＋	－－＋	－－＋	－－＋	－－＋	－－＋
	IA	－＋＋	－＋＋	－－＋	－－＋	－－＋	－－＋	－＋＋
Arc7	Ind.	＋＋＋	－＋＋	－－＋	－－＋	－－＋	－－＋	－＋＋
	IA	＋＋＋	＋＋＋	＋＋＋	＋＋＋	＋＋＋	＋＋＋	＋＋＋
Arc8	Ind.	＋＋＋	＋＋＋	－＋＋	－＋＋	－＋＋	－＋＋	＋＋＋
	IA	＋＋＋	＋＋＋	＋＋＋	＋＋＋	＋＋＋	＋＋＋	＋＋＋
Arc9	Ind.	＋＋＋	＋＋＋	＋＋＋	＋＋＋	＋＋＋	＋＋＋	＋＋＋
	IA	＋＋＋	＋＋＋	＋＋＋	＋＋＋	＋＋＋	＋＋＋	＋＋＋

表 3.4　冰区加强 Icebreaker6 – Icebreaker8 级破冰船在不同航行模式
和不同冰情条件下的航行许可情况（1 月—6 月和 12 月）①

船舶冰区加强类型	航行模式	喀拉海		拉普捷夫海		东西伯利亚海		楚科奇海
		西南部	东北部	西部	东部	西南部	东北部	
		重中轻	重中轻	重中轻	重中轻	重中轻	重中轻	重中轻
Icebreaker6	Ind.	− + +	− + +	− − +	− − +	− − +	− − +	− + +
	IA	+ + +	+ + +	+ + +	+ + +	+ + +	+ + +	+ + +
Icebreaker7	Ind.	+ + +	+ + +	− + +	− + +	− + +	− + +	+ + +
	IA	+ + +	+ + +	+ + +	+ + +	+ + +	+ + +	+ + +
Icebreaker8	Ind.	+ + +	+ + +	− + +	− + +	− + +	− + +	+ + +
	IA	+ + +	+ + +	+ + +	+ + +	+ + +	+ + +	+ + +
Icebreaker9	Ind.	+ + +	+ + +	+ + +	+ + +	+ + +	+ + +	+ + +
	IA	+ + +	+ + +	+ + +	+ + +	+ + +	+ + +	+ + +

破冰援助包括确保在无线电覆盖区域并通过甚高频（VHF）16 频道与其保持联系的船舶在北极水域的航行安全，即冰情侦察、破冰开道、船舶编组以及船舶通过拖曳或非拖曳方式尾随破冰船通过冰区。对许可通过的船舶，北极沿岸国主管机关应提供在重冰、中冰、轻冰情形下接受破冰援助的必要信息。破冰援助的费率一般根据船舶吨位、船舶冰级、护伴距离、航行时期等因素决定。破冰援助起讫时间节点由船舶所有人和实施破冰援助服务的组织共同协商。冰中护航及其编队中的船舶排序由实施破冰援助服务的破冰船船长负责，编队船舶须依破冰船船长的指令变换甚高频频道。

（三）破冰引航制度

破冰引航的目的是确保船舶航行安全、预防事故发生和保护海洋环境。破冰引航的费用一般根据船舶吨位、船舶冰级、护航时间和航行期间来

---

① 冰区加强 Icebreaker6-Icebreaker8 级破冰船在 7—11 月允许在 NSR 水域独立航行。

确定。①

由于引航员的责任重大，故对引航员都规定了较为严格的条件，如俄罗斯规定，经授权执行破冰引航的引航员须具备如下条件：在3000总吨以上海船担任船长或大副的服务期限不少于3年，冰区航行时间不少于6个月，且在实施北方海航道水域破冰引航的机构任职。

为保证冰区引航员执行引航任务，引航员须具备以下技术支持与设备：（1）描述相关北极水域的海图、指南和手册；（2）相关的导航、水文气象和液压信息；（3）与相关水域气候相匹配的特殊保暖衣物。

在执行冰区引航时，冰区引航员有权行使下列权利：（1）使用船上广播电台和其他通信手段；（2）使用船上所有导航设备和辅助设施；（3）从船长处获得船舶结构、操作特性以及航海仪器、发动机安装、掌舵、推进器、锚等确保船舶运动和机动控制的设备等的信息；（4）从船长处获得船舶名称、船舶信号、船舶自然情况，如船长、船宽、船图、桅高、船速、推进器、相关数据、载荷、稳性、抗沉性等信息。

冰区引航员须为船长提供如下建议：（1）冰情评估和船舶安全航行的可能性；（2）选择船舶航行的最佳路线和船舶冰区独立航行的方案；（3）选择可避免船体、舵桨系统与冰交互危险的航行速度与方法；（4）确定在编队航行中与破冰船或前船保持安全航速与船距的方法；（5）确定执行破冰船船长指令的方法。

冰区引航员在开始引航前，须向船长出示证书，并与船长协商航行计划、船舶冰区编队航行或跟随破冰船单独航行的计划、交互控制船舶的顺序、控制船长指令执行的程序、引航员休息时间。引航员登船后有义务向船长出示证书，并在单据上登记如下信息：单据数量、引航员姓名、船名、船旗、IMO注册码、船舶呼号、船型、船的规模（船长、船宽）、船艏船艉长度、最后停泊港、目的港、载货类型和数量、乘客数、船舶所有人名称、船

---

① Rules of Navigation on the Water Area of the Northern Sea Route, Part IV "Rules of the Pilot Ice Assistance of Ships in the Water Area of the Northern Sea Route".

舶代理名称、引航员抵船和离船的日期与时间、引航路线的起讫点、船长评论、船长姓名、填写日期。单据须由船长签字，并加盖船舶印章。

二、防止污染海洋制度

北极水域生态脆弱，海水自净能力较差，故需要特别加强保护。防治船舶北极航行污染海洋制度确立依据主要包括《联合国海洋法公约》第194条、第234条，MARPOL73/78公约体系中诸如《国际防止船舶造成污染公约》等防止船源污染公约，IMO《极地水域船舶航行国际准则》（本节简称《极地规则》）"环境保护措施"部分，以及北极沿岸国国内法律[①]等。其中较为显著的制度主要有以下几项。

（一）船源油类污染管控制度

船源油类污染主要指原油、燃料油、重柴油和润滑油等所造成的海洋污染。在北极水域，对船源油类污染的管控主要有三种措施。一是设立"禁排区域"，在禁排区域采取"零排放"制度，一律禁止排放油类残留物。"禁排区域"的划定在相关国际公约下为距离最近陆地至少50海里区域，地中海、亚得里亚海、红海、澳大利亚海岸等特殊海区则为100海里以上。但北极航道沿岸国均扩大了"禁排区域"。例如，俄罗斯明确规定禁止在北方海航道水域排放油类残留物；加拿大则将该区域划定为海岸线以北的100海里，后于2009年8月通过修订《北极水域污染防治法》使该范围从距海岸线100海里延长到200海里。《极地规则》规定得更为严格，对任何船舶排放任何油类或含油混合物至北极海域的行为皆是禁止的。二是规定"接收设施"，即采取措施为含油污水和残油的接收提供符合规则要求的设施设备。[②]三是规定"石油运输准则"，即对在船舶之间、船岸之间进行转移石油或燃

---

① 例如，加拿大《北极水域污染防治法》、美国阿拉斯加洲的《阿拉斯加油类和危险物质污染控制法》等。

② 一般要求北极水域航行船应结合船舶动力装置的类型和航行时间配备能充分接收油类残留物的油罐；结合船舶航行时间配备能充分接收船舶运行所产生的废弃物或沉积物的储存罐。

料时就遵循的规则，避免在转移过程出现泄漏，进而污染北极海域。

（二）船源其他形式污染管控制度

船源污染除了油类污染外，还包括散装液体化学品、包装有害物质、生活污水和船舶垃圾等其他形式的船源污染（见图3.1）。对此，MARPOL73/78通过附则的形式进行了规制，[①] 该些附则也成为港口国监督的必查内容；违反规定者，如违规排污、超过排放标准、不按规定记录排污行为、缺少防污染证书和设备或者不按照公约配备防污染证书和设备等，港口国有权采取滞留，直到船舶符合公约要求或给予补偿。

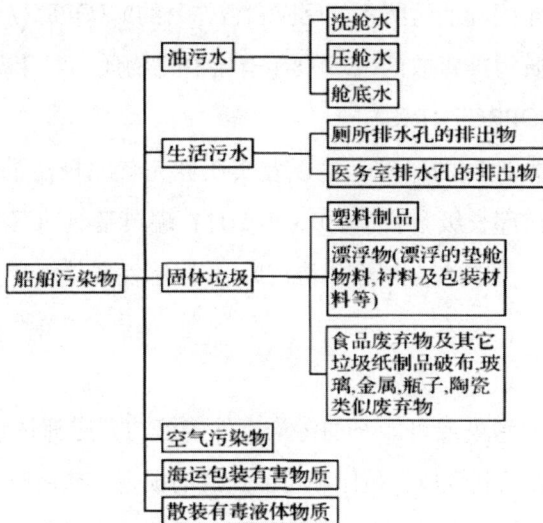

图3.1　船舶污染物的种类

在北极水域，则执行更为严格的管控。例如，《极地规则》规定，只有在特定条件下才允许船舶将食物废弃物排放入海。又如，加拿大《北极水域污染防治法》第4条规定，除非得到准许，否则，在任何情况下均不得在北极海域或加拿大北极大陆或岛屿的任何地方弃置废物；并规定，船舶北极航行前必须获得"北极污染防治证书"（Arctic Pollution Prevention

---

① 附则 Ⅱ—控制散装有毒液体物质污染、附则 Ⅲ—防止海运包装形式有害物质污染、附则 Ⅳ—防止船舶生活污水污染和附则 Ⅴ—防止船舶垃圾污染分别做出了规范。

Certificate)。① 再如，1978 年《北极船舶污染防治法规》规定了符合要求的船舶建设标准、船体设计、机构要求等建造条件；允许进入北极的船舶型号、吨位等；船舶在北极海域航行的时间限制、区域限制；污染处理、石油储备、燃料和水、冰海领航员等必备要求。

（三）船源污染防备、反应和合作制度

为快速有效抵御北极水域发生的较大油污事故及其威胁提供一个区域性或全球性的国际性合作框架，将船源海洋污染降到最低，国际社会构建了船源污染防备、反应和合作制度或机制，并体现在相关公约中，如适用于油污事故的《1990 年国际油污防备、反应和合作公约》(OPRC)② 以及扩大适用于有毒有害物质污染事故的《2000 年有害有毒物质污染事故防备、反应和合作议定书》(OPRC—HNS)。

为了增强极地地区的船舶运输以及实质性完善北极溢油的应对程序，北极理事会第八次部长级会议于 2013 年 5 月在瑞典基律纳召开，并通过了《北极海洋石油污染预防与应对合作协定》。该国际性文件规定了下列程序及其内容：

1. 通知

一旦接到石油污染或可能石油污染事件，缔约方应评估该事件是否属于石油污染，并评估其性质、范围和可能造成的损害，然后应毫无迟延地将评估、采取或可能采取的措施等信息通知所有因该油污事件遭受或可能遭受损害的国家，直至被通知方采取油污响应行动或决定联合采取行动。

2. 监控

任何一缔约方应尽力采取恰当的监控措施，以确定其管辖区域内的油

---

① 刘惠荣、董跃：《海洋法视角下的北极法律问题研究》，中国政法大学出版社 2012 年版，第 54 页。

② OPRC 要求所有船舶、港口和近海装置都应具备油污应急计划，并且港口国当局有权对此进行监督检查；所有肇事船舶和其他发现油污事故的机构或官员应毫不延迟地向最近的沿岸国报告；各国在接到报告后应采取行动，并进行通报；各缔约国应建立全国性油污防备和响应体系；各国之间可建立双边或多边、地区性或国际性的技术合作。

污范围；如有可能，监控范围可扩展至管辖范围的毗邻区域。在油污处置过程中，已采取措施的各缔约方应尽可能地予以监控，以便采取及时有效的响应操作和减少负面影响。各缔约方在组织和采取监控行动时应尽可能进行合作，特别是对于跨界油污（Trans-boundary Oil Pollution），应通过双边或多边协议或协定进行。

3. 请求援助、协调与合作

任何缔约方可向其他缔约各方就油污响应请求援助，请求援助方应尽可能详细说明援助的类型、范围。缔约各方应予以合作和提供援助，包括咨询服务、技术支持、提供设备与人力等。

4. 跨界物力的移动与解除

根据国内法和国际法，各缔约方应采取必要的法律和行政措施，以确保从事油污响应的船舶、航空器等运输工具及其所载运的用于油污响应的人员、物资、设备等抵达其领域并在其领域内开展工作，同时确保上述人员、物资、设备等迅速进入、通过或离开其领域。

5. 油污响应的联合审查

油污响应之后，各缔约方应在协调缔约方的主持下尽力开展油污响应联合审查，根据相关法律，参与联合审查的各缔约方应提供书面的调查结论，并予以公开。

6. 信息交换与联合演练

为进一步提高油污防备与响应的有效性，缔约各方应开展预警、召集、设备调度等方面的联合演练，以促进信息的合作与交换。在进行联合演练时，各缔约方应尽可能地执行本协定条款。

三、冰区航行海员教育与培训制度

船舶北极航行要求海员具备更高的素质，不仅具备勇敢、果断的心理素质，对北极海域情况更为熟悉，而且需要掌握一些特殊的技能，如安全模式下频繁改变航向等。显然，STCW 公约及其修正案关于海员培训的规定，无论是力度，还是内容，皆无法满足船舶北极航行的需求。故此，STCW

规则第 V 章 B—V 部分（极地水域航行船舶船长和驾驶员、轮机员培训指
南）、《极地水域船舶操作指南》（Res.A1024（26））、IMO《极地规则》、俄
罗斯等北极航道沿岸国国内法，均在任职资格、训练程度、课程设置等方面
规定了更加严格的要求。例如，俄罗斯法律规定，能担任北极海域船舶航行
的船长，必须接受特殊的训练，且时限要求是 10 年。《极地水域船舶作业指
南》则要求冰区驾驶员随船备妥能表明其胜任冰区航行的培训课程书面证
明，且冰区航行船舶须始终配妥指南所规定的培训手册。

第四节　船舶北极航行国际海事公法制度的完善

通过上述对船舶北极航行国际海事公法规范的梳理可以看到，目前专
门适用船舶北极航行的海事条约数量仍比较有限。针对船舶北极航行国际海
事公法制度的研究，除了分析北极自身特殊条件外，更多地要对现有的国际
海事公法制度加以借鉴和进一步构建与完善相关的法律制度。

一、船舶北极航行海上事故或事件调查制度

海事调查是努力确保海上航行更安全和防治船源污染更有效的重要手
段，在国际海运业居于显著地位。目前，国际海运业海事调查遵循的依据是
2008 年国际海事组织通过的并纳入《国际海上人命安全公约》（SOLAS）的
《海上事故和事件安全调查国际标准和推荐做法规则》（以下简称《规则》）[①]，
包括强制实施和建议实施两部分。

其中强制实施部分侧重相互通知义务，强调对重大海上事故必须进行
调查的要求，并在此基础上赋予和明确调查人员的权利，同时从保障海员权
利角度出发，规定了海员不自证其罪和保持沉默的权利。建议实施部分则为
推荐做法，不具有强制约束力，但其更具实操性，对北极航道海事安全保障

---

① 2008 年 5 月 7 日—16 日，IMO 在伦敦召开了海上安全委员会第 84 此会议（MSC 84），
通过了《海上事故和事件安全调查国际标准和推荐做法规则》（本节简称《规则》），并将
其纳入 1974 年 SOLAS 公约。

而言意义非凡。例如，其确立的国际合作和全面调查的原则，较好地契合了北极航道条约规制型海峡治理模式的内在要求与现实诉求，在一定程度上促进了后者的加速实现。又如，其所提供的海事调查指导性意见，包括列明的船旗国与重大利害关系国进行协议时应考虑的因素，非法干涉行为的构成与表征，调查程序所涉及的协调、证据采纳与采信、信息保密义务、证人保护、阶段性调查与报告、重新调查的启动与条件等，① 显然更有利于海事调查的推进与制度完善，可为北极航道海上事故调查提供有力的借鉴，建议予以充分关注，加强顶层设计，统筹考虑，以建构和完善适合北极航行海事调查的法律规定和制度。

二、船舶北极航行申报与收费制度

船舶航行申报是指船舶在申请驶入或驶离特定海域或港口时依据港口国或沿岸国的法律规章，向海事管理机构递交的与船舶航行与港口作业方面相关的安全监控措施、管理计划或应急方案等资料的行为。当前，通过申报船舶资料已经成为国际航行船舶安全管理的一个重要途径。

北极航行申报涉及北极航道的通行权问题，但其并非否定船舶的通行权，而是在肯定此权利的基础上实施一种更为有效的管理制度，旨在加强对于北极航道船舶的管理，是基于安全以及各种因素综合考量而采取的策略。②

北极海域的特殊性、高风险性等特征，决定了北极航行申报制度是保证北极航道安全管理的有效方式。申报制度的推行会鼓励在北极航行的船舶代理公司积极诚信地开展船舶代理业务，必将促使北极船舶代理公司在数据搜集方面加强准确度，减小误差，达到申报效能的加大提高，也能够营造和谐的北极航行环境，为北极航行船舶安全提供一流的保障服务。③

---

① 郭庆永、陈秋妹、李志玉：《"海上事故和事件安全调查国际标准和推荐做法规则"对我国海事调查制度的影响》，载《水运管理》2009 年第 10 期。

② 陈利华：《推行诚信申报机制》，载《中国海事》2007 年第 12 期。

③ KING，A.，"Thawing a Frozen Treaty：Protecting United States Interests in the Arctic with a Congressional Executive Agreement on the Law of the Sea"，*Hastings Constitutional Law Quarterly*，*Winter*.

从长远来看，推行船舶北极航行申报机制也是一种趋势，北极地区基于特殊复杂的客观环境，海事机构执法力量必然不能完全满足船舶管理的需要，推行申报制度能够有利于对每艘船舶资料进行详细审核和严格的审查，为满足北极航行安全需要提供又一层保障。

三、船舶北极航行生态保护海事应急制度

目前，国际社会并没有一部专门规制北极生态保护的公约，相关规定散见于一些国际文件，如《公海捕鱼和生物资源保护公约》①、《国际捕鲸管制公约》②、《跨界鱼类和高度洄游鱼类种群养护与管理协定》③ 等。④ 但是，对于北极生态环境的保护不能只依靠上述笼统的规定，亟待建立一种生态保护海事应急制度。

北极生态保护海事应急制度是指一些突然发生，造成或可能造成北极生态环境重大污染或破坏，严重影响北极环境与资源的具有突发性、危害性、紧急性等特点的事件或事故。基于当今世界科技的迅速发展，加上北极地区特殊的自然环境，以及对其开发保护经验不足的实际情况，随时都有可

---

① 《公海捕鱼和生物资源保护公约》(Convention on Fishing and Conservation of the Living Resources of the High Seas) 是联合国第一次海洋法会议制定的海洋法公约之一，公约一方面承认了"公海捕鱼自由"原则，规定所有国家的国民有权在公海上捕鱼，另一方面对这一"自由"设定了三项限制，即条约义务的限制、公约规定的沿海国权利和利益的限制和该公约有关公海生物资源养护的条款的限制、该公约承认沿海国对于保持毗邻其领海的公海任何部分的生物资源生产力具有特殊的利益，在毗邻沿海国领海的公海捕鱼的国家在该沿海国提出要求的情况下，必须同该沿海国就保护该海域的生物资源进行谈判以签订协议。公约还设立了一个特别委员会处理有关海洋生物资源保护问题的争端。

② 《国际捕鲸管制公约》宗旨是"规定对鲸的适当保护以便使捕鲸业的有秩序发展成为可能"。该公约成立国际捕鲸委员会，公约的附件对成员国进一步规定了义务，公约对义务条款规定了例外情况，其中最主要的是科学研究。自 20 世纪 70 年代以来，公约的作用开始发生变化，在 1982 年修订中，公约决定禁止商业性捕鲸，这一修订引起了日本、冰岛等国家的反对。

③ 《跨界鱼类和高度洄游鱼类种群养护与管理协定》对国际渔业法进行较为激进的改革，此协定是在《斯瓦尔巴德条约》现行条款基础上制定的，其引入了可持续利用的新义务。

④ 高之国、贾宇：《海洋法精要》，中国民主法制出版社 2015 年版，第 268—271 页。

能出现各种生态危险状态，为了避免发生紧急状态时束手无策、无法应对的情况出现，建立一种应急制度显得十分必要。

北极生态保护海事应急制度应至少包括以下几方面内容：一是应急主体。建立北极生态保护海事应急指挥机构，赋予其适当的领导和指挥的权利，保证在北极海域出现生态安全紧急状态后能快速采取行动。二是信息平台。建立北极生态保护海事应急信息网络中心和资料库，对所有国家开放，实现信息与资料共享。三是制度框架。至少构建预防制度、信息报告与发布制度，力求保证公开透明。四是可持续利用义务。借鉴在《斯瓦尔巴德条约》现行条款基础上制定的《跨界鱼类和高度洄游鱼类种群养护与管理协定》关于"可持续利用义务"的要求，引入该义务。① 可持续利用义务重在风险预防方法的应用，并将应用此方法的义务延伸到相关联的生态系统，尽力确保专属经济区保护措施和公海保护措施的一致性，为缔约方设定了更为广泛的合作义务。如果缔约方不进行合作，就可能会失去相关权利的风险。②

北极生态保护需要多方位、立体化进行，单靠国际公约规制或者应急制度都不能妥善地保护好北极生态环境，需要在明确各国环保义务并严格执行的前提下，综合采用多种手段，发挥制度和机制的作用，以预防为主，真正对北极生态环境实现全方位保护。

四、船舶北极航行船员安全法律制度

船舶安全是直接关系船员生命安全的重大问题，同时也影响船公司的生存和发展，所以船舶安全管理不仅是国际海事安全关注的焦点，也是船岸公司管理工作的重要组成部分。为了减少海难事故造成的伤亡与损失，IMO强制实施《国际安全管理规则》（简称 ISM 规则），提高船员安全意识，减

① 卢芳华：《斯瓦尔巴德群岛渔业保护区制度与中国北极权益的拓展》，载《中国海商法研究》2016 年第 3 期。
② 刘惠荣、刘秀、陈奕彤：《国际环境法视野下的北极生态安全及其风险防范》，《2011 年全国环境资源法学研讨会论文集》，2011 年，第 587—589 页。

少船舶事故发生。目前，国际法上有关船员保护的规定着重在于确定船员及其管辖权的归属，没有在各国合作的基础上达成一个共识。

ISM 规则的核心内容是从船舶和船公司两个角度出发，一体管理、体系运作，遵循所建立起来的一整套安全管理体系，其关键点在于通过运行该体系实现对船舶安全中的"人"的因素的控制来达到减少船舶安全事故的目的。

实践证明，ISM 规则关于安全管理体系的规定在具体运作过程中还存在很多问题，有必要进一步提高。面对北极航行这一危险系数极高的航行活动，更加有必要制定完善的管理体系，实现对可控因素的有效管理，降低船舶遇难风险，保障船员安全。

一是建立和完善安全管理体制。设置北极航行船员安全管理机构，明晰权责，并实现有效衔接。目前的安全管理规则对船舶安全管理提出一般要求，但具体到如何确保每一条款有效实施等没有明确的规定。因此在对北极航行船员的保护上可以对此方面进行深化，推进安全质量标准化，导入危害识别和风险评价方法，利用统一合理的科学评价体系，对船舶北极航行过程中可能出现的风险进行评估，进而确定需要采取管控风险部署的情况，标识需要定期测试和检查的关键点，进一步完善管理体系。

二是提高船员安全技能，提高船员安全意识。在选聘北极航行船员时应该适当提高门槛，确保船员能够适应北极航行的环境，注重船员的安全特征与能力，确定船员的资历和业务能力，并且对其不断提高，利用更多的形势对其进行经常性安全教育，熟悉北极航行相关安全知识，掌握在船舶遇到特殊风险（包括海难事故）时的应对措施和技艺。最重要的是，提升船员安全意识、风险防范意识，通过多种途径多种形式，让船员充分认识到安全的重大意义，提高其责任心，杜绝违章指挥和操作，真正做到防患于未然。①

保护船员的安全和权益是一项长期而艰巨的任务，目前关于北极航行船员的安全制度还处于起步阶段，相关政策研究和保护机制并不成熟，尚待

---

① 招定友：《加强人为管理提高船员安全意识》，载《水路运输文摘》2006 年第 6 期。

进一步构建与完善。

第五节 我国应对船舶北极航行国际海事公法问题的措施

《联合国海洋法公约》（本节简称 UNCLOS）是我国与北极在航运方面建立联系的纽带，根据 UNCLOS 的规定，我国拥有北冰洋公海的航行自由与资源开发权，专属经济区范围内的航行自由以及领海范围内的无害通过权。中国的海事立法一直以来都是根据国际海事立法来制定，遵从国际海事立法的原则和规则，因而对于北极航行的国际海事公法的态度，中国也是积极响应。但其不意味着毫无条件地全盘吸收，面对各利益集团对北极的争夺，我国有必要以大国姿态理智应对北极问题。

我国参与北极事务不违反现有北极秩序，加强合作，从低敏感度领域逐渐到高敏感度领域，并尽量提高有违国际社会公共利益的成本，增强自身在博弈中的筹码。我国开展北极航行活动亦有必要考虑上述宗旨。

一、对相关国际海事公约的响应与条约的借鉴

通过前几章的论述可以看到，我国是诸多北极地区适用条约的缔约国或参与国，作为近北极国家，我国在北极地区拥有国际法上认可或赋予的权利。

首先，我国系 UNCLOS 缔约国，因而可根据该公约的规定对北极地区北冰洋海域各国 200 海里专属经济区外公海海域的航行和资源开发享有自由。该条约为我国在北极地区的相应权利主张提供了重要依据。这样一来，我国在北极海域就享有了公海与专属经济区的自由航行权，领海内的无害通过权，国际航行海峡的过境通行权。同时，该公约所确立的便利运输原则、公平合理利用海洋原则和可持续发展原则均可成为我国在北极海域主张相关权利的法律依据。

其次，我国还缔结参加了一系列与海事相关的条约，比如，我国缔结《海上事故或海上事件安全调查国际标准和建议做法规则》后就随之拥有了

海上事故和事件调查权；缔结参加的《1979 年国际海上搜寻和救助公约》也获得了海上搜寻救助权，有权基于北极水域海上救助目的进入或穿越北极国家领海。

到目前为止，我国参加的海事公法领域的国际条约除上述两部之外还有《1910 年统一船舶碰撞某些法律规定的国际公约》（简称《碰撞公约》）、《1989 年国际救助公约》、1992 年《国际油污损害民事责任公约》、1992 年《设立国际油污损害赔偿基金公约》、2001 年《国际燃油污染损害民事责任公约》等。我国对这些海事条约的积极响应，一方面可以体现了我国作为负责任大国对相关国际海事事务的一种担当，另一方面也为我国主张在北极海域的相关国际法权利提供坚实的法律依据，更是我国完善国内相关海事制度的国际法依据。

国际上有关北极的多边条约还有《斯瓦尔巴德条约》（Svalbard Treaty），该条约对治理北极问题的一个重要作用是在北极的斯瓦尔巴德群岛构建完全和平的非军事适用地区。除了该地区的主权归属挪威之外，其他国家均可以在该地区自由航行和进行经贸往来。而我国对于北极的航行问题也可以借鉴这个条约的管理制度，倡导一种"和平开发北极、北极资源共享"的治理模式，而这也是世界各国利益妥协的最佳方式。

二、中国的北极航线国际机制理论体系的构建

目前，构建中国的北极航线问题国际机制理论体系应着重关注中国传统文化和西方国际机制理论两个方面。

首先，要充分运用好中国的传统文化，中国传统文化博大精深，并具有较为广泛的影响力，故此，中国应坚持长久以来的传统外交哲学和外交理念，一脉相承，并结合北极问题新常态新情势，建构和发展符合中国国情和北极航线各方权益的具有自身显明特色的国际机制理论体系。

其次，要深刻了解和洞悉现有的西方国际机制理论，特别是目前较为主流的、主导的北极航线西方国际机制理论，积极借鉴其有益经验与要素，同时纳入我国或发展中国家的国际机制理论，为我国有效切入北极航线问题和协调相关各方利益注入新的国际法理念。尤其是要多从法理角度阐述中国和发展中国家的立场，力求这些立场的科学性、合理性，避免单纯道义上的宣示。在积极参与北极航运治理过程中，要强调全人类共同利益和诉求，获得更多国家的广泛支持，并针对北极航线的特殊问题，运用各种场合和机会提出和宣传富有建设性的建议或意见。惟有如此，才能更好地维护我国的北极航线权益，并能获得国际社会的广泛支持，以逐步树立我国关于北极航线问题协调机制的理论和制度两个层面的自信和权威，进而极大提升我国在参与北极治理上的作用、价值和影响力。[①]

三、航运层面的海权维护

UNCLOS 相关规定为我国航运层面的海权维护提供了国际法依据。例如，UNCLOS 规定了"用于国际航行的海峡制度"，涉及过境通行制度、无害通过制度、自由航行和飞越制度等。该些制度为我国合法驶入或驶离北极海域中符合"用于国际通行的海峡"提供了法律基础，可避免受到歧视待遇或受到阻碍，有利于我国船舶北极航行的顺畅进行，并借此走向世界。

又如，UNCLOS 第 35 条又规定了不适用"用于国际航行的海峡"制度的情形，[②] 其一为"某些海峡的法律制度，这种海峡的通过已全部或部分地规定在长期存在、现行有效的专门关于这种海峡的国际公约中"。换言之，一些海峡基于特殊的地理位置或历史原因而成为重要的国际航道，若有专门的国际条约规定其法律制度，则适用该特殊条约规定，进而排除UNCLOS "用于国际航行的海峡"制度的适用。[③] 这一模式即为"特殊条约规制型海峡治理模式"。"特殊条约规制型海峡治理模式"具有以下三个

---

① 李振福：《中国参与北极航线国际机制的障碍及对策》，载《中国航海》2009 年第 6 期。

② 《联合国海洋法公约》第 35 条："本部分的范围本部分的任何规定不影响：（a）海峡内任何水区域，但按照第七条所规定的方法确定直线基线的效果使原来并未认为是内水的区域被包围在内成为内水的情况除外；（b）海峡沿岸国领海以外的水域作为专属经济区或公海的法律地位；或（c）某些海峡的法律制度，这种海峡的通过已全部或部分地规定在长期存在、现行有效的专门关于这种海峡的国际公约中。"

③ 薛桂芳：《〈联合国海洋法公约〉与国家实践》，海洋出版社 2011 年版，第 11 页。

突出法律特征：一是该模式适用的对象为 UNCLOS 所界定的"用于国际航行的海峡"，非此类海峡则排除该模式的适用；二是该模式适用的制度构成 UNCLOS 关于"用于国际航行的海峡"制度的全部或部分的背离，且该背离为 UNCLOS 所承认；三是该模式的确立须通过相关公约体现，排除一国单边立法和国际习惯的确立形式。"特殊条约规制型海峡治理模式"的最终证成，也可成为我国开启充分利用北极航线的一个渠道。①

UNCLOS 为保障我国海洋权益提供了诸多契机，但由于 UNCLOS 的规定折衷性、部分规定的模糊性，也给我国海洋权益保障带来了一些困境。因此，可以说，UNCLOS 是我国解决北极海洋权益问题的有力武器，但却不可能从根本上保障我国北极海洋权益。这就需要我国采取更为主动和创新的对策。

本节建议，我国在未来一段时间内，针对北冰洋与北极航线的权益维护问题，一方面要遵守 UNCLOS 的有关规定，充分而有效地利用 UNCLOS 提供的法律依据，切实维护我国的涉北极权益；另一方面正确认识 UNCLOS 生效后所出现的新形势、新发展、新契机，灵活采取后续行动和对策，通过体系解释、文义解释、历史解释等方法，创新发展 UNCLOS 的时代内涵，力求各方利益的平衡，并以此维护我国在北极的海洋权益。

四、加强同北极国家以及北极理事会等国际组织的交流与合作

北极事务纷繁复杂，涉及海运、能源、环保、安全、外交等诸多领域，非一个职能部门所能管控和应对，亟需通过顶层设计和组织架构，在国家层面上一体管理与协调。部分北极国家已经在此方面卓有成就。例如，美国关于北极政策的制定与实施，是由国务院牵头，其他政府职能机构予以协同推进与落实。又如，俄罗斯在国家层面设立北极特别委员会，统一协调联邦各部门推进和落实北极政策。目前，我国还没有专门针对北极问题设立国家层

---

① 陈敬根：《北极航道"特殊条约规制型海峡模式"的治理与构建》，载《政法论丛》2017年第 9 期。

面的议事机构或决策机构，十二届全国人大一次会议成立的国家海洋委员会，属于议事协调机构，具体海洋执法事务由国家海洋局和中国海事局承担，① 但尚缺乏一个国家层面的针对北极事务进行综合管理的专门机构，建议参照美国、俄罗斯等北极国家的做法，适时考虑设立或委托一个国家级的职能部门具体负责北极事务的统一筹划、管理和协调工作。②

北极事务往往涉及北极地区自身的复杂的国际关系以及溢出效应，而且北极地区的自然生态环境特殊、脆弱，与人类生存与发展密切相关，故仅依靠一个国家难以有效解决北极所面临的诸多问题，事实证明，北极事务处理更需要各国的通力合作。对于我国来说，目前最为缺乏的是能直接进行重要的北极活动的立足点、切入点和支撑点。因此，同北极国家或国际组织进行合作成为我国参与北极活动和处理北极事务的一条较为可行的途径。我国可以更积极、开放的心态密切与北极五国的双边或多边关系，加强其中亟需我国技术支持、资金支持、人力支持的国家开展紧密合作，并在此基础上，进一步构建和完善符合我国国家利益的合作途径、方式与内容。同时，还应以负责任大国、近北极国家等身份，积极发展同涉北极的政府间或非政府间的国际组织的关系，寻求更多介入或参与北极事务的机会。

---

① 十二届全国人大一次会议将现国家海洋局及其中国海监、公安部边防海警、农业部中国渔政、海关总署海上缉私警察的队伍和职责整合，重新组建国家海洋局，由国土资源部管理。主要职责是拟订海洋发展规划，实施海上维权执法，监督管理海域使用、海洋环境保护等。国家海洋局以中国海警局名义开展海上维权执法，接受公安部业务指导。为加强海洋事务的统筹规划和综合协调，建立高层次议事协调机构国家海洋委员会，负责研究制定国家海洋发展战略，统筹协调海洋重大事项。国家海洋委员会的具体工作由国家海洋局承担。

② 刘惠荣：《中国可以在北极做什么》，载《经济参考报》2011 年 12 月 27 日。

第 四 章

船舶北极航行中的国际海事私法问题

全球变暖趋势下，北极航道聚焦国际关注，万众期待通航。若实现大规模通航，作为特殊的可航水域，北极航道是一个独特的法律适用环境。对于航运业相关利益主体而言，利用北极航道进行商业航行在海事私法层面会带来哪些影响、引致怎样的法律问题，对此需要深入探讨。本章基于北极航道具体情况以及相应的科学预测和评估，结合我国各类私法主体对北极航道的利益期待，探讨其可能会遭遇的国际海事私法层面之问题，进而斟酌我国相应对策建议。

第一节 船舶北极航行国际海事
私法视阈中的法律适用

作为基础问题，需要探讨哪些海事私法规范对北极航行具有约束力，此类规范如何适用，以及相应的司法管辖如何确定。

一、船舶北极航行私法构成

本节从私法层面梳理北极航行的适用法律体系，主要涵盖国际海事公约、北极航道沿岸国法、北极航行船舶船旗国法，以及私法主体可能选择适用的其它法律、法规或国际惯例。当然，探讨过程中涉及的法律法规并不局限于私法层面的立法规范，亦会关注公法属性的规范中涵盖的私法性内容。

（一）国际海事海商公约

国际海事海商公约在国际海事组织（简称 IMO）推动下已形成较为完整的体系，主要涉及三大类：第一类是与航行安全有关的国际公约和规则，第二类是与海洋环境保护有关的国际公约和规则，第三类是与航运责任和事故赔偿机制有关的国际公约。① 私法层面的海事公约关注的是商业航运经营过程中的私人主体之间的权利、义务分配，以及相应的责任承担。基于此，本章要探讨的私法层面的国际海事公约应主要是第三大类，即事故赔偿机制有关的国际公约。这些公约确立的规则和制度能否适用于北极航行，下文结合其适用范围进行探讨。其中，涉及的海事海商公约以立法实质内容为依据，并不局限于是否由 IMO 推动制定。

规制海上货物运输相关的国际海事公约规则，主要包括《海牙规则》《海牙—维斯比规则》《汉堡规则》，以及最新的《鹿特丹规则》，规制多式联运运输的《多式联运公约》，规范旅客运输的《1974 年雅典旅客运输公约》及其议定书。由海上事故法律事实衍生发展而来的相关公约体系，主要包括《1910 年碰撞公约》《1910 年救助公约》《1989 年救助公约》。另外，规制海上运输过程产生的民事责任的规范性文件构成民事责任公约体系，主要包括与船舶污染相关的《有毒有害物质损害赔偿责任及赔偿公约》（HNS 公约）、《2001 年燃油污染损害民事责任国际公约》（简称《燃油公约》）、《1969 年油污民事责任公约》《1971 年基金公约》《1992 年油污民事责任公约》，以及限制民事责任的《1976 年海事赔偿责任限制公约》。从适用范围上看，上述公

---

① Conventions covering liability and compensation：International Convention on Civil Liability for Oil Pollution Damage (CLC)，1969；1992 Protocol to the International Convention on the Establishment of an International Fund for Compensation for Oil Pollution Damage (FUND 1992)；Convention relating to Civil Liability in the Field of Maritime Carriage of Nuclear Material (NUCLEAR)，1971；Athens Convention relating to the Carriage of Passengers and their Luggage by Sea (PAL)，1974；Convention on Limitation of Liability for Maritime Claims (LLMC)，1976；International Convention on Liability and Compensation for Damage in Connection with the Carriage of Hazardous and Noxious Substances by Sea (HNS)，1996 (and its 2010 Protocol)；International Convention on Civil Liability for Bunker Oil Pollution Damage，2001；Nairobi International Convention on the Removal of Wrecks，2007.

约体系都没有对北极水域作出适用限制，应可以适用北极航行区域。① 通常，各国分别从本国国情出发，综合考量国家经济社会发展水平与公约调整对象相关联后的利弊确定是否加入国际海事公约。因此，国际海事公约于北极航道的具体适用需结合航道沿岸国是否批准或加入该公约进行判别。

（二）北极航道沿岸国立法

北极航道沿岸国法可基于港口监督国或沿岸国的法律地位适用于北极航行。穿极航道目前还处于理论预测中，短时间内应用于商业航运不甚现实，且理论上的航线主要位于公海海域，将来即使开通，争议也不大，故暂不探讨其法律适用。东北航道的大部分航段位于俄罗斯北部沿海的北冰洋离岸海域，部分航段所在水域被其视为领海或内水。西北航道主要经过加拿大北极群岛水域，航道所在的部分水域亦被其宣示为内水。虽然国际上对两国有关北极航道主权定位存在争议，但俄罗斯、加拿大作为北极航道沿岸国的法律事实不会改变。因此，俄罗斯与加拿大有关的海事私法规范对于北极航行具有重要的约束意义。

俄罗斯从公法层面，制定了大量有关北极航道航行安全管理、环境保护的行政性法规。而私法层面上的海事海商立法，主要体现为适用于内水运输的《俄罗斯联邦内水运输法典》（Кодекс водного транспорта РФ），以及适用商船运输的《俄罗斯联邦商船航运法典》（Кодекс торгового мореплаванияРФ）。其中，依据《俄罗斯联邦商船航运法典》第 3 条第 1 款规定，其适用于"航行于海上或内水的海船，俄罗斯联邦参加的国际条约或俄罗斯联邦法律另有规定的除外"，还规定适用于"在内水航行的船舶及多式航行（河与海之间）的船舶在海上及在内水航行和运输货物、旅客及行李停靠在外国港口时，与海船进行救助作业或与海船碰撞时"。可见，当东北航道所经航段在国际法上明确其法律地位为俄罗斯内水时，该航段的商业船

----

① 主要参考网址：http：//www.tc.gc.ca/eng/acts-regulations/acts-2001c26.htm 加拿大法律，http：//www.arctic-lio.com/nsr_legislation 俄罗斯东北航道官网，http：//www.comitemaritime.org/Home/0，271，1132，00.html 国际海事委员会官网，http：//www.imo.org/Pages/home.aspx 国际海事组织官网。

舶航行可适用《俄罗斯联邦内水运输法典》以及《俄罗斯联邦商船航运法典》；当所经航段为俄罗斯领海时，亦属于《俄罗斯联邦商船航运法典》适用范围。

加拿大与俄罗斯一样，出于控制航行安全、尤其是环境保护目的，制定了一系列规制北极航行的公法性规范。据 2008 年加拿大达尔豪斯大学发布的《北极海运规制》研究报显示，加拿大制定的诸多海事相关的法律规范对北极航行具有约束作用。[①] 其中，最主要的是 2001 年《加拿大航运法》（Canada Shipping Act，2001），它是加拿大航运基本立法，从私法层面上看，对于北极航行具有适用意义。另外，还有 2001 年《加拿大海事责任法》（Marine Liability Act 2001），该法强化了加拿大海事法关于船舶所有人对人身伤亡和财产损害民事责任的相关规定，并赋予海事赔偿责任的国际公约及一些成文法的规定在加拿大继续有效，同时亦规定了现存的海事油污赔偿责任体制。这些规定对于在私法层面确立私法主体的权利、义务，以及责任分配具有重要意义。

（三）北极航行船舶船旗国法

船舶在各国立法上都是一个特殊动产，甚至称其为移动的国土。由于

---

① 加拿大主要涉及北极航运法律法规：Arctic Shipping Pollution Prevention Regulations, C.R.C., c. 353.Arctic Waters Pollution Prevention Act, R.S.C. 1985, c. A-12.Arctic Waters Pollution Prevention Regulations, C.R.C., c. 354. Ballast Water Control and Management Regulations, S.O.R./2006-129. Canada Marine Act, S.C. 1998, c. 10.Canada National Marine Conservation Areas Act, S.C. 2002, c. 18.Canada Shipping Act, 1985, R.S.C. 1985, c. S-9.Canada Shipping Act, 2001, S.C. 2001, c. 26.Canada Wildlife Act, R.S.C. 1985, c. W-9.Charts and Nautical Publications Regulations, S.O.R./95-149.Marine Liability Act, S.C. 2001, c. 6.Marine Transportation Security Act, S.C. 1994, c. 40.Marine Transportation Security Regulations, S.O.R./2004-144.Migratory Birds Conventions Act, 1994, S.C. 1994, c. 22.Navigation Safety Regulations, S.O.R./2005-134. Oceans Act, S.C. 1996, c. 31. Regulations for the Prevention of Pollution from Ships and for Dangerous Chemicals, S.O.R./2007-86.Ship Station (Radio) Regulations, 1999, S.O.R./2000-260. Shipping Safety Control Zones Order, C.R.C., c. 356. Steering Appliances and Equipment Regulations, S.O.R./83-810. 转引自：Marine & Environmental law Institute of Dalhousie University, Governance of Arctic Marine Shipping, p.101。

船舶又是主要的生产工具，运营中的船舶可能航行于各海域。因此，在立法上往往将船舶拟人化，船舶需在登记国注册国籍，悬挂船籍国国旗航行。因此，船舶的诸多经营活动、安全状态保障等事项以及船舶物权变动情况需要适用船籍国法予以规制。船旗在国际私法尤其是国际海事私法层面是一个重要连接点，"船舶是海上运输关系和船舶关系的中心，船旗国法作为准据法在海事国际私法中所起的作用远比在传统国际私法中大"。① 对于北极航行船舶而言，其涉及的海事纠纷可能适用船旗国法解决。而且，在商业大背景下，国际上普遍承认私人主体通过意思自治约定适用法，相对成熟完善的航运大国法律作为船旗国法往往被约定适用。

（四）具有软法特征的任意性规则

除上述法律规则外，还有一类规则，虽然在形式上属于任意性规则，但往往被当事人广泛采用。这些规则一旦被当事人经意定合同引用或约定采用，即对合同双方产生拘束力，在当事人之间产生定纷止争之效力。在国际航运业界，此类规则主要表现为两大类，一类是一些立法机构或者权威机构发布的示范性规则（指南性规则），另一类则是被当事人大量重复使用的格式合同。

国际航运业界的示范性规则主要有用以解决共同海损争议的《约克安特卫普规则》。在目前大量的研究文献中，都观察到一个事实，即北极航道在开辟初期或者在相当长的时间内都充满危险。北极航道之险在于严寒天气，寒冷导致航道布满浮冰、且冰清不稳定，难以准确的确定安全航线。即使在科学技术高度发达的今天，北极对人类而言仍然是神圣之地，仍有不少尚未破解之迷。人类对北极的认知仍然十分有限。就北极航线而言，由于自然条件和航行环境较恶劣，海冰的存在不但严重影响航速，更重要的是会对船舶的安全航行带来障碍，同时由于缺乏在北极冰区的航行经验，因此对航线的选择和制定就存在很多困难。② 但北极航道又具有诱人的距离优势，采

---

① 王国华：《海事国际私法·冲突法篇》，北京大学出版社 2009 年版，第 1 页。
② 金海勤：《北极航线航行经济性的模型仿真研究》，大连海事大学硕士学位论文，2012 年，第 38 页。

用此航道，可以为航运公司节省大笔费用开支，有助于提高利润。因此，可以预见会有越来越多的航运公司航行于北极航道，也同时意味着会有一些船舶可能会在北极航程中遭遇海难事故。而北极航道成熟港口少，救援响应设备差，船舶可能需要尽力自救，由此，共同海损行为将会在北极航道增多。《约克安特卫普规则》是被广泛采用的北极理算规则，也被众多商业主体约定采用，其在北极的适用亦不会例外。

在北极航行中可能会被广泛采用的还有《国际海事委员会电子提单规则》。为了适应信息时代电子资料交换系统的广泛应用，联合国设计制定了《联合国贸易资料指南》（UNTDED），《联合国行政、商业、运输电子资料交换规则》（UN/EDIFACT）和《电讯贸易资料交换实施统一规则》（UNCID），《国际海事委员会电子提单规则》即在此基础上制定。该规则于1990年6月24日至29日国际海事委员会在巴黎召开的第34届大会上通过。该规则系民间规则，供当事人自愿采纳。北极航道的开通，将会为多式联运或第四方物流发展提供契机，传统的纸质提单形式可能会滞后于物流大发展趋势在便捷流转方面的要求，电子提单会愈来愈受欢迎，《国际海事委员会电子提单规则》被商业主体采用适用于北极航运的机会增多。

在北极航线上将会被广泛采用的格式合同可能是应用于不定期船的范本合同，包括航次租船合同（程租合同）和定期租船合同，甚至光船租船合同。由于北极地区航线在开辟初期将伴随不确定的危险，对于要求准时准点的班轮运输（签订提单的运输）可能不太适合。而北极储存大量自然资源，以北极为目的地或者起运地的运输必然对不定期船具有需求。并且，因为不定期船运输并没有严格确定航线的压力，相对自由，承运人可能在过境运输时尝试利用北极航道。可以预见，未来这方面的尝试会越来越广泛，航次租船运输格式合同也将因此被船货双方所适用。

此外，北极航行需要具有破冰能力的特种船舶，其建造多集中于北极国家，一部分非北极国家的航运公司欲及时介入北极航行市场，可能未必来得及造船，因此寻求向拥有破冰船或者其他北极载运货物航行能力的北极国家航运经营者租用船舶经营，在一定阶段或者初期可能会比较流行。或者一部分投资者看好新兴北极航运市场，但并非传统航运业经营者，他们只造船并不经营，由此解决、迎合一部分航运业经营者资金短缺的困难，从而具有向其租用船舶的意愿。据此推断，北极航行市场将存在不小数量的期租船舶。承租人以期租或者光船租赁形式租用船舶，然后将船舶投入班轮运输或者航次租船运输。因此，大量业已成熟且被业界广泛使用的定期租船格式合同或者光船租赁格式合同会很大程度适用于北极航线运输。

二、船舶北极航行私法适用规则

北极航行的特殊之处在于两点：其一是航行的水域充满危险，其二是航线部分水域的法律地位未明。就水域的危险性而言，对于法律适用并没有特殊影响。就航道所经水路法律地位而言，焦点在于主权和航行权。主权方面纠结于是内水、领海抑或专属经济区和公海；航行权方面矛盾于采取何种通过方式，过境通行还是无害通过，抑或是特殊限制的内水主权定位下的航行通过方式。但可预见，北极航道的法律地位终会尘埃落定或形成某种默认的事实法律地位状态，基于此有了航行权才有下一步北极航行法律适用规则探讨的可能性。无论最终采用何种方式通行，并不影响在一般性上探讨北极航行法律适用规则。

依据国际冲突法规则，北极航行法律适用规则应呈现以下情况：

第一，尊重主权国家的司法管辖。不论北极航道的国际法视角的定位如何，一旦最终确定，北极航行须尊重主权国家的司法管辖权。按照主权国家的冲突法规范确定适用的准据法，并明确司法管辖权。

第二，坚持国际公约优先适用原则。依据条约必须信守原则，主权国家应承担国际责任，主动积极遵守加入/批准的国际公约，在本节的探讨范围内，主要指的是国际海事海商公约。国际海事海商公约立法宗旨即是为了减少国际法律冲突，有利于促进船舶在北极航道航行中发生纠纷的高效解决，实现国际法律规则的统一。因此，若存在相应国际海事海商公约，在航道主权国家缔结情况下，应依据国际海事海商公约确定适用法律及司法管辖冲突。这一观点在许多国家的国内立法中获得确认，例如《俄罗斯联邦商船航运法典》第 427 条规定"如果俄罗斯联邦参加的国际公约与本法典的规定不同，则适用国际公约的规定"。但是，亦会出现依据国际公约的规定最终指向国内法适用的情况。例如，《联合国海洋法公约》第 234 条赋予了冰封水域沿岸国针对环境保护进行国内立法的权利。表面上看，在这种情况下最终适用的可能是沿岸国有关环境保护的国内法，但本质上仍然是适用国际公约的结果。

第三，尊重当事人约定。商业航运的基础是私人主体意思自治权利，在不违背强制性法律或公序良俗之社会秩序前提下，其通过合同约定的法律适用及司法管辖应被保障。当事人对于法律适用及管辖的选择主要体现在租船运输中，属于私人运输，承租双方可以根据北极航行特点，约定适当的法律适用和管辖条款。就班轮而言，属于公共运输，承运人需承担最低限度的义务和责任，其意图通过选择适用法律和管辖权降低法律规定的最低限度责任的权利应受到限制。就旅客运输而言，旅客运输亦属于公共运输，在北极航道危险环境下更关涉人身安全，基于现代人本立法趋势，通过选择适用法律和管辖权降低法律规定的最低限度责任的权利同样应受到限制。

三、船舶北极航行私法承受的公法影响

私法极易受到公法变化的影响，在北极航行私法层面更需考量此问题。因为北极航道法律地位存在争议，而且各沿岸国，尤其是俄罗斯、加拿大分别出于维护本国安全目的出台了诸多法律法规，对北极航道进行严格规制。这些法规体现在两个方面：一是加强国土安全控制，设置严格航行条件；二是加强北极水域环境安全，出台严苛环境保护法律规章，有的甚至以环境保护之名，扩大其管辖权与立法权。例如，加拿大利用《联合国海洋法公约》第 234 条赋予的权利针对冰封水域以环境保护的目的进行国内立法，实质上加强了对北极水域的控制。这些变化会给北极航行国际私法带来影响。

公法变化对北极航行国际海事私法最重要的影响在于，公法的强制性传导至海事私法，改变私法主体的权利义务结构。对于北极航行承运人而言，公法强制性规定，可能会加重承运人航行于北极航线的适航责任。例

如，公法为实现环境保护目的，提高了对航行于北极航行船舶结构强度、船员培训等方面的要求，承运人必须达到此标准，否则会处于不适航的不利局面，进而丧失私法体系下的免责权利、或者责任限制等权利；对于北极航行托运人而言，公法的强制性要求，可能在一定程度上加重其托运货物的包装要求，进而体现在私法层面上，成为其私法义务的一部分。

对于公法变化传导至私法层面的具体影响，会在下文各利益主体权益视角下的研究中结合相应的公法调整进行针对性的探讨。

第二节　船舶北极航行承运人权益视角的私法考量

一、承运人适航义务

从承运人权益视角分析，北极航道是一个特殊的法律适用环境，会对海商法体系下承运人的适航义务产生重要影响，下文对此进行探讨。

（一）北极航道特殊性

北极航道的特殊性突出表现在其危险性方面，即北极航道航行充满不确定的危险。北极之险，"源于寒冷"。[①] 北极寒冷导致冰多，且浮冰多。例如，西北航道有一半水道全年被浮冰阻塞，如果没有先进的导航设备和陆基支援，很难找到一条正确的通道。即使在夏季西北航道上仍会遇到漂浮在海面的浮冰和冰山。北极冰盖不断从西面经过麦克卢尔海峡向西北航道输送坚硬的冰块，对商船的威胁很大；冬季，西北航道海面出现全面封冻，普通商船无法通航。[②] 美国加利福尼亚州海洋研究院全球海事研究部主任杜纳·宁西克认为，西北航道的商业利用潜力巨大，但是远洋承运人不可操之过急，因为现在的西北航道即使在夏季还可遇到漂浮在海面的冰块和冰山，北极冰盖不断从西面经过麦克卢尔海峡向西北航道输送坚硬的冰块；海面浮冰以日

---

① 刘萧、傅恒星：《北极航区"蜀道"之险》，载《中国船检》2013 年第 4 期。
② 白春江、李志华、杨佐昌：《北极航线探讨》，载《航海技术》2009 年第 5 期。

均 16 公里的速度移动，对于商船的威胁不可低估，至于到了冬季，西北航道海面还会出现封冻，普通商船无法通行。①

北极航道之险，"源于图"。② 北极的环境非常独特，现在仍有许多科技方面的问题没能解决，甚至连最基本的海底图和航海图都不完整。③ 目前，对北极航线的研究大多数都停留在预测阶段，近期很难付诸实践，甚至缺少航线通航的相关数据资料，例如气候特征、水文特征、航道情况、沿岸港口状况、航标灯塔等。开辟北极航线的困难是缺乏航区相关可靠数据资料，如气象和海况资料、风暴、大风、海雾、海温、海冰、海流、海浪和潮汐等，以及航道状况、水尺、助航标志、灯塔等，港口码头状态、吃水、结冰冰厚等，陆基支援、通信联系、沿途补给、破冰船和应急救援避难等，以及环境保护、溢油应急、液固体废物接收等方面均存在困难。④ 而且，恶劣、多变的环境，未能全面完成科考研究，浮冰不能全部清除等危险因素如影随形。

北极之险，还在于充满未知和不确定障碍。一直致力于"北极风险管理"研究的 DNV（挪威船级社）在 2012 年的报告中列举了北极通航与海上作业的八大风险：其一，极端低温环境对船舶和海上作业平台设备的抗寒强度产生重大影响；其二，漂流的海冰和设备严重结冻，在一年的大部分时间都难以消失；其三，在对北极复杂、无常、多变的天气状况未真正了解和掌握的情况下，隐藏的不确定因素突发；其四，长时间的极夜黑暗或光、噪音和振动，易使船员和作业人群的心理情绪低落、抑郁；其五，易受损害的环境以及认知不足需要加大风险防范的措施；其六，船舶和海上作业设备一旦漏油特别是极夜期间，不仅检测难度增加，同时，目前各国还不具备冰油回收技术；其七，船舶发生危险时的人员逃生、疏散和救援，在很长的距离、黑暗和海冰的条件下，单一解决方案并不适合；其八，缺乏知识和技术的所

① 张惠金、佟寒：《全球变暖国际班轮挺进北冰洋贸易航线》，载《中国水运报》2007 年 8 月 17 日。

② 刘萧、傅恒星：《北极航区："蜀道"之险》，载《中国船检》2013 年第 4 期。

③ 胡先进：《走进北极：正确认识科学开发》，载《中国远洋航务》2013 年第 9 期。

④ 白春江、李志华、杨佐昌：《北极航线探讨》，载《航海技术》2009 年第 5 期。

有开采和航运活动都会给北极的生态保护带来风险。① 也有文献称，北冰洋内海冰也不是唯一的障碍，极夜带来的黑暗、航海图的不完善、关键基建和航行控制系统的缺乏、搜救能力不足都是不可逾越的困难。② 综上可见，北极航道充满危险，对于航行于其中的船舶安全产生重要影响。

（二）北极航道利用中的船舶适航问题

船舶适航是指船舶的一种状态，意味着船舶抵御风险的能力。③ 无论是班轮运输，还是租船运输，海商法规范都规定了承运人的适航义务。俄罗斯将《海牙规则》吸收进其国内法——《俄罗斯联邦商船航运法典》，该法第124条第1款规定班轮运输中，"在航次开始前，承运人有义务使船舶适航，保证船舶做好航行的技术准备，保证船舶的妥善装备、人员配备和供给，确保货舱和船舶的其他载货处所适于安全的收受、运输和储存货物"。另外，《俄罗斯联邦商船航运法典》第203条对船舶期租合同下的船舶适航作出规定，"出租人交付船舶时，应使船舶适航，即应采取措施确保船舶适于期租合同中规定的租船用途，以及妥善配备和装备船舶"，并且"出租人应在租期内维持船舶的适航状态"。另有，《俄罗斯联邦商船航运法典》第216条对光船租赁合同下的船舶适航作出规定，并且"承租人应在租期内继续确保船舶处于适航的状态"。加拿大将《海牙—维斯比规则》吸收进其国内法——《海事责任法》，要求海上货物运输合同的承运人在开航前和开航当时谨慎处理使船舶满足类似于《海牙规则》中要求船舶适航的条件，但增加了主观上"谨慎处理"的要求。对于承运人适航义务，各国立法通常将适航义务作为提单运输和将提单条款并入租船合同的运输中的强制性法律规范；允许其他未并入提单条款的运输合同，如期租合同中的承运人适航义务由当事人意定约定。事实上，其他未并入提单条款的期租合同亦参照提单运输中有关适航义务的规定，甚至要求整个航行过程中船舶都处于适航的状态。

---

① 仲生：《北极航运：高商业价值下不可忽略的安全风险》，载《中国远洋航务》2013年第10期。

② 胡先进："走进北极：正确认识科学开发"，载《中国远洋航务》2013年第9期。

③ 司玉琢：《海商法》，法律出版社2007年版，第99页。

此外，2015 年 IMO 通过的《极地水域船舶航行国际准则》（本节简称《极地规则》）涵盖了极地区域船舶航行各方面规定，包括船舶设计和建造，船员培训和航海，提高协调搜救行动能力，可提供在冰冻海域航行的一系列重要的措施，包括救生设备要求，船员培训。这些方面的规定亦构成国际法层面对于北极航行船舶适航性的法律要求。

下文总结现行海商法体系下承运人适航义务内涵，并结合北极航道危险特殊性，阐释其对北极航行承运人所产生的影响。

第一，船舶自身能够抵御合同约定航次通常出现的或者合理预见的风险。这里包含两个方面要求，即航行安全和环境安全。

有关航行安全，主要指其结构包括船体、船机在设计、结构、性能、以及状态上能够达到此标准。由于北极航线的特殊性，对其航线上通行的船舶提出了更高的要求，例如船舶除冰的功能，冰区航行要求。耐严寒，便于极端环境下的货物管理。根据作业区域不同，冰级符号和冬化处理的情况也不同。船体结构形式有多种，不同的结构对船价均有不同程度的影响。2006年，随着北极气温升高，冰层减少，人们开发北极的热情越来越高，国际船级社协会（IACS）颁布了《极地船级要求》，为极地航行船舶制定了强制性标准。《极地船级要求》适用于不包括破冰船的其他极地船舶，主要包括船体结构、机械装置要求。据介绍，北极航运船舶至少需要满足两方面要求：一是船体强度需经受得起浮冰撞击；二是高强度的抗寒防冻能力，包括主机是否能够顺畅"吸气"、压载水是否能够安全"排出"等。"即使适合航行的每年五个月中，恶劣的气候多变"，DNV 副总裁 Remi Eriksen 表示，如果没有充分的技术准备和抗风险能力，实际冰载荷超出其设计载荷，就会使船舶和船员置于风险之中。[1] 推进系统方面，对于在冰区航行的船舶，就要求其推进装置拥有足够好的性能以抵抗冰块所施加的外部压力。[2]

对于环境安全，主要是指船舶结构设计有利于保护海洋环境，维护生

---

[1]　仲生：《北极航运：高商业价值下不可忽略的安全风险》，载《中国远洋航务》2013 年第10 期。

[2]　祁斌：《北极船舶研发最新动向》，载《中国船检》2013 年第 12 期。

态平衡。环保性是个永恒不变的主题，在北极航道特殊环境下尤其重要，更加突出。由于目前对北极环境保护的重视度越来越高，对于设计者来说，各种不亚于冰层和恶劣天气的挑战也接踵而至，比如严格的排放要求。

第二，船舶适货，主要是指各舱室载货处所适合接受载运货物。在北极航道极寒环境下，又充满各种不确定的风险，如何设计船舶使其能够适合在约定航次中安全接收、载运货物是其核心要求。

第三，妥善的配备船舶。此要素有三个方面内容要求。

其一，装备船舶。需要按照约定航次完善其装备，要求雷达罗经等助航设备以及海图、航路指南等必备项目，例如依据 SOLAS 公约及其协定书和修正案。在北极航行，特别是高纬度地区只有使用磁罗经导航，但其磁差要经常调整。因此研发适用于包括高纬度地区的新型电罗经是十分重要的。①

其二，配备供应品。主要配备必需的燃油、物料、水和食品。在配备北极航道航行船舶燃料上，除应正确计算航程余船舶耗油量外，需要考虑燃料的质量、航次中风浪、洋流等情况，确定一个安全系数。②

其三，配备船员。妥善配备船员，有质量和数量两个层面要求：在数量上需要满足北极航道正常航行值班以及作业的需要；在质量上，船员能胜任极寒复杂航道航行工作，具备必要的知识和技能，主要途径是取得相应的适任证书。北极航行船舶应满足适用的强制法律规范要求，公约和沿岸国例如俄罗斯和加拿大的规定。例如《俄罗斯联邦商船航运法典》第 53 条规定了船舶最低配员，要求之一为"每艘船上均应有船员，船员均应有适当资格，而且船员人数充足，为了保证安全航行和保护海洋环境，满足在船上的工作时间要求，防止船员工作负荷过重"。开辟一条海上航线，需要船员几十年长期的经验摸索积累，要求船员具备丰富的气象、海洋洋流、海下险滩与暗礁等知识。因此，航线安全是一个头等重要的问题。③

---

① 郑中义：《北极航运的现状与面临的挑战》，载《中国远洋航务》2013 年第 10 期。

② 司玉琢：《海商法》，法律出版社 2007 年第 2 版，第 101 页。

③ 杨元华：《韩国开发北极的举措值得借鉴》，载《中国远洋航务》2013 年第 9 期。

二、承运人不得不合理绕航义务

国际海事公约以及各国海商立法，普遍对此作出一致规定，要求承运人按照约定或者惯常地理航线航行，不得不合理绕航。无论是《海牙规则》还是《海牙—维斯比规则》均要求船舶不得不合理绕航，除非出于救助或试图救助海上人命或财产的需要。提单运输或将提单条款并入程租合同的运输中，该规定是对承运人强制性规定，属最低限度义务；其他未将提单条款并入的海上货物运输合同中，当事人可以就此进行自由协定，但通常形成的条款不允许自由绕航，但承认救助人命等合理绕航。下文结合北极航道特殊适用环境，探讨这一绕航法律规则对我国承运人的权益影响及对策。概括起来，有如下三方面会影响到北极航道承运人绕航，对此进行逐一分析。

（一）北极航道路线不明确

北极航线不精确，航线模糊且笼统，缺乏具体准确的航海图路。虽然在 2004 年，俄罗斯率先完成了"北极海域海图"，2009 年，加拿大也绘制出了全球第一张"北极综合地图"。但截至目前，北极对全球航运界而言依然处于尚未完全探明的状态。对于通航船舶来说，北极之"广"，现有通用的海图仅覆盖了北纬 60 度以北 700 万平方公里海域的百分之十，即加拿大绘制的"北极综合地图"依然未能详尽北极全部海域的每一个角落；北极之"深"，各国进入北极的科考探索还远未完成，新的发现正在不断显现；北极之"险"，则被认为是"高度多样化的地区，复杂、无常、无法精确定义"。①

国际社会对于"东北航道"的定义和起始点尚无定论。东北航道大部分航段位于俄罗斯北部沿海的北冰洋离岸海域。从北欧出发，向东穿过北冰洋巴伦支海、喀拉海、拉普捷夫海、新西伯利亚海和楚科奇海，直到白令海峡。对于东北航道的起点尚无定论，多数将新地岛西侧作为起点。有文献认

① 仲生：《北极航运：高商业价值下不可忽略的安全风险》，载《中国远洋航务》2013 年第10 期。

为以挪威的北角作为起点可能更确切，因为从海运航线的角度，北角一般被看作是大西洋和北冰洋之间的航线连接点。①

对于西北航道的大体路线，国际上虽然在整体上的看法是统一的，但是对西北航道的具体路线却众说纷纭。例如有文献，通过总结各方面的资料归纳了 7 条可用的线路，分别是西北航道北路、威尔士王子海峡（PWS）线路、皮尔海峡（PS）线路、皮尔海峡（PS）线路的调整线路、利金特王子海峡（PRI）线路、利金特王子海峡（PRI）调整线路之一、利金特王子海峡（PRI）调整线路之二，这 7 条线路也是国际上在研究西北航道时公认的线路。② 亦有研究文献认为，西北航道以白令海峡为起点，向东沿美国阿拉斯加北部离岸海域，穿过加拿大北极群岛，直到戴维斯海峡。这条航线在波弗特海进入加拿大北极群岛时，分成 2 条主要支线，或穿过阿蒙森湾、多芬联合海峡、维多利亚海峡到兰开斯特海峡或穿过麦克卢尔海峡、梅尔维尔子爵海峡、巴罗海峡到兰开斯特海峡。③ 从宏观上看，整个西北航道的海冰情况呈现的是东轻西重的格局，但是每条线路的海冰情况还有不同，而且每条线路上每个月的情况也有所不同，所以就需要依据具体的情况来选择线路。④

（二）危险意外情况下的绕航

北极航道充满危险，冰冻天气恶劣，发生意外事故概率大，为规避危险需要偏离既定航线绕航。例如，原定港口冰封时可能需要绕航。据英国伦敦《劳埃士航运经济》报道，到 2040 年，北冰洋航道每逢夏季大约有半个月时间可以通航船舶，如果是普通货轮，还需要破冰船开道；每到冬季，北

---

① 张侠等：《北极航线的海运经济潜力评估及其对我国经济发展的战略意义》，载《中国软科学》2009 年 S2 期。

② 付强：《北极西北航道通航关键海区海冰变化规律研究》，大连海事大学硕士学位论文，2012 年，第 30 页。

③ 张侠等：《北极航线的海运经济潜力评估及其对我国经济发展的战略意义》，载《中国软科学》2009 年 S2 期。

④ 付强：《北极西北航道通航关键海区海冰变化规律研究》，大连海事大学硕士学位论文，2012 年，第 30 页。

冰洋航道仍然被厚达三至四米的冰层封闭。[①] 若错过解冻的航行最佳时间，可能需要改变原定航线绕航。另外，由于当前还没有适合于北极航行精确的航海图书资料，易发生危险导致绕航。例如，北极航道都未经过准确扫海，且在美国的大陆架，有许多形式、未探测的军事区（海军武器），有的危险区已经确定，但很多这种区域还是未知的，在其水上航行较为危险。在阿拉斯加的可航水域，有大量漂浮的原木、潜在水中的沉木，有的垂直漂浮在水中，特别是经过大风后及潮汐高潮期间特别多。在水雷区及经扫海的航道外进行水道测量是被禁止的，因此可能存在很多未标注的沉船、孤立的浅滩，对于深吃水的船舶特别危险。[②] 再如，格陵兰冰帽的加速融化很可能会增加崩裂的冰山数量，这些冰山将进入大海并向南进入位于南大西洋的"大圆航线"，对这里的航运造成巨大影响。[③] 还有一大挑战是，缺乏航区风暴、大风、海雾、海温、海冰、海流、海浪和潮汐等翔实、可靠的数据资料。虽然采取"强制引航"，但远远不同于其他海域航行，船舶通常的定位和导航受到高纬度和冰区地理位置和自然环境的影响，船舶雷达、测深仪和磁罗经等导航设备仪器均难以辨认和识别。[④] 有文献对北极航线通航环境的盲数模型评估，确定北极航线通航环境安全等级为较危险。[⑤]

（三）航道沿岸国的管控措施

北极航道国际法地位存在争议，俄罗斯和加拿大对将其部分航段视为领海、甚至内水，出于国家安全和环境保护双重目的，都制定了严格的法律规章。航行于北极航道的我国船舶，必须面对潜在的沿岸国家的公权力介入干预，导致偏离原来航线的风险增大。

---

① 郑中义：《北极航运的现状与面临的挑战》，载《中国远洋航务》2013 年第 10 期。
② 郑中义：《北极航运的现状与面临的挑战》，载《中国远洋航务》2013 年第 10 期。
③ ［加］约瑟夫·斯皮尔斯：《北极融化中国航运得益》，向平编译，载《世界报》2009 年 4 月 8 日第 11 版。
④ 仲生：《北极航运：高商业价值下不可忽略的安全风险》，载《中国远洋航务》2013 年第 10 期。
⑤ 李振福、任艳阳、马书孟：《北极航线通航环境的盲数模型评估》，载《集美大学学报》（自然科学版）2013 年第 3 期。

三、承运人管货义务

吸收了《海牙规则》的《俄罗斯联邦商船航运法》第 150 条对承运人管货义务进行强制性规定，要求承运人谨慎地装载、搬移、积载、运输、储存、照料并卸载货物，如合同双方做约定与该规定相抵触，则该约定无效。而且，承运人的责任期间在集装箱运输和非集装箱运输中均被确定在其掌管货物的整个期间，即从接收货物到交付货物的期间内。未来北方海航道利用的海上货物运输将以集装箱货物运输为主。① 有关承运人的强制性管货义务应予以重视。

吸收了《海牙—维斯比规则》的加拿大《海事责任法》在有关承运人管货义务方面需要参照《海牙—维斯比规则》的规定，其要求承运人妥善和谨慎地装载、搬移、积载、运输、储存、照料并卸载货物，主观要件上增加了"妥善"的标准。北极航行中，因载运货物的属性、种类千差万别，加之通往北极水域的航程气温变化明显，要求出租人及船长、船员具备一定的冰区管货经验和技能，方可达到"妥善"的标准。例如，在"The Evgrafov"案中，一批新闻纸拟从北欧运抵日本。正常情况下，寒冷干燥地区到温暖潮湿地区的气候差异可导致大量水珠的产生，货物包装易损破，货物价值因而降低。承运人因地制宜地完善了船舶的通风温控等设施，使船舱中的温湿程度呈逐渐改变的状态，力求纸张表面平滑质量完好无损。满足"妥善"标准需根据具体情况具备特定的管货技能。该案中，若船上人员未根据航行区域的变化采取相应的通风温控措施，即便船员坚守岗位且足够谨慎，纸张也会因为温湿的变化导致表面不平，丧失原有价值。此种情况下虽然全体船员已足够谨慎，却谈不上"妥善"，同样不能满足管货义务的标准。②

四、承运人责任的承担

（一）承运人责任的一般规定

对于承运人运输责任问题，应以适用的法律判定。例如，《俄罗斯联邦

---

① 张侠等：《北极航道海运货流类型及其规模研究》，载《极地研究》2013 年第 2 期。

② 宣行：《承运人管货义务的正确理解》，载《中国船检》2006 年第 8 期。

商船航运法典》第 166 条第 1 款规定了承运人免责事项，"如果承运人能够证明已经交付运输的货物灭失、损坏或延迟交付是由下列原因引起，承运人不负赔偿责任：1. 不可抗力；2. 海上或其它可航水域的风险和事故；3. 在海上实施救助人命的措施或救助财产的合理措施；4. 火灾，除非承运人过错导致；5. 有关当局的行为或指令（滞留、逮捕、检疫或其它）；6. 战争或民变行为；7. 托运人或收货人的作为或不作为；8. 货物的潜在缺陷、特性或自然损耗；9. 从表面状况无法发现的容器或包装的缺陷；10. 标志欠缺或不良；11. 罢工或其它引起全部或部分停工或工作受限制的情形；12. 其它非承运人或其受雇人、代理人过错导致的原因。"同时，《俄罗斯联邦商船航运法典》第 167 条规定了承运人航海过失免责，"如果承运人能够证明货物的灭失、损坏或延迟交付由船长、其它船员或引航员驾驶船舶或管理船舶的作为或不作为（航海过失）所致，则对此种灭失、损坏或延迟交付不负责任，沿海运输除外"。《海牙规则》与《海牙—维斯比规则》在这方面的规定基本一致，除《汉堡规则》以及《鹿特丹规则》缔约国外，大部分国家都支持承运人过失责任制，承认特定事项下的免责。在责任体系中，有些具体问题可能会因北极航道特殊性而受到影响，需要作出阐释探讨。下文选择驾管船过失责任和延迟交付责任予以分析。

（二）驾管船过失责任问题

在北极航道背景下，极端的北极航道环境易引发船员驾驶和管理船舶失误，导致事故。例如，极寒的气温对船舶航行的影响主要表现为两个方面：一是低温可使海面结冰，阻碍船舶航行，甚至会对船体造成一定的损害，影响船舶的操纵性能；二是低温可能会影响船员的正常生活，在人—船—环境三位一体的通航系统中，船员的生活状况会在一定程度上影响船员对船舶的控制。另外，与世界上大多数海域相比，在北极海域航行会遇到很多特殊的情况，比如浮冰、冰山、结冰、低温等。浮冰阻塞航道并会损害船壳，冰山直接对船舶产生撞击的威胁，船舶甲板及上部建筑的结冰会影响船舶稳性，低温对发生海难的情况下待援人员的生存产生威胁。

（三）延迟交付责任问题

现行各国海商法，有些明确规定了承运人延迟交付责任。例如，《俄罗斯联邦商船航运法典》第 166 条第 2 款规定，"如果承运人未能在海上货物运输合同规定的卸货港、在双方约定的时间内，如无此种约定则在根据实际情况对于一个勤勉的承运人来说合理的时间内交付货物，应视为延迟交货"。但是，《海牙规则》和《海牙—维斯比规则》没有明确规定迟延交付以及承运人的赔偿责任。《鹿特丹规则》规定"未在约定时间内在运输合同规定的目的地交付货物，为迟延交付。"它没有像《汉堡规则》那样采用"合理时间"标准，这与我国海商法规定一致。

（四）船舶污染私法责任问题

北极航道公法层面环保标准的严格性，会扩大船舶污染责任覆盖范围。在目前科技与环境治理尚不成熟之际，对于北极这块净土应避免掠夺式开发而带来的生态灾难，建议审慎实施北极航运。[①] 基于同样的目的，北极航道沿岸国纷纷制定了苛刻的环境法律制度，对北极航行承运人提出较高的要求。如何在北极航道海上货物运输合同私人主体间分摊公法严苛趋势下的环境责任，是承运人利用北极航道航行应考虑的问题。

五、我国承运人的私法应对

前文论述了承运人于北极航行可能遇到的适航、绕航等问题，下文提出一些基于我国承运人权益视角的建议。

（一）我国船舶北极航行承运人履行适航义务的对策

我国北极航道承运人，应充分满足相应适航条件。对于租船运输，应充分利用合同权利，将其对于北极航行船舶适航条件明确写入合同条款。对于班轮运输，应依据北极航行适用法律法规，积极满足规定的适航条件。对于具体的适航要求，论述如下。

第一，对于船舶结构。我国航运企业应尽早对北极的相关事项进行规

---

① 本刊评论员：《"变暖"的北极航运》，载《中国远洋航务》2012 年第 10 期。

划，提前购买能在北极航行中适航的船舶，研究北极航线的相关路线、沿岸港口和周边国家的国内立法，为今后北极航线的通航赢得时间和便利；北极寒冷的气候和布满浮冰的海水为船舶的安全通行设置了重重阻碍。因此，对我国造船企业而言，在船舶设计、建造以及技术装备等领域需要对船舶自身进行加固和改造，加大对船载设备的科研力度，积极完善导航、供热、观测等装置的配置，尽早为我国及世界的航运企业提供适航、适货的极地船舶。

第二，对于船舶适货。我国船舶在出海航行前必须根据航行的目的和具体要求，认真、全面的制定出安全且经济的航线，这一过程不但需要参照历史航行经验，而且需要针对具体的航区分析其气象状况、导航服务设施等条件，还必须考虑到船舶自身的性能参数，如船舶吃水、长度、宽度、配载情况以及船员技术水平等。就北极航线而言，由于自然条件和航行环境较恶劣，海冰的存在不但严重影响航速，更重要的是会对船舶的安全航行造成障碍，同时由于缺乏在北极冰区的航行经验，因此对航线的选择和制定就存在着很多困难。[①] 在航线选择上仔细谋划认真准备，使船舶载货处所适于接受北极运输航程的货物。

第三，配备供应品方面。

首先，按照北极航程要求装备船舶，配备供应品，以应对常见北极航程风险。

其次，妥善配备适格和足额数量的船员。我国北极航行人才缺乏，为培养适合北极地区工作的科技人才，建议在我国一些重点理工科大学和海洋大学中创办相关专业。也可以在有条件的院校、企业和研究机构成立相关的产学研结合的北极开发研究机构。[②] 此外，借鉴国外作法，加强国外合作学习。据了解，2012 年东北航道上将近一半的过境货物是由丹麦的 Nordic Bulk（以干散货运输为主）和瑞典的 Marinvest（以原油运输为主）两家海运企业承担的。中国航运企业可向这两家海运企业学习，与北极航道相关货主

[①] 金海勤：《北极航线航行经济性的模型仿真研究》，大连海事大学硕士学位论文，2012 年，第 38 页。

[②] 陈明义：《进军北极（下）》，载《政协天地》2013 年第 12 期。

进行密切合作。①

再如，韩国尝试"借船出海培训人才，为此，海洋水产部决定，于2013年8月底租赁瑞典航运公司史丹纳（Stena）公司的破冰油轮，通过北极航线从欧洲荷兰鹿特丹将原油和石脑油等资源运抵韩国釜山。韩国之所以租借瑞典船，是因为北极海域冰山较多，只有破冰船只才能通过。"为了培养人才，韩国海洋水产部决定让国内船员和北极研究专家一起登上北极航线的船舶，学习相关技术，以获取第一手数据，奠定未来北极航运商业价值的基础。②

另外，还应鼓励我国航运企业积极尝试利用北极航道，锻炼队伍，积累经验，培养人才。历经27天的航行，2013年穿越东北航线的商船"永盛"并非专为极地航行建造，仅在首航前采取了加固措施。该次航行穿过了白令海峡，经过了楚科奇海、德朗海峡、东西伯利亚海、拉普捷夫海、喀拉海、巴伦支海，到达挪威北角附近，最终前往欧洲各港口。中远集团在官网上表示，通过首航，该集团将积累在极区、冰区的航行经验，储备前沿船舶设计、建造、管理和操纵技术以及极区航行人才。③

（二）我国船舶北极航行承运人履行不得不合理绕航义务对策

我国承运人利用北极航道航行，绕航问题将是其面临的另外一个重要问题。我国承运人航行于北极航道，尽管法律规定或者合同约定不能不合理绕航，但将面临诸多绕航风险。对于绕航的法律后果需要区别分析。首先，对于航线不明确和意外风险导致的绕航法律后果需区别情况。若承运人在开航前，未能恪尽职责谋划具体航线，未能预见可预见的风险，其绕航应构成不合理绕航。反之，则可被认为是合理绕航。而对于因为国家公权力介入导致的绕航，只要改变航线是承运人与托运人双方在海上货物运输合同中约定一致线路，即应在承运人承担责任范畴之外。

---

① 徐骅：《中国企业如何谋局北极航运》，载《中国交通报》2013年9月24日。

② 杨元华：《韩国开发北极的举措值得借鉴》，载《中国远洋航务》2013年第9期。

③ 李琴：《荒蛮之地变身"黄金水道"？北极航线：想说爱你不容易》，载《中国船舶报》2013年9月25日。

（三）我国船舶北极航行承运人履行管货义务对策

北极航行中，我国承运人应与托运人对管货责任期间仔细衡量，尤其在利用北方海航道航行时，该项约定尤为重要。同时，结合北极航道特点因地制宜、妥善管货。根据俄罗斯法律，只要货物灭失或损坏发生在承运人掌管货物期间，即使灭失或损坏发生在装货港或卸货港码头仓库，托运人／收货人可直接向承运人索赔。俄罗斯法律对海上货物运输合同中承运人就非集装箱货物的管货责任期间的规定充分维护了托运人的利益。这对中方承运人考虑非集装箱货物运输中的准据法的选择具有参考意义。

（四）我国船舶北极航行承运人私法责任承担的对策

极端的北极航道环境易引发船员驾驶和管理船舶失误，导致事故。因此，在北极航道航程中，驾驶管理船舶导致的事故多发。在班轮运输背景下，法律责任的认定上，应比在其它水域航行中认定驾驶管理船舶过失导致的事故责任更具宽容性，保护承运人航行开拓该航线的积极性。在租船运输背景下，在租船合同中，应该对于承运人的驾驶管理船舶责任免责规定写入合同条款，并在认定环节给予承运人更多免责考虑。

关于延迟交付货物的私法问题。北极航道是一条充满危险的航线，事故多发，航线航图不完备，很多数据都在预测中摸索着尝试。因此，承运人利用北极航道航行，遭遇延迟交付货物的责任会较多。为保护承运人，在班轮运输纠纷中，可避免适用规定延迟交付责任的法律规范，或者规定了合理时间交付货物的法律规范，对于承运人而言可能更趋于公平。在租船运输纠纷中，承运人应充分利用合同自由，约定延迟交付责任时充分考虑到北极航道的特殊性，不宜将交付货物的时间规定得过于精确，可以考虑适用一个合理的交付货物期间。

关于北极航行船舶污染私法责任方面，如何在北极航道海上货物运输合同私人主体间分摊公法严苛趋势下的环境责任，是承运人利用北极航道航行应考虑的问题。对此，在班轮运输背景下，承运人应与托运人谨慎约定适用法律；在租船运输背景下，将必要的环境责任作为考量因素，列入合同谈判条款；另外，充分利用海上保险，分摊环境风险。

第三节　船舶北极航行托运人权益层面的私法解构

在海上货物运输合同法律关系中，托运人与承运人对应存在。例如，《俄罗斯联邦商船航运法典》第 115 条规定，托运人是与承运人"订立运输合同、以及任何以本人名义将货物交给承运人的人"。同时，依据该条规定，海上货物运输合同可以通过"使用整个船舶、部分船舶或船舱特定部分的舱位进行海上货物运输条款"订立，以此方式与承运人订立海上货物运输合同的当事人被定义为承租人，而承租人也是该法下与托运人并列的海上货物运输合同当事人之一。因此，与承运人订立运输合同的当事人可能是该法下的托运人，亦可能是所谓的承租人，按照海上货物运输合同法律关系，他们都属于广义的托运人范畴。以海上货物运输为目的的航次租船合同承租人属于《俄罗斯联邦商船航运法典》下的广义托运人范畴。按照此法律规定，在北极航道运输中，我国的货主出口人卖方（CIF 合同下）、进口人买方（FOB 合同下）都可能成为适格的托运人或者承租人，并且都属于广义范围的海上货物运输合同法律关系中的托运人。

一、托运人费用支付问题

海上货物运输合同是典型的双务合同，托运人的基本合同义务是向承运人支付相应约定的运费及相关费用。对此，国际海商法公约、以及各国国内法都作出了一致规定。例如，《俄罗斯联邦商船航运法典》第 115 条规定，"托运人或承租人应按约定支付运输费用（运费）"。在北极航道运输语境下，下文将探讨我国托运人运费支付义务是否受到北极航道特殊法律适用环境影响。

首先，北极航道具有多重不确定性，充满航行危险。北极航道航程中，货物灭失损坏风险增大，收货人在目的港收货往往必须面对货损货差。根据目前多数立法例规定，托运人预付运费通常是不能退还的，不论目的港交付的货物是否灭失或损坏。

其次，对于托运人负担的其它运输相关费用问题。除运费外，还有亏舱费、滞期费、共同海损分摊费用等，尤其是救助费用等项目。除此之外，在北极航道运输中，有文献预测高额保险费和护航费以及其他非气候因素也无法回避。① 在北冰洋海冰尚未完全融化的情况下，普通货船（非破冰船或者抗冰船）还可能发生租用破冰船领航和海冰冰情监测预报。② 受海冰融化时间和范围影响，北极航线在未来数十年里可能不是全年航线，船舶营运天数和由破冰船提供破冰领航服务费用是未来北极航线在夏季以外其他季节航行时所必须考虑的海运成本。此外，海冰冰情监测和预报服务费用也是其他传统航线所没有的。③

因此，有研究者针对东北航道初步测算，在当前油价前提下，俄罗斯的引航费用下调 50% 及 75% 的情况下，与传统航线相比，东北航道都不一定具有经济上的价值。④ 尽管燃料成本因为商船航行距离的缩短而减少，但其他花费可能会抵消这部分节约下来的成本。以俄罗斯开辟的北方海航道为例，在北方海航道上航行的商船需要每天支付 300 英镑的引航服务费用。此外，每个引航员的服务费以及破冰费用主要基于货物类型来决定：液体货物收取的特殊费用是每吨 16.8 美元，集装箱货物每吨约 32 美元，而收费最多的则是汽车运输船，每吨 80 美元左右。这些附加费用，连同燃料成本、船员薪水以及耗材产生的费用总额未必会比其他航线的费用少。同时，船东、保赔协会、保险人以及业界的相关团体一直对这部分收费缺乏透明性持异议态度。⑤ 针对上述费用，尤其是传统航线上没有费用，托运人应尽力利用合同条款，明确约定支付与否，避免货物托运后产生纠纷。

---

① 胡先进：《走进北极：正确认识科学开发》，载《中国远洋航务》2013 年第 9 期。

② 张侠等：《北极航线的海运经济潜力评估及其对我国经济发展的战略意义》，载《中国软科学》2009 年第 S2 期。

③ 张侠等：《北极航线的海运经济潜力评估及其对我国经济发展的战略意义》，载《中国软科学》2009 年第 S2 期。

④ 郑中义：《北极航运的现状与面临的挑战》，载《中国远洋航务》2013 年第 10 期。

⑤ 胥苗苗：《北极航线的华美盛宴》，载《中国船检》2013 年第 1 期。

二、托运人与托运货物有关的问题

通常情况，国际海商公约以及各国国内海商立法都对海上货物运输合同下托运人的包装和通知义务作出规定。例如，《俄罗斯联邦商船航运法典》第 139 条就货物包装和标志作出规定，"1. 对容器和包装作出要求以确保运输安全的货物应置于状况良好的容器中交付运输并加以包装。容器和包装应符合相应的国家标准和技术要求。上述要求同样适用于托运人提供的集装箱。2. 托运人必须将货物妥善作出标志，并将与货物有关的必要信息通知承运人。如果货物需要特殊处理，托运人必须将货物的细节及其处理方式通知承运人。"北极航道航行的特殊法律适用环境下，托运人的货物包装和告知义务亦应引起必要关注。

首先，托运人必须妥善包装货物，并适当标识。否则，因此方面的不作为或作为引致的责任承运人不予负责。例如，《俄罗斯联邦商船航运法典》第 168 条有关承运人对货物安全的举证免责规定："如果货物到达目的港时在货舱内状况良好、托运人签封完好、交付时容器上没有航行中受损的痕迹，并有货物的托运人或收货人的代理人在场，承运人对货物的灭失或损坏不负责，除非收货人能够证明已交付运输货物的灭失或损坏由承运人的过错所致"。考虑到北极航道的凶险航行环境，托运人此方面的义务应加强，以避免陷于不利法律后果。

其次，托运人应正确申报货物，及时告知货物信息，尤其是危险货物信息。在北极航道极寒天气下，在北极航道沿岸国苛刻的环境保护立法背景下，托运人的此项义务亦应加强。

三、我国托运人需求及私法应对

下文针对我国潜在的北极航道海上货物运输合同下的托运人，考察其对北极航行的利益需求，并进而探讨北极航道特殊水域法律适用环境下引发的相关私法层面问题对策。

（一）我国托运人北极航行利益剖析

中国货主或者进口商是北极航道的主要利用者，对于北极航道通航充满期待，可以从以下几个方面阐释。

1. 北极航道过境货物方面

2014 年 3 月 1 日，商务部官网发布消息，"根据世界贸易组织秘书处初步统计数据，2013 年中国已成为世界第一货物贸易大国。2013 年，中国货物进出口总额为 4.16 万亿美元，其中出口额 2.21 万亿美元，进口额 1.95 万亿美元。"① 首先，我国是出口贸易大国。从增加出口角度来看，北极航道的开通，必然引发北冰洋沿岸港口、仓储、道路、管道、冰区船舶、炼油基地等基础设施的大规模建设和移民。这为我国向这些国家北极地区增加建筑材料、工业产品的出口创造了新的机会。② 经 2010 年我国与 184 个贸易伙伴国的货物进出口数据与经济总量和海运距离进行回归分析，预测新航道开通将使我国对欧洲、美洲的航运距离缩短 30%—50%，刺激我国出口增长，使我国的出口总量增长至 2010 年的 112%。我国主要出口国排序将发生改变，欧洲和美洲国家排名将靠前。③ 其次，我国还是进口大国。稳定增长的中—欧、中—北美贸易是我国利用未来北极航道的主要动力之一。④

2. 北极地区货物起运地方面

北极地区的自然资源极为丰富，包括不可再生的矿产资源与化学能源，可再生的生物资源以及水力、风力、森林等资源。富饶的矿物资源中，以石油、天然气、煤炭资源最为重要和丰富。北极地区冰川融化，使得该地区丰富的油气、矿石资源的开发利用成为可能。⑤ 北极地区丰富的资源储备很可能打破我国现有的能源贸易格局。北极航线开通后，北极资源得到开发，我

---

① http://www.mofcom.gov.cn/article/ae/ai/201403/20140300504001.shtml.

② 张侠等：《北极航线的海运经济潜力评估及其对我国经济发展的战略意义》，载《中国软科学》2009 年第 S2 期。

③ 杨晓丹：《北冰洋新航道开通对我国贸易格局的影响——基于弓引力模型及厂商异质理论的分析》，华东师范大学硕士学位论文，2012 年。

④ 张侠等：《北极航线的海运经济潜力评估及其对我国经济发展的战略意义》，《中国软科学》2009 年第 S2 期。

⑤ 张侠等：《北极航线的海运经济潜力评估及其对我国经济发展的战略意义》，《中国软科学》2009 年第 S2 期。

国将是东亚地区受益最大的国家之一，这对我国经济社会的可持续发展具有重大意义。目前我国石油主要进口地区是中东、非洲、俄罗斯、南美。北极地区丰富的资源储藏以及其距离比非洲、南美洲更为接近我国，一旦北极航道全面开通，可极大增加其作为我国能源和原材料海外采购目的地的可能性。事实上，俄罗斯的油气、加拿大北极地区的钨矿石、美国阿拉斯加和挪威的海产品早已成为我国进口对象。① 我国是这些产品的进口大国，这些产品以北极地区为起运地。

（二）我国托运人北极航行私法对策

1. 托运人基本运费支付义务问题对策

由于北极航道具有多重不确定性，充满航行危险。北极航行中，货物灭失损坏风险增大，收货人在目的港收货往往必须面对货损货差的风险，但多数立法例规定，托运人预付运费通常不能被退还。因此，本节建议北极航道运输的我国托运人，在约定运费义务时，可以约定运费到付，扩展权利保障的空间。

2. 托运人负担的其它运输相关费用问题对策

参考前文论述的北极航线的特点，针对亏舱费、滞期费、共同海损分摊费用、以及救助费用，还有可能存在的高额保险费和护航费以及其他可能会发生的特别费用，尤其是传统航线上没有的费用，托运人应尽力利用合同条款明确约定支付与否，避免货物托运后产生纠纷。

3. 货物包装与申报问题对策

托运人负有妥善包装货物、并适当标识，以及正确申报货物，及时告知货物信息，尤其是危险货物信息的义务。考虑到北极航道的凶险航行环境，以及北极航道沿岸国苛刻的环境保护立法现实，托运人此方面的义务应加强，以避免因未及时提供相关信息或货物标识等导致货物受损或灭失后无法得到赔偿，或无法得到足额赔偿。

---

① 张侠等：《北极航线的海运经济潜力评估及其对我国经济发展的战略意义》，《中国软科学》2009 年第 S2 期。

第四节　船舶北极航行中保险人权益角度的私法探究

一、保险人北极航行业务中的挑战

北极航道开通将对我国保险业务拓展带来挑战。该挑战主要来源于北极航线风险的未知性以及风险复杂性。海上保险合同属于射幸合同，保险人收取的保险费是根据大数法则计算出来的，因此需要有足够的数据样本，有丰富的事故信息资料作为计算的依据。但是，东北航道和西北航道都缺乏足够多的真实航行数据和事故分析资料，对于保险的费用评估等方面都是莫大的困难和障碍。

第一，东北航道海上保险充满艰难。从保险视角看，东北航道缺乏可信的整体性统计数据，俄罗斯有些数据未予公布，例如航道的事故损坏概率。

第二，西北航道海上保险亦是困难重重。从保险角度看，航图限制、狭窄海峡、严峻冰情、缺乏基础设施，这些是西北航道最突出的风险，影响着对西北航道航行保险费率核算。而且，官方公布的事故数据不可靠，况且有些船舶航行于西北航道时并未知会加拿大当局，这也使官方掌握的数据难以全面、准确。

第三，北极航道保费将是高昂的。据研究评估，东北航道的保险费率将是高昂的，几乎高达经由苏伊士运河航行费率的两倍。并且，从掌握的基本风险数据分析，就保险费率而言，西北航道保费要高于东北航道。

第四，北极航道海上保险短时间内难以形成大规模业务。鉴于北极航线风险难于评估，既影响了航运公司尝试北极航道，也使保险公司不愿意接受北极运输船舶、货物等方面的投保业务。例如，由于目前缺乏可信且广泛的统计数据，保险人提供的东北航道保险更倾向于个案谈判。[①] 目前没有出

[①]　Karl Magnus Eger，2010（Page last modified on Tuesday 14 of August，2012 18：26：50 GMT），Comparison of Marine Insurance for Arctic Routes，CHNL.©，http：//www.arctis-search.com/Comparison+of+Marine+Insurance+for+Arctic+Routes.

现可证的北极航运保险模式，比较罕见航行或专业活动或是部分原因。①

二、船舶北极航行保险海事私法潜在冲击

鉴于北极航道风险大、复杂的特点，在海事私法实质内容层面会产生一些冲击，突出表现在最大诚信原则下的告知义务，以及被保险人义务严格化，对此分析如下。

第一，海上保险合同订立阶段，最大诚信原则严格化。海上保险合同是一种对人合同，保险人对于保险标的的情况非常依赖于被保险人的告知，保险标的防损水平和道德风险等情况，对保险人是否接受承保以及决定保险费率的额度具有至关重要的影响，各国海上保险相关立法对此都做出具体规定。例如，我国《海商法》第 222 条规定，"合同订立前，被保险人应当将其知道的或者在通常业务中应当知道的有关影响保险人据以确定保险费率或者确定是否同意承保的重要情况，如实告知保险人。保险人知道或者在通常业务中应当知道的情况，保险人没有询问的，被保险人无需告知。"再如，《俄罗斯联邦商船航运法典》第 250 条第 1 款规定了"风险的信息"，"海上保险合同签订时，被保险人应将其知道或应当知道的有关影响保险人测评风险等级的重要情况以及其他保险人要求提供的数据通知保险人。加拿大《海上保险法》亦做出类似的规定。常识性信息以及保险人知道或应当知道的信息，被保险人无需告知"。美国海事保险公司协会（American Institution of Marine Underwriters（AIMU））主席 John Miklus 于 2014 年 1 月接受采访时曾评价，"若北极冰盖持续融化，昭示巨大保险市场"，但是"从保险角度看，若船舶航行于北极，面临的风险极大，这是一个不容出错的航行环境，很难对一艘有故障的船舶施救。"② 鉴于北极海上活动更加复杂多变的特殊风

---

① ARCOP（2006），Arctic Operational Platform，Working Paper D2.4.2，Marine Insurance Coverage for the Sea Carriage of Oil and Other Energy Materials on the Northern Sea Route：Moving from Theory to Reality. By E. Gold and L.Wright，Fridtjof Nansen Institute.

② Caitlin Bronson，Expanding Arctic Ocean Presents Marine Market Potential，http：//www.ibamag.com/news/expanding-arctic-ocean-presents-marine-market-potential-17013.aspx.

险，在未来的北极保险合同纠纷中，不管适用何国法律规定，对于被保险人的告知义务的判断和裁量会更趋于严格。

第二，海上保险合同履行阶段，被保险人义务的严格化。鉴于北极航运特殊风险理由，在海上保险合同履行阶段，被保险人遵守保证的义务、防灾防损的义务、危险增加时通知义务、出险时的通知义务、以及出险后的施救义务都应在裁量和判断标准方面更趋严格。例如，关于北极航行船舶的船级和航行要求，船舶是否适航状况、海图配备、船舶装备、船员是否受到足够应对复杂冰清的培训等，保险人的要求可能高出法律法规的强制性要求。有关北极航行特殊风险下船舶保险保证条款的适用问题将在后面专节论证。

三、船舶北极航行保险人海事私法层面对策

从海事私法层面考量，保险人应以保险合同为中心，在合同订立阶段、履行阶段，以及保险事故发生后的处理阶段充分利用合同自由权利维护自身权益。

在海上保险合同订立阶段，保险人应综合运用保险合同条款，开发适合北极航行的保险条款，降低自身风险责任，保障保险人权益。在保险合同订立之时，以最大诚信原则约束被保险人，严格被保险人的告知义务，综合考察一切影响北极航运保险费率及风险评级的信息。在保险合同条款达成之时，充分将利益保障措施落实于设计的条款内容之中。第一，严格被保险人相关义务，使其严格遵守保证的义务、防灾防损的义务、危险增加时通知义务、出险时的通知义务、以及出险后的施救等义务。第二，结合北极航道特点，谨慎设计保险人的除外责任条款。第三，北极航道风险复杂，小事故可能多发，保险人应结合事故概率，科学规定适当的免赔额条款。第四，充分利用合同自由权利，结合北极航道法律适用现状，约定适当的适用法律。

在保险合同履行阶段，严格以保险条款内容约束被保险人行为，积极快速根据具体情况决定是否终止或解除保险合同。例如，被保险人偏离既定航线发生绕航，保险人应根据合同约定重新评估风险等级，以决定是否继续执行保险合同或者解除保险合同。

在保险事故发生后，保险应以保险合同条款约定为依据行使合同权利，以及督促被保险人减损。在保险事故发生后，由于北极航线复杂特点和潜在未知风险多变，积极尽快行使保险人权利，以免因贻误时机而陷入被动局面，承担不必要的责任。例如，按照我国《海商法》第255条规定，"发生保险事故后，保险人有权放弃对保险标的的权利，全额支付合同约定的保险赔偿，以解除对保险标的的义务。保险人行使前款规定的权利，应当自收到被保险人有关赔偿损失的通知之日起的七日内通知被保险人；被保险人在收到通知前，为避免或者减少损失而支付的必要的合理费用，仍然应当由保险人偿还。"

四、我国保险人北极航行私法对策

对于北极航线通航，货物保险、船舶保险、责任保险将是海上保险人面对的基本保险类型。下文从货物保险、船舶保险、责任保险三方面探讨保险业于北极航线可能遭遇的一些海事私法问题。并尝试提出一些对策建议。

（一）我国北极航行货物保险应对

北极航行货物保险将是我国海上保险业面临的基本业务形式。海上货物运输险针对海上货物运输过程中的灭失或损坏承保，是最普遍的海上保险形式。对于北极航道通航，我国具有庞大的散货运输、甚至是班轮运输需求，将会带动我国北极航运海上货物运输保险蓬勃发展。

对于北极货物运输，极低的气温、漂浮浮冰，复杂的航行线路都是潜在影响货物运输安全的风险因素。在货物运输保险合同达成之时，保险人应详细询问被保险人有关货物特性、配载情况，以及承运人的照顾、管理货物水平。

另外，应注意明晰可能适用法律的区别，以选择适用的法律。货物保险合同的转让效力以及法律后果，需要依据适用法判定。例如，我国《海商法》第229条规定，"海上货物运输保险合同可以由被保险人背书或者以其他方式转让，合同的权利、义务随之转移。合同转让时尚未支付保险费的，被保险人和合同受让人负连带支付责任。"而《俄罗斯联邦商船航运法典》

第 257 条规定"被保险货物转让的效力","一、如果被保险货物转让，海上保险合同仍然有效，被保险人的所有权利义务转移至货物的受让人。二、如果货物转让前保险费尚未支付，支付保险费的义务应由货物的被保险人和受让人共同承担。保险单或其他保险单据中没有保险费尚未支付记载的，不得要求单证持有人支付保险费"。显然，我国《海商法》没有明确要求保险单或其他保险单据明确记载费用尚未支付为受让人支付前提要件，这一点需要引起注意。

（二）我国北极航行船舶保险应对

北极航行船舶保险亦将是我国海上保险业面临的基本业务形式。船舶保险主要是针对船体、机械安全，以及部分碰撞责任的保险形式。船舶在使用过程中，因海水腐蚀、触礁等因素，船体和部件难免发生磨损，这使船舶保险具有普遍性，亦是海上保险的基本类型。北极航道不仅能有助于我国突破传统航线的船舶吨位限制，缩短运输里程，节约运输成本，而且能够避免海盗滋扰，确保我国海上运输安全。我国航运业对于北极航道具有迫切的航行需求，复杂且多险的北极航行环境下事故多发。据俄罗斯 1954—1990 年间的可查数据显示，东北航道北极冰造成损害中，大约 10% 发生于独立航行船舶、60% 发生于跟随破冰船航行船舶、30% 发生于拖带、搁浅以及其他操作方式。[1] 据统计，大多数的船体损坏发生于东北航道的东段，主要是东西伯利亚和楚科奇海段，因为此航段冰清更加复杂。[2] 与我国北极航运需求相适应，我国北极航行船舶保险需求将相伴而生，也将是我国海上保险业面临的基本业务形式。

船舶保险合同的转让是船舶保险私法层面的重要问题，其法律效果需

---

[1] Karl Magnus Eger, 2010 (Page last modified on Tuesday 14 of August, 2012 18：25：52 GMT), Marine Insurance in Arctic Waters, CHNL.©, http：//www.arctis-search.com/Marine +Insurance+in+Arctic+Waters.

[2] Karl Magnus Eger, 2010 (Page last modified on Tuesday 14 of August, 2012 18：26：50 GMT), Comparison of Marine Insurance for Arctic Routes, CHNL.©, http：//www.arctis-search.com/Comparison+of+Marine+Insurance+for+Arctic+Routes.

要依据适用法判定。例如，我国《海商法》第 230 条规定，"因船舶转让而转让船舶保险合同的，应当取得保险人同意。未经保险人同意，船舶保险合同从船舶转让时起解除；船舶转让发生在航次之中的，船舶保险合同至航次终了时解除。合同解除后，保险人应当将自合同解除之日起至保险期间届满之日止的保险费退还被保险人。"而《俄罗斯联邦商船航运法典》第 258 条规定"被保险船舶转让的效力"，"一、如果被保险船舶转让，海上保险合同自船舶转让时起终止。如果被保险船舶在航程中应被保险人的要求而转让，海上保险合同的效力应持续至航程终止，被保险人的所有权利义务应转移至船舶的受让人。本款第 1 项所述效力应同样适用于光船租赁中被保险船舶的占有和使用转移至承租人的情况。二、本条规定同样适用于船舶所有人责任保险这一海上保险合同"。这和我国《海商法》规定有所区别，我国法下未明确规定船舶转让时相应的责任保险合同的效力状态。

船舶保险合同中涉及的船舶失踪问题在北极复杂航行环境中将可能是多发问题，其判定条件以及法律后果因适用法不同会出现差异，我国保险人需要重视该问题。例如，我国《海商法》第 248 条规定"船舶在合理时间内未从被获知最后消息的地点抵达目的地，除合同另有约定外，满两个月后仍没有获知其消息的，为船舶失踪。船舶失踪视为实际全损。"而《俄罗斯联邦商船航运法典》第 277 条规定了"船舶失踪"，"一、如果发生本法典第 48 条规定的船舶失踪，保险人应按全部保险金额承担赔偿责任。二、对于负有约定期限的海上保险合同，如果船舶的最后消息是在海上保险合同有效期届满之前得知，保险人应对船舶失踪承担赔偿责任，除非保险人证明船舶是在上述期限届满后灭失的"。而该法典第 48 条规定船舶失踪的概念，即"在通常情形下，从被获知最后消息的地点抵达目的港所需必要时间的 2 倍期间内还没有船舶消息的，视为船舶失踪。认定船舶失踪所要求的期限从获知船舶最后消息之日起不得少于 1 个月，但不得多于 3 个月；战时该期间不得少于 6 个月。"可见，在船舶失踪条件方面，我国关于失踪期限时间与俄罗斯法存在不同。在船舶失踪法律效果方面，我国法将船舶失踪视为实际全损，俄罗斯法亦规定"保险人应按全部保险金额承担赔偿责任"，法律效果一致。

船舶保险经常涉及保险委付问题，我国北极航行船舶保险人需要根据使用法律不同判定其法律效果。例如，我国《海商法》第249条规定，"保险标的发生推定全损，被保险人要求保险人按照全部损失赔偿的，应当向保险人委付保险标的。保险人可以接受委付，也可以不接受委付，但是应当在合理的时间内将接受委付或者不接受委付的决定通知被保险人。委付不得附带任何条件。委付一经保险人接受，不得撤回。"同时，第250条规定，"保险人接受委付的，被保险人对委付财产的全部权利和义务转移给保险人"。而《俄罗斯联邦商船航运法典》第278条规定了委付，"一、对于下列保险财产的损失，被保险人或受益人可以通知保险人放弃对保险财产的权利而获得全部保险金额：1. 船舶失踪；2. 船舶和（或）货物灭失（实际全损）；3. 修复或修理船舶经纪商不利益（推定全损）；4. 船舶损坏的修理或将货物运往目的港经济上不利益；5. 船舶或货物因承包风险而被扣押持续6个月以上。在上述情况下，保险人应获得：足额保险、保险财产的全部权利；不足额保险、按保险金额与保险价值的比例取得对保险财产的部分权利。二、双方协议与本法典规定不一致的，应视为无效。"可见我国《海商法》不仅规定了推定全损的委付，而俄罗斯法规定了推定全损和实际全损情况下皆可委付，并且还规定了我国法下没有的"船舶或货物因承包风险而被扣押持续6个月以上"情况的委付。另外还应引起注意的是，我国法下的海上保险的委付是将"被保险人对委付财产的全部权利和义务转移给保险人"，而俄罗斯法典规定保险人获得仅是委付保险财产的"权利"。

在北极航行背景下，船舶保险人可能会面对沉船沉物打捞清除责任。例如，《俄罗斯联邦商船航运法典》第109条"沉没财产所有人打捞沉没财产的义务"第1款规定，"沉没的财产构成安全航行的威胁或存在海洋环境遭受的威胁，或妨碍水上生物资源捕捞、港口功能的发挥或港口作业（水上技术或其他）的，沉没财产所有人应当根据商船港口或渔港港务机关的要求，在规定的期限内打捞沉没的财产，必要时可清除或销毁之"。保险人接受船舶或其它财产委付后，可能会取得委付标的的所有权，因此成为沉船沉物打捞清除的责任人，对此需要谨慎对待。

（三）我国北极航行责任保险应对

北极航行责任保险也将是我国海上保险业面临的基本业务形式。由于保险公司通常承保的仅仅是船壳、机器和船上属具，船舶在航行中还存在对第三人的赔偿风险，诸如人身伤亡、油污、营运损失等。所以在解决船舶本身风险的同时，还应考虑到船舶的其他风险，针对此类风险的保险即为航行责任险。通常，解决这些风险的方式就是保赔保险协会，又称保赔协会，它是由船东们自愿成立的一种互相保险的组织，其会员各自交纳保险费，共同分担各个会员所应承担的船东责任的损失赔偿额，在我国有中国船东互保协会。与我国蓬勃待发的北极航运需求相对应，北极航行责任保险也将成为我国海上保险人面对的另一基本保险业务。

在北极航行背景下，环境污染责任保险将是我国保险人可能面临的重要责任保险类型。一方面，国际公约层面制定的《国际油污损害民事责任公约》《国际燃油污染损害民事责任公约》以及《国际海上运输有毒有害物质的损害责任和赔偿公约》，都规定了严格的环境责任，而且同时规定了强制的责任保险，这对北极航行船舶同样适用。另一方面，北极环境脆弱，为保护北极环境，沿岸国制定了严格的环境和生态保护标准，并进行国内严格环保立法予以保障，船舶航行污染责任是重要立法内容。加之不容忽视的现象，即由于北极冰情复杂，航行于北极航道的船舶多需要超强动力破冰船推动，而核动力被应用于此。因此，在北极航道利用中，核动力船舶泄露造成的污染责任不容忽视。对于环境污染责任保险，我国保险人应针对具体污染类型，结合适用的法律进行风险评估，并将其引入航行责任合同条款约定。

（四）我国北极航行权益主体私法综合应对建议

上文北极航行私法层面的研究，核心和本质是厘清在北极航道特殊水域，如何促进北极航运业顺利开展，促进经济可持续发展。欲实现此目标，在私法层面，需要维护参与主体的各项权益，使其达致和谐的平衡，方能调动各方积极性，实现盘活经济的最终目的。

国际贸易活动伴生北极航运需求，利益主体权利义务体现在北极海上货物运输合同中，合同主体主要为承运人与托运人；而北极航运的兴起将带动北极航行保险业发展，运输合同中的承运人与托运人为合理降低其担负风险进而选择海上保险，利益主体权利义务规定于海上保险合同中，合同主体主要为保险人与被保险人，而被保险人涵盖了北极海上货物运输合同中的承运人与托运人。因此，溯本逐源，本章探讨三种类型利益主体，承运人、托运人，以及保险人，相互联系，共同存在于国际贸易活动中。

上文探讨是从单独视角针对个别主体权益维护展开的，具有片面最大化的倾向。但随着北极航运业务的开展，通过北极海上货物运输合同、北极航运保险合同的协商订立，承运人、托运人、以及保险人之间的权利义务安排会逐渐达到一个合理的结构平衡。

第五节　船舶北极航行保险中的保证条款适用问题

在北极航运业务如火如荼发展的同时，保险公司对待承保航行于北极特殊风险的态度将从某种程度上影响航运公司的热情。恶劣的自然环境、航线沿岸国严苛的法律规制可能导致保险公司怠于承揽北极海上保险业务。除高风险外，由于北极航线沿岸港口基础设施不健全，保险人对保险标的可能无法做到有效、完备的风险管理，亦不排除被保险人的不当作为或不作为使得风险增加而保险人不知情的情况。如何通过发展船舶保险使得保险人积极分摊北极航行风险乃北极航运大规模发展之前有待解决的问题。船舶保险中保证条款的适用可有效控制不必要的风险发生，促成保险人和被保险人的双赢。被保险人的船舶航行安全得到保障，保险人也可通过保证条款的适用实施风险管理。为可持续利用北极航线，有必要对船舶保险中的保证条款于北极特殊航行环境下的适用与嬗变进行探究。

一、船舶北极航行的特殊风险

由于北极航线所处的特殊地理位置，船舶在此海域航行时，将面临不同于传统航线航行的特殊风险，下文将结合北极航行环境进行具体阐释。

（一）传统海上保险承保的风险

深入探讨北极航行特殊风险之前需首先界定"风险"的内涵。风险会造成"人们主观来看客观存在的由自然灾害或意外事故对财产造成的不确定的经济损失"。[①] 此处，风险特指"纯粹的风险"，即只会造成损失而无法从中获利的情况。可保风险只有"纯粹的风险"，对于投机风险，不予承保。可保风险具有意外性和偶然性，实践中存在发生重大损失的可能，并有大量同类的风险。[②] 在海上保险中保险人承保的风险主要分为海上风险和外来风险，其中海上风险又可分为自然灾害和意外事故，外来风险可分为一般外来风险和特殊外来风险。相较于传统苏伊士、巴拿马、好望角等海上航线，北极海域航行面临的海上风险或外来风险均具有一定的特殊性。

（二）北极航行环境所决定的特殊风险

虽然全球变暖使得北极海冰融化，有利于北极海域船舶的通行，但部分海域冰层仍较厚，且有巨大的冰盖、冰山、浮冰及固定冰，北极海域海冰密集度较高，严重阻碍了船舶的正常航行，因此对船舶及货物防冻、防冰凌的能力提出较高要求。[③] 北极海域位于高纬度地区，地处超低温、强风暴、极光/极夜的特殊环境，给海上航行带来较大挑战，太阳风、磁暴等也会对导航系统产生干扰，不利于船舶的安全航行。[④] 此外，北极航线沿岸基础设施建设、港口建设、助航设施等较为欠缺，船舶在此海域航行面临基础设施匮乏的高风险。[⑤] 同时，因北极航线系新开辟的冰区航线，船员航行经验有限，掌握的信息情报不足，对危险情况的处理经验积累不充分。此为北极航行的特殊自然风险。

北极航线所形成的东北航道和西北航道之水域法律地位存有争议。北

---

① 汪鹏南：《海上保险合同法详论》（第3版），大连海事大学出版社2011年版，第3页。

② 汪鹏南：《海上保险合同法详论》（第3版），大连海事大学出版社2011年版，第3页。

③ 李振福、闫力、徐梦俏：《北极航线通航环境评价》，载《计算机工程与应用》2013年总第49期。

④ 王会平、汪振华：《北冰洋航线通航与航海保障体系》，载《水运管理》2012年第11期。

⑤ Janjgava, Nikoloz, "Disputes in the Arctic Threats and Opportunities", *The Quarterly Journal 11.3（Summer 2012）*：95-101.

极航道沿岸国和使用国对构成航道的部分海峡性质也发布了截然相反的主张，由海峡性质决定的船舶航行权因此变得极为复杂。海上保险法语境中体现为：过境通行权对船舶适航性等抵抗风险的要求取决于国际海事组织的规范，而船舶航行于沿海国内水的适航性完全受控于沿海国的立法规制。赋予冰封区域沿海国专属经济内环境立法权的《联合国海洋法公约》未明确释义这类国内立法如何与有关外国船舶设计、构造、人员配备或装备的一般接受国际规则或标准相衔接。北极航道沿岸国环境保护目标掩饰下的严苛单边立法备受诟病。[①] 此为北极航行的特殊政治风险。

北极航行的特殊自然、政治风险无疑会使得保险人对开展北极航运业务望而却步。船舶保险中的保证条款是说服保险人承诺承保风险的重要杠杆，如同保险人是否承担赔付责任的"安全阀"。保险人与被保险人之间的利益博弈产生了保证条款。当保证条款的适用导致双方利益失衡时，在保留保证条款"安全阀"作用的同时注入平衡双方利益的新内涵可促成特殊风险下的共赢。

二、船舶保险保证条款的内容

保证条款源于英国海上保险法，诸多国家以英国海上保险法为范本制定本国船舶保险保证条款。下文将以英国海上保险法为重点，分析目前船舶保险保证条款的内容。鉴于北极航道中的东北航道毗连俄罗斯，西北航道毗连加拿大，两国国内法有关保证条款的规定同样具有分析价值。

（一）英国船舶保险保证条款的相关规定

英国船舶保险中保证条款的规定主要体现于《1906 海上保险法》及之后伦敦保险人协会颁行的保险条款中，下文将逐一阐释。

1. 英国《1906 海上保险法》中保证条款的内容

追溯保证条款的历史，英国《1906 海上保险法》（Marine Insurance

[①] 白佳玉：《北极航道沿岸国航道管理法律规制变迁研究——从北极航道及所在水域法律地位之争谈起》，载《社会科学》2014 年第 8 期。

Act1906，本节简称 MIA1906）最初专章规定保证条款，此条款随后在普通法系国家推广适用。MIA1906 第 33 条至 41 条从保证条款的定义、分类到违反保证条款的法律后果等方面做出详细规定。其中有关船舶保险保证条款的重要内容包括违反保证条款的法律后果、明示保证和默示保证条款。

（1）违反保证条款的法律后果

MIA1906 第 33 条第 3 款阐明："无论保证内容对风险是否重要，都必须得到严格的遵守。若被保险人违反了保证，除非保单另有明示的约定，否则从被保险人违反保证之日起，保险人解除保险责任，但不妨碍在违反保证之前责任的承担。"根据 MIA1906 的规定不难发现，无论保证内容是否重要，也无论保证的违反与损失发生是否存在因果关系，只要被保险人违反事先约定的明示保证或默示保证，都将解除保险人的赔付责任。当证明保险合同的保险单中约定了"续保条款"（held cover clause）时，保险人可选择不立即宣布解除赔付责任，而通过收取额外保费或修改合同条款来继续承保，是否解除合同的权柄由保险人掌握。如果未约定"续保条款"，即使被保险人在违反保证后采取了补救措施，也不能避免上述违反保证条款的法律后果。①MIA1906 有关保证条款的规定在商业保险实践中受到不同程度的批判。针对实务中产生的诸多问题，英国法律委员会提供了若干建议，包括允许被保险人对违反保证做出补救使保险合同继续有效，避免投保单中不重要的声明构成保险合同内容，违反以降低特定风险为约定目的的保证条款仅中止保险人赔付该特定风险造成损失的义务。②英国法律委员会曾在 2007 年建议只有违反保证与损失发生之间存在因果关系才启动违反保证的法律后果，但因未获得业界明确的支持而作罢。

（2）明示保证条款

明示保证条款指保险合同双方约定并书面表达于保险单中，由被保险

---

① 英国《1906 海上保险法》第 34 条第 2 款。

② The Law Commissions：Reforming insurance Contract Law：The Business Insured's Duty of Disclosure and the Law of Warranties：Joint Consultation. (2012)

人承担保证义务的条款。① 明示保证的特点在于被保险人的保证内容以书面形式在保险单中得以明确的表示。由于这类保证条款出于合同双方的意思自治，条款是否在订约之初即反映了合同双方的真实意图尤为重要。表达含糊、意思矛盾的保证条款难免为保险赔付制造困难，需要通过合同解释的技巧洞察和确定合同双方的订约意图。

（3）默示保证条款

默示保证条款指保险合同双方未约定并体现于保险单中，由法律直接规定适用的条款。MIA1906 规定的默示保证分别为船舶适航保证、合法性保证、船舶适应停泊港口风险的保证和船舶适货保证。

船舶适航保证是船舶保险中极为重要的保证条款。若船舶不适航，整个航程的航行将面临巨大的风险。MIA1906 第 39 条要求在航次保险单中，被保险人默示保证航次开始之时船舶应适航。若保单所载航次须分不同阶段履行，则在每一阶段开始时，为确保各阶段顺利进行，船舶须有相关准备及装备以保证适航。在船舶定期保险单中，不存在适航的默示保证，但若被保险人明知船舶不适航而出海，保险人对于此不适航行为产生的损失不予赔付。MIA1906 从宏观层面对船舶适航保证做出规定，未明晰船舶适航的具体标准。需依赖英国缔结的《海牙—维斯比规则》及强制适用于船舶的 ISM 规则等国际海事组织通过的有关船舶建造、设计、船员配备的一般接受的国际规则和标准的规定。② 《海牙—维斯比规则》规定船舶应妥善配备船员、供应品、装备船舶，使船舶适于接受、载运和保管货物。ISM 规则规定船东应妥善配备船员、装备船舶、明确防止污染的措施等使船舶适航。总之，适航保证应为确保船舶各方面适于保险单所载航程的航行，并在此航程中适于货物运输，有合格的船员。

合法性保证作为默示保证的重要内容，关乎保险合同能否合法成立。MIA1906 第 41 条对之进行了明确规定，承保的海上航程应是被保险人所能

---

① 英国《1906 海上保险法》第 35 条。

② 国际海事组织第十八届大会通过的《国际船舶安全营运和防止污染管理规则》，简称 ISM 规则，自 2002 年 7 月全面实施。

控制的，以合法方式进行的冒险。这种"合法"应当不仅指遵守英国本国法律，还包括遵守与合同有关的它国法律。船舶适应停泊港口风险的保证适用于航次保单，且鉴于船舶适航保证始于航次开始时，船舶需在该时间段内适应停泊港口风险。船舶适货保证的目的在于确保船舶具备将货物安全运抵目的地的设备和人员安排，这项保证也可被视为包涵在广义的船舶适航保证中。

2. 伦敦保险协会保险条款中有关船舶保险保证条款的规定

早期英国推行 S.G. 保单，但由于其规定较为复杂晦涩，在日后的应用过程中产生诸多不便。① 为满足国际海运保险市场的需求，英国伦敦保险协会于 1983 年制定了协会定期船舶保险条款（ITCH）及协会航次船舶保险条款（IVCH），替代了传统 S.G. 保单的应用。随后，英国保险人协会针对 1983 年保险条款在实践中产生的问题，顾及新的市场竞争形势，于 2002 年颁布了国际船舶保险条款，在之后的修改中于 2003 年底形成伦敦保险市场船舶保险条款。

（1）1983 年协会船舶保险条款中保证条款的规定

1983 年协会定期及航次船舶保险条款中均涉及船舶航行的保证。值得注意的是，为缓和违反保证的严厉法律后果，ITCH 及 IVCH 均纳入了"续保条款"，当被保险人违反的保证涉及航程变更、拖带、救助时，被保险人应立即通知保险人，若保险人同意修改承保条款或加付保费的情形下，保险合同继续有效。此条款为合同双方提供了选择达成新合意的机会，但仅限于违反有关航程、拖带、救助的保证。此外，ITCH 中增加了"终止"条款，当被保险人违反了有关船级与未经同意转让船舶所有权、管理权的保证时，除非保险人书面做出相反的同意，保险合同自动终止。其法律效果相当于保险人合同义务的自动解除，一旦被保险人违反此种保证，将面临保险人不予赔付的后果。

---

① 英国作为古老的海上强国，自 18 世纪其海上保险条款便开始在国际市场应用，其中该 S.G 保单影响最为深远，在船舶及货物运输保险中适用长达百年。

（2）2003 年国际船舶保险条款中保证条款的规定

2003 年国际船舶保险条款不再将航行条款归为保证，而作为保险合同的"中止条件"。[①] 保险人不承担航行条款被违反后产生的损失，除非被保险人知情违反发生后立即通知保险人且保险人同意修改承保条件或增加保费。[②] 那些有关航行区域限制的违反也被视为"中止条件"。[③] 此种变化较之前违反保证的严厉法律后果更有助于维护被保险人的利益，体现了伦敦保险协会谨慎适用保证的态度。同时，"自动终止"的保证事项除 1983 年保险条款规定的船级、船舶管理等，新增了 ISM 规则的内容，若违反了上述保证，保险合同将自动终止。

英国海上保险市场有关船舶保险保证条款的实践影响着全球保险市场对船舶保险保证条款的适用及条款本身的发展。具体到北极航行特殊风险下的船舶保险保证条款的分析，有必要探讨加拿大和俄罗斯国内法对英国海上保险之保证制度的借鉴。

（二）加拿大、俄罗斯国内立法对船舶保险保证条款的规定

加拿大与英国同属英美法系国家，其有关保证条款的规定与 MIA1906 基本一致。俄罗斯作为大陆法系国家，未在立法中明确"保证"的概念及相关内容，而采用其他形式通过约束被保险人达到风险控制的目的，产生类似保证条款的风险控制效果。

1. 加拿大国内立法对船舶保险保证条款的规定

加拿大船舶保险保证条款的内容主要规定在 1993 年《联邦海上保险法》中。与英国 MIA1906 类似，《联邦海上保险法》也将保证条款区分为明示及默示保证条款，并规定了船舶航行的合法性保证、中立保证、适航保证的内容。该法针对违反保证条款之法律后果的规定亦较为严厉，无论保证事项对承保风险的发生是否实质重要，一旦被保险人违反保证条款，保险人则不再

---

① 汪鹏南：《现代海上保险法的理论与实践》，大连海事大学出版社 2004 年版，第 242 页。

② 此为《2003 年国际船舶保险条款》中第 11 条的规定，此条规定的除外条款表明，航行条款的违反不必然导致保险合同的无效，可见该条款的性质更接近于"中止条件"。

③ 《2003 年国际船舶保险条款》第二部分附加条款中第 33 条的规定。

承担赔付责任。除非客观环境的变化导致该保证内容不再适用，或保证事项违反了加拿大国内法的规定。①

2. 俄罗斯国内立法中的风险变更制度

俄罗斯船舶保险的相关法律制度规定于《1999 俄罗斯联邦商船航运法典》。该法未如同颇受英国海上保险法影响的英美法系国家立法一样规定保证条款，但建立了与保证条款功用相似的风险变更制度。② 这项制度由被保险人于风险变更时的通知义务、未履行该义务导致的法律后果及被保险人不知情发生风险变更状况的特殊裁定构成。《1999 年俄罗斯联邦商船航运法典》规定，被保险人在知悉保险标的或与之有关的情况发生实质性变更包括改变航线、变更运输方式时应立即通知保险人。若被保险人未履行此义务，则可能造成保险人赔付责任的免除。此外，该法明确说明船舶于不适航情况下开航，保险人将免除赔付责任。③

通过英国、加拿大和俄罗斯国内立法和行业实践中有关船舶保险保证条款的分析可知：英国、加拿大的保证条款内容较为系统和完善；俄罗斯船舶保险的国内立法未涉及保证条款的规定，但制定了与保证条款作用类似的风险变更制度。英国、加拿大和俄罗斯有关船舶保险保证条款的立法差异体现了海上保险法律规制的本土性特点。因不存在有关海上保险的统一国际法律规制，航行于北极的船舶须根据航线的变化调整保险合同条款以响应北极航道沿岸国不同的法律制度。

三、北极航行环境下保证条款的适用

如前文所述，因北极特殊的地理位置，北极航行隐含着异于传统航线航行的特殊自然和政治风险。船舶保险保证条款在应对这类特殊风险时将体现哪些积极作用？若北极航行船舶保险中有必要适用保证条款，那么明示保

---

① 加拿大《1993 联邦海上保险法》（Marine insurance Act 1993）第 39 条之规定。

② 大陆法系国家在海上保险法律规制中常采用风险变更制度，属于保险人管理风险的工具。

③ 俄罗斯《俄罗斯联邦商船航运法典》（Merchant shipping code of the Russian Federation）第 15 章第 266 条之规定。

证和默示保证条款的设计应注意哪些问题？经过下文抽丝剥茧的逐层分析，这些疑问将得到解答。

（一）北极航行船舶保险保证条款适用的必要性

自海上保险法发展之初，因由当时落后的通信水平和海上风险的不确定性，保险人做出承保决定并判断承保范围很大程度取决于被保险人对保险标的性质等各方面要素的保证，藉此预防道德风险的发生。此种风险控制的方式在实践中收到良好成效并被规定于之后的保险法中。[①] 经过几个世纪的积累，保险合同双方对海上运输中一般风险的认知更为精准和科学。但北极航行风险不同于海上运输中的一般风险，其不可预测性显著，保险市场对北极航行风险的认知尚不全面。被保险人面临恶劣自然环境等诸多挑战，如磁暴、太阳黑子现象有导致通讯失灵的风险；自然原因造成通讯中断后，保险人无法了解被保险人的船舶状况及应对行为。保证条款迫使被保险人在通讯中断后仍防灾减损，从而控制风险发生的功能在此时尤为必要。

通讯原因外，保证条款系北极航行中保险人与被保险人之间达成保费合意的杠杆。迄今为止，许多国家掌握的建造冰区航行能力之船舶制造技术仍不发达，船舶抵御风险的能力较差，加之北极超低温、严重的冰清等特殊航行环境，被保险人航行于此的风险陡然升高，保险人可能担负较高的保赔责任。保险人通常通过对历史数据的考察确定承保风险，北极航行中的船舶保险显然缺乏丰富的历史数据说明哪类风险经常发生，进而可通过保险市场分摊风险。此时，保险人极有可能在提高保费的前提下考虑承保北极航行中的特殊风险。这无疑与船东被保险人拟通过北极航线利用减少时间和燃油成本，并最终降低营运成本的初衷相悖。那么，如何吸引保险人同意承保北极航行风险？因违返某项承诺而丧失赔付权利的保证条款可成为被保险人说服保险人承保，并适当降低保费的"王牌"。

保证条款在应对北极航行特殊自然风险的同时，对于特殊政治风险的

---

① 保证条款首先规定于英国《1906 海上保险法》，随后其他国家尤其英美法系国家纷纷效仿，将保证条款规定于本国海上保险法中。

抵御也大有裨益。《联合国海洋法公约》规定的冰封条款使得加拿大和俄罗斯高于一般接受的国际规则和标准的严苛的航运管控立法增加了被保险人需遵守的默示保证之内涵。唯有船东被保险人确保某项事实，以及为或不为某种行为，方可促使保险人做出承保决定。是以，北极航行船舶保险中仍有适用保证条款的必要，可辅助保险人风险管理的实施。

（二）北极航行船舶保险中适用保证条款须注意的问题

北极航行船舶保险中适用的保证条款可呈现两种形式：或体现为保险合同双方明确订立的，揭示保证意图的明示保证条款；或保险合同双方虽未确切订立，但由于国内法的并入，使得法律中规定的保证条款适用于保险合同中的默示保证条款，如 MIA1906 并入北极航行船舶保险合同即可产生默示保证条款适用的效果。

1. 明示保证条款的适用

明示保证条款由保险合同双方在订立合同时合意形成，法律通常不具体列明内容。海上保险实践中，船舶保险中的明示保证条款可包括航行时间、航行区域、船载货物、拖带救助、船舶船级、船舶检验等。北极特殊航行环境对传统明示保证条款的内容提出新的要求，用以适应北极通航环境，提高保险人的风险管理。

（1）航行时间

由于北极航线航行的季节性特点，海冰较少的季节最适宜航行。以 2002 至 2013 年北极冰情数据分析可知：东北航道全线开通时间集中在 8 月中下旬至 10 月上旬；西北航道南线开通时间集中在 8 月上中旬至 10 月上旬，西北航道北线开通时间集中在 9 月。[①] 冬季冰情严重、极夜的出现等不适合航行。因此，北极航行应尽量选择在夏季，保证海上运输的顺利完成。

（2）航行区域

构成东北航道和西北航道的航线地图会随天气的变化而细微改变，在航行地图不完整，且结冰情况、冰层厚度状况无法知悉，灯塔、助航标志、

① 李春花等：《近年北极东北和西北航道开通状况分析》，载《海洋学报》2014 年第 10 期。

通讯设施、港口码头建设等基础设施配备不健全的情况下，有必要避开这些区域航行，选择航线地图精准、停靠港口基础设施完备的航程，以减少事故的发生。加拿大《航行安全控制区法令》将其北极水域划分为 16 个航行安全控制区，航行于每个区域的船舶需达到相应的标准。

（3）船载货物

北极超低温的环境，对货物的抗寒、防冻能力提出较高要求。船载货物的包装要有所保证，要有基本的抗低温防冻功能，尤其是甲板货，其包装更须具备抗大风、防冰凌的能力。除去货物的包装，货物性质本身也须具有一定的抗低温性能，以防止低温环境下发生质变、改变原有的货物属性。

（4）拖带救助

船舶拖带和救助作业中面临较高风险。ITCH 和 IVCH 均规定了拖带救助保证：除非基于习惯或将船舶置于安全港口或救助合同的需要，不得对船舶进行拖带作业。① 船舶北极航行遇险后，需要具有较强破冰能力的船舶进行拖带救助。船舶自身应配备充分的救生设备。

（5）船舶船级

基于北极航线特殊的通航环境，为规范航行于极地的冰区船舶，保证冰区航行的顺利进行，国际船级社协会（IACS）订立了有关极地船级标准的指南——《极地船级要求》，此指南得到了国际海事组织的承认及推荐。2014 年 11 月，国际海事组织海上安全委员会通过修改《国际海上人命安全公约》（SOLAS）使得《极地水域船舶航行国际准则》（简称《极地规则》）中有关船舶安全和航行安全的内容得以强制施行。其中，有关船舶的船级要求需符合 IACS 制定的统一标准。②

（6）船舶检验

船舶检验保证的目的在于确保船舶符合市场需求，由船东被保险人承

---

① 协会定期船舶保险条款（ITCH）和协会航次船舶保险条款（IVCH）1983 及 1995 年版本的 1.1 条。

② International Code for Ships operating in Polar waters，Part I-A，1.2.10. MSC94/21/ADD.1，www.imo.org，2015 年 3 月 3 日。

担检验费用，经称职检验人员检查合格后船舶保险人再承保或续保。北极航行船舶须经过初次检验或换新检验后方取得符合《极地规则》的船舶证书，主管机关或授权的组织根据 SOLAS 公约的规定签发证书。

2. 默示保证条款的适用

受 MIA1906 影响的各国海上保险法规定的默示保证主要包括船舶适航保证及合法性保证。北极航行船舶保险中合法性保证之内涵主要限于合乎海上保险法等相关法律的强制性规定。但就船舶适航保证而言，其涵盖的内容并非一成不变，随着航次、通航环境、运载货物的不同而有所变化。相较于传统航线，北极航行中为确保船舶安全、航行安全和环境安全，对船舶的适航要求更为专业和严格。

(1) 船舶结构和配备

北极航行中，船舶结构应能够抵御北极海域的一般风险，船舶材料适合低温航行，船上助航设备处于齐备状态。船舶本身必须配备有全球定位系统、雷达设备、指导北极航线航行的海图等。基于北极有可能出现的磁暴、太阳风、太阳黑子等现象，传统、常规的导航设备将不能满足北极航行的需要，船舶需配备适于北极通行的特殊助航设备，以保证航程的顺利完成。

(2) 船舶设计和建造

为符合 IACS 的《极地船级要求》，拟利用北极航线的船舶应满足船级社对不同冰情下船舶设计和建造的标准。有意向开展北极运输的各国船级社大多要求执行 IACS 的要求，尤其在国际海事组织通过 SOLAS 公约的修改强制要求 IACS 的统一标准得以适用后，船舶在特定时间和冰清下航行于北极需达到相应的设计和建造标准。

(3) 保护船舶的证书

船舶适航除建造、配备等需满足标准外，还应在船上备有保护船舶的各类证书。根据《极地规则》修改的 SOLAS 公约要求极地航行船舶须备有有效的极地船舶证书在船上。若船舶停靠北极航线沿岸港口，应遵守该国对配备证书的要求。加拿大和俄罗斯同为《1969 国际油污损害民事责任公约1992 议定书》和《2001 燃油污染损害民事责任公约》的缔约国，两部公约分别对载运 2000 吨以上散装油类的油船和 1000 总吨以上的船舶实施强制保险或财务保证制度。因此，停靠在加拿大和俄罗斯北极港口的船舶须备有强制保险或财务保证的证书。

（4）船舶引航

船舶驶出港口过程中，若根据习惯或港口所在国的法律要求需有引航员引航，那么缺少引航员的船舶离港航行可能被视为不适航。但船舶适航要求一般在开航前和开航当时，若船舶航行过程中或航行结束时未接受引航，不能以船舶不适航为由主张船东被保险人违反了适航保证。俄罗斯《2013 北方海航道水域航行规则》规定，为保障航行于北方海航道的船舶航行安全、防止船舶事故并保护航道所在水域海洋环境，实施船舶冰区引航。[①] 船舶驶出东北航道沿岸港口时，船舶被保险人可能因未接受俄罗斯引航而被保险人主张违反适航保证。

（5）船舶适货

船舶适航，不单指船舶本身适航，还包括船舶能否安全运送所载货物，即船舶要安全地接受、载运、保管货物，否则也构成对船舶适航保证的违反。北极航行中可能面临的超低温、大风天气对船舶安全运送船载货物提出了特殊要求。首先根据货物能否抵御大风、低温、防冰冻能力选择合适的载运部位。若货物在低温下易冰冻而降低其本身的性能，则不能置于甲板或其他易受冷气侵袭的部位。此外，航行过程中也须妥善保管货物，保证其不受冰雪积聚的影响。

（6）称职的船员

北极航道开通时间较晚，且航行水域位于冰封区域，航行于此的船员有必要经过特殊培训。《极地规则》规定，航行于极地水域船舶的船员应按照《海员培训、发证和值班标准国际公约》完成培训，掌握与职务和职责相匹配的技能。此外，北极地处高纬度地区，船员不仅要适应低温、大风的恶

---

① 参见 Rules of navigation in the water area of the Northern Sea Route，Article 31，http：// www.arctic-lio.com/nsr_legislation，2015 年 3 月 3 日。

劣天气，还须适应极夜或极光的特殊环境，具备较好的身体及心理素质。由此，船舶航行北极时，要保证其所配备的船员符合相关标准及要求，否则构成对船舶适航保证的违反。

MIA1906 及受其影响的其他国家海上保险法视阈中，船东被保险人违反了船舶保险明示保证和默示保证条款后，保险人的赔付责任自动解除。为更好发挥保险业对北极航运发展的积极作用，保障北极航线的充分有效利用，应避免因适用 MIA1906 为代表的保证条款而造成的严厉法律后果。鉴于保证条款在海上保险市场上对保险人利益的有效保护，北极航行特殊风险下仍有必要适用该条款。但未尝不可积极尝试该条款的有益修正，达成保险人和被保险人利益平衡的嬗变。

四、北极航行环境下保证条款的嬗变

针对 MIA1906 制定的保证条款的特性及违反后的法律后果，实务界和理论界存在诸多反对意见。① 于北极航行环境下，为科学合理地适用保证条款，发挥其合理控制风险的功能，此条款确有变革的必要。

（一）北极航行环境下保证条款亟需变革的因由

首先，就严苛责任依赖的价值基础而言，保证是"最大诚信原则"的体现，违反保证便是对此原则的违背，由此产生了违反保证条款后的严厉法律后果。MIA1906 制定了保证条款后，The Good Luck 一案审理中，该条款的内容得到明确的阐释。法官 Goff 勋爵在判决中针对 MIA1906 第 33 条第 3 款的规定做出了说明："这些规定很清晰的表明保险人解除责任是自动的，并不依赖保险人是否做出有关终止合同的决定。"② Goff 勋爵进一步解析了保险人自动解除保险责任的原因，即保证是保险人承担风险后果及保险责

---

① 两类主要反对意见：其一主张保证条款应继续存在但应进行适当的改革，其二主张不再适用保证条款，而以其它条款取代保证条款，如《1999 俄罗斯联邦商船航运法》中的风险变更制度等。参见 John Hare：*The Omnipotent Warranty v./The World*，Marine Insurance at the Turn of the Millennium，Intersentia，Antwerp，2000.

② The Good Luck，[1991] 2 Lloyd's Rep.191.

任的先决条件。由此确立了违反保证的"自动解除原则"，并适用长达百年之久。Goff 勋爵做出此种"先决条件"解释的原因在于 MIA1906 明确规定，保险合同是建立在最大诚信原则基础上的合同，一方不遵守可导致保险合同无效，被保险人的保证系对"最大诚信原则"的实践。有必要强调的是，最大诚信原则乃约束保险合同双方的保险法基石，保险人诚然须依赖被保险人的保证做出承保决定并进行风险控制，但不等于保险人可无限扩大保证内容并逃脱赔付责任，此为保险人对最大诚信原则的罔顾。尤其在高风险北极海域开展海上保险业务，更需要保险人与被保险人共同遵循最大诚信原则。从保证条款的价值基础出发，北极航行特殊风险下船舶保险保证条款应得以改良。

其次，保证的主要功能为风险控制，通过保证事项对被保险人的行为加以约束并保护保险人的利益。但目前保证条款在利益维护上有所偏颇，其避谈因果关系和后期修复的无效等造成利益杠杆偏向保险人一方。如Wihelmsen 教授所言，英国海上保险法中违反保证的法律后果缺乏逻辑合理性，无法用法律公平理念或经济效率思想进行解释。① 保证条款的这种先天缺陷透过北极航行的特殊风险可能被放大。北极存在超低温、强风暴、冰雪天气等特殊自然风险，加之人类对北极自然环境认知的有限性，保险人的风险控制很难简单依赖保险合同订立时被保险人的保证承诺实施，对以往海上保险实践中未遭遇的风险预防应强调保险人和被保险人的合作抵御。机械适用保证条款不但无法实现风险分摊的初衷，反而易造成保险人在风险发生时以被保险人违反轻微且无关紧要的保证条款为由规避赔付责任。此外，加拿大和俄罗斯作为北极航道沿岸国，国内立法比较注重海洋环境的保护并外溢到船舶安全的规制，甚至一些特殊规定严格于一般接受的国际规则和标准。若保险人将被保险人已符合国际规则却低于北极航道沿岸国国内法标准的作为或不作为定性为保证条款（如适航保证）的违反，难免因法律

---

① Wilhelmsen, "Duty of Disclosure, Duty of Good Faith, Alternation of Risk and Warranties: An Analysis of the Replies to the CMI Questionnaire", *CMI Yearbook 2000*.

冲突导致保险赔付受阻。北极航行的特殊风险加剧了船舶保险保证条款的变革需求。

（二）北极航行环境下保证条款具体变革方式与应用

基于实践中船舶保险保证条款的严格规定遭到不断批评，英国法律委员会 1980 年报告建议，当被保险人证明违反保证并未增加承保损失发生的风险时，保险人不得以违反保证为由拒赔。该建议弱化了违反保证条款后的法律后果，甚至要求保险人赔付未因违反保证而增加风险的损失。但仍未将违反保证与损失发生的因果关系作为免除赔付责任的条件。2015 年 2 月 12 日，英国议会审议并由女王签署通过了《2015 保险法》（Insurance Act 2015），已于 2016 年 8 月生效。这部立法反应了英国近十年来保险合同法改革的成果。英国《2015 年保险法》废除了 MIA1906 中保证条款的违反不可补救之规定。[1] 保险人的责任不因被保险人违反保证条款自动终止；在可补救的情形下，若被保险人采取了补救措施并有效弥补了违反保证条款产生的后果，保险人应继续承担之后的赔付责任，即保证条款的违反仅使得保险人的责任呈"中止"状态，而非完全"终止"。另外一点重要修正体现在，若被保险人违反保证条款后，未导致造成损失发生的风险增加，则保险人不能启动违反保证条款的法律后果而中止 / 终止赔付责任。[2] 其中暗含的因果关系可用下图体现：

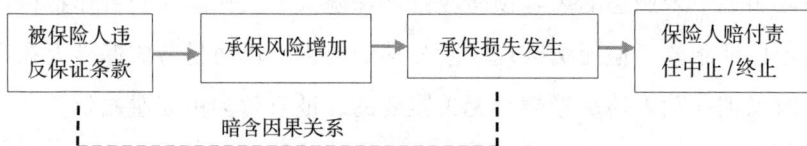

图 4.1　因果关系图示

可见，尽管英国新立法增强了对被保险人的保护，却仍未将违反保证

---

[1]　Insurance Act 2015, Article 10 (1), 10 (2), 10 (4), http：//www.legislation.gov.uk/, 2015 年 3 月 18 日。

[2]　Insurance Act 2015, Article11. 根据英国《2015 保险法》的规定，保证条款应与风险相关，即对条款的遵守将降低保险标的物品质丧失、或在某特定地点或时间内灭失的风险。

条款与损失之间的因果关系直接列明。

以英国伦敦为首的全球重要航运保险市场在适用《2015 保险法》之后，将逐步影响全球航运保险业有关保证条款的应用和解释。在北极航行特殊风险下，修正后的保证条款更有利于吸引被保险人的应用。北极航行不可避免的会面临高风险，保险人若以保证条款为由任意解除保险责任，则于北极航行中，保证条款将成为保险人逃脱应尽责任的手段。顾及北极航行的特殊风险，为发挥海上保险对北极航运保驾护航的功能，保险合同中应明确，唯有被保险人违反相应保证的行为将导致承保风险增加并造成承保损失发生时，保险人方可中止赔付责任。且一旦这种保证条款的违反得以弥补，或保证条款的违反缘于情势变迁、合法性需要或保险人放弃对被保险人遵守保证条款的要求时，保险人应恢复赔付责任的承担。这种应用同时兼顾了保险人和被保险人的利益，同时发挥了保证条款的积极作用。在英国《2015 保险法》形成全球影响之前，可通过将英国法作为准据法，或根据英国立法制定合同中的保证条款，或增加"续保条款"或部分适用条件条款来平衡保险合同双方的利益，达到保证条款风险管理的目的。

现今北极通航已成为现实，船舶保险对北极航行规模化发展至关重要。保证条款的适用有助于保险人评估北极航行风险，对那些愿意承保的风险承担保赔责任。但以英国 MIA1906 为首的诸多国家海上保险保法之保证条款存在先天缺陷，应强调违反保证与承保损失之间的因果关系，或通过船舶保险合同的明确约定，或通过合同适用的国内立法完善来逐渐实现保证条款的嬗变。英国《2015 保险法》为代表的各国保险立法正经历着保证条款的改革，改革后的保证条款更强调保险合同双方利益的平衡，既开始认同保证违反后的可补救性，又逐步建立起保证条款的违反与承保损失之间的因果关系。虽然这种修改尚未实现一步到位，但至少看到各国立法着手反思保证条款之不足并为之采取积极的尝试。经立法修正后的保证条款更适合北极航行中船舶保险特殊风险的应对。可在北极航行船舶保险合同中将英国法作为准据法，或根据英国《2015 保险法》的规定修正合同中保证条款的内容，真正发挥保险业风险分摊的功能，提升北极航运利益攸关方利用北极航道的信心。

第六节　船舶北极航行中的旅客运输法律规制

目前，东北航道与西北航道旅客运输尚未形成规模效应，但其存在巨大的开发利用潜力，对俄罗斯和加拿大海上旅客运输之国内和国际法律规则进行研究，具有一定的前瞻意义。同时，通过东北航道与西北航道的客船多为国际海上旅客运输船舶，与国内海上旅客运输相比，国际海上旅客运输更能带动俄罗斯与加拿大北极旅游资源的开发和当地经济的发展，因此本节研究的海上旅客运输主要针对国际海上旅客运输，以下不再赘述。

一、北极航道利用与海上旅客运输状况

东北航道内主要行驶的四类船只为政府船只、破冰船、客船和货船。2011 年至 2016 年期间，通过东北航道的船只数量为 226 艘，2016 年通航的船只为 19 艘。其中客船主要指远洋邮轮，其航行数量也呈现不断增长趋势。2016 年，巴哈马籍的"汉萨"号邮轮装载 126 人成功穿越东北航道，2011 年至 2015 年，有 5 艘国际旅客运输船只通过东北航道。①

俄罗斯近年来也十分注重北极旅游业的发展。俄罗斯总统普京 2009 年提出建立俄罗斯北极国家公园，并希望公园的建立将进一步推动俄罗斯北极旅游业的发展。该公园面积近 150 万公顷（其中 40% 为陆地领土），其中包括新地岛群岛最北端的一部分岛屿。公园的雇员也负责保护 1994 年在弗朗茨·约瑟夫土地群岛建立的国家自然保护区。据估计，近二十年来，6000 至 9000 名游客参加了欧洲北冰洋的俄罗斯北极航行。自 2000 年以来，62 艘船上的 6885 人次参观了俄罗斯新地岛。进入俄罗斯参观的北极邮轮，其目的是探索更多的自然环境，发现历史和勘探历史事实。日本游客是第一批乘坐邮轮参观俄罗斯北极景观的游客，最近中国游客和俄国游客也对其进行

---

① 北方海信息办公室，http://www.arctic-lio.com/nsr_transits。

了参观。①

2006 年，巴哈马籍客轮"不莱梅"号成功穿越西北航道。2007 年 8 月，卫星观测表明，西北航道所在冰封水域已大部分融化，仅存的少量浮冰对航行之影响微乎其微。1980 年至 1987 年间，仅有一艘客船在北极水域进行了 4 个航次的航行。2006 年至 2012 年间，7 艘客船共完成 105 个航次的航行。2013 年后经西北航道的极地旅游呈良好发展态势，仅 2013 年就有 8 艘客轮进行了 23 个航次的航行。② 根据《2009 年北极航运评估报告》，预计到 2020 年，西北航道较难成为一条商业航道，但抵达西北航道沿岸港口的航次将显著增加，而且该航道将成为北极旅游的重要通道。③ 加拿大北极旅游游客数量在 2005 年至 2008 年间以每年 28.5% 的速度增长，在 2008 年至 2010 年之间达到顶峰。④ 据 2013 年数据统计，加拿大北极地区每年接待国内外游客大约 528，000 人次，游客支出总计约 3.88 亿美元。⑤

加拿大西北航道之旅客运输均以观光旅游为目的，以国际海上旅客运输为主，国内海上旅客运输则主要通过圣劳伦斯河进行。

在北极水域从事经营的邮轮公司主要为国际性邮轮公司，旅游路线大部分经过西北航道。未来加拿大西北航道海上旅客运输潜力主要集中于国际海上旅客运输。随着西北航道所在冰封水域的消融，国际海上旅客运输将得到进一步发展。但随之而来的安全问题不容忽视，由于环境恶劣和基础设施缺乏，极地邮轮旅客运输极易发生安全事故。2007 年 11 月 23 日，加拿大

---

① Albina Pashkevich & Olof Stjernström，"Making Russian Arcticaccessible for Tourists：Analysis of the Institutional Barriers". *Polar Geography*，2014 37：2，137-156.

② J. Dawson，et al.，"Governance of Arctic Expedition Cruise Ships in a time of Rapid Environmental and Economic Change"，*Ocean & Coastal Management*，2014（89）：88-99.

③ 《北极航运评估 2009 年报告》，载于 http：//www.arctic.noaa.gov/detect/documents/AMSA_2009_Report_2nd_print.pdf，访问时间：2015 年 3 月 30 日。

④ Frédéric Lasserre& Pierre-Louis Têtu，"The Cruise Tourism Industry in the Canadian Arctic：analysis of activities and perceptions of cruise ship operators"，*Polar Record*，2015（1）：24-38.

⑤ Patrick T. Maher，et al.，"Arctic Tourism：Realities & Possibilities"，*Arctic Yearbook* 2014：1-17.

邮轮"探索者"号在南极海域与冰山相撞后沉没，由于救援及时，未发生人员伤亡。① 为避免类似事故发生，应加强事前预防和事后救援的相关措施，完善相关区域的客船航行法律制度。完善的国际和国内法律规制能够统一船舶的设计、建造、配备、准入、安全培训、应急预案的标准，协调事故发生后的搜救行动，从事前预防和事后补救两个方面确保极地航行中的人命安全，有利于实现北极航行的有效治理。

北极旅游活动影响当地原住民的日常生活。冰层的迅速融化给原住民生计、文化、饮食等方面带来影响。加拿大极其重视对北极土著居民社区的研究。虽然加拿大北极当地社区的经济规模较小，但存在较大的发展潜力。第四次国际极地年中，加拿大政府强调北部社区的健康和福祉是加拿大的重要主题，有必要通过跨学科研究，支持北方民族的参与，以提高加拿大公民对北极所面临问题的认识。②③

西北航道旅客运输的发展及对北极地区环境和原住民的影响，表明加拿大需要完善西北航道的法律制度，加强管理，实现对北极航行的有效治理，进一步促进西北航道航运的发展。加拿大主要通过制定和实施国内法来遵守其所签订的国际条约，履行缔约国义务。因此有必要分析加拿大对海上旅客运输相关国际规则的遵守，找出目前加拿大国内法在履行国际条约上的不足。

二、国际旅客运输的国际法规制与北极航道沿岸国的遵守

在分析俄罗斯和加拿大应当遵守的国际海上旅客运输国际规则问题

---

① New York Times, Icy Rescue as Seas Claim a Cruise Ship, http：//www.nytimes. com/2007/11/24/world/americas/24ship.html?_r=0, 访问时间：2015 年 10 月 30 日。

② 第一次国际极地年（1882—1883）标志极地考察进入科学考察时代；第二次国际极地年（1932—1933）集中对北极进行研究和考察，在北极地区建立了 40 个常年观测站，推动了相关学科的发展；第三次国际极地年（1957—1958）培育了高水平的国际合作项目，促进南极条约体系的诞生。第四次国际极地年（2007—2008）更加关注极地气候与环境、生态系统和社会的相互作用。

③ T. Kulkarni, et al., "Canadian International Polar Year (2007—2008)：an Introduction", *Climatic Change*, 2012（1）：1-11.

时，有必要从"一元论"和"二元论"视角阐释国际法和国内法关系。俄罗斯和加拿大作为相关条约缔约国，应当遵守条约所确立的原则、规则和制度。

（一）"一元论"和"二元论"在国际法和国内法关系上的运用

国际法优先于国内法之"一元论"，强调国内法的效力来源于国际法，国际法在各方面都高于国内法。国际法与国内法平行之"二元论"，认为国际法和国内法均为国家主权意志行为的表现，但分属于两个不同的法律体系。"一元论"抹杀国内法在国内的作用，否定国家制定国内法的主权；"二元论"忽视国际法与国内法之联系，过分强调国际法与国内法之区别，造成两者的对立。①"一元论"的代表人物是凯尔森，他认为国际法是"真正的法律"，并在逻辑上对"二元论"进行了批判。凯尔森提出"基础规范"作为描述法律创制和适用的逻辑起点，论证国际法与国内法属于同一法律体系。并认为根据"所有国家一律平等"，在所有国家的法律秩序之上必须有一个高于国内法秩序的国际法，确保各国地位平等，因此主张国际法优位。②凯尔森证明了国际法优位的"一元论"在逻辑上的正当性，认为"二元论"源于对本国国内法以外的法律秩序的"偏见"，因此不具有正当性。③与"一元论"相反，持"二元论"观点的学者认为国际法和国内法本质不同，在渊源、规定的关系、法律实质上存在区别，在未经国内习惯或制定法将国际法转化为国内法的一部分的情况下，国际法对本国不产生拘束力，在国际法规则与国内法规则产生冲突的情况下，应适用国内法规则。④"一元论"在一定程度上代表法律发展的新趋势，与全球化及现代政府间和非政府间国际组织的发展密不可分。一方面全球化引起了法律的趋同化和统一化，国内法更多与国际法融合，另一方面国际组织的发展使国际法的调整范围日益扩大，

① 王铁崖：《国际法》，法律出版社 1995 年版，第 21 页。

② 王书友：《凯尔森—纯粹法理论》，黑龙江大学出版社 2013 年版，第 146—153 页。

③ ［奥］凯尔森：《纯粹法理论》，张书友译，中国法制出版社 2008 年版，第 128—135 页。

④ ［德］奥本海原著，［英］劳特派特修订：《奥本海国际法（上）平时法》分册，王铁崖、陈体强译，商务印书馆 1971 年版，第 24—25 页。

"国家保留"的范围日益缩小，强化国家主权的限制或授让。① 东北航道和西北航道旅客运输中的人命和财产安全问题呼吁全球治理，要求实现国际法治和国内法治的良性互动。② 国际法治和国内法治意味制定良好的国际规则和国内规则得到遵守和实施，而实现国际法治和国内法治良性互动的路径为国内法的转化和实施。根据跨国法律过程理论，国际法被国内法转化并实施之后，国际法有效性增强，通过黏附于国内法促进了国际法的遵守。③ 这种双向的互动形成一个循环往复的回路，并不断提升治理水平，也避免了国际规则和国内规则的冲突，使得两者更为兼容并包，最终达到善治的效果。

条约作为国际法最主要的形式渊源，系各国平等协商一致的结果，其内容反映了缔约国所认可保护的共同利益。在尊重共同利益的基础上，缔约国应履行义务，实施已批准的条约。同时，缔约国具有一定的自主性，可决定通过何种方式全部或部分实施（存在条约保留的情形）已批准的条约。尊重条约所保护的共同利益并在此基础上强调对本国利益的保护乃条约履行的精要。随着全球化进程的加速，国内法不可避免地要与国际法融合，任何国家都无法在这种趋势中置身事外，应以构成国际法的条约等形式渊源为标准，对国内法做出积极响应。

自 1962 年，苏联就一直是国际海事组织成员国。1968 年国际海事组织将成员国划分为三类后，苏联也一直担任 A 类成员国。1992 年至今，俄罗斯已连续 15 年担任国际海事组织的 A 类成员国。这也说明了俄罗斯对于航运业的重视，以及航运业对于俄罗斯经济发展的关键作用。④2017 年 5 月 5 日，俄罗斯联邦交通运输部部长在加拿大温哥华举办的第三次联合部长级会议上提出，必须支持《极地规则》的出台及实施，提高航行安全，加强航行

---

① 黄瑶：《世纪之交反思凯尔森的国际法优先说》，载《法学评论》2000 年第 4 期。

② 赵骏：《全球治理视野下的国际法治与国内法治》，载《中国社会科学》2014 年第 10 期。

③ 韩永红：《国际法何以得到遵守——国外研究述评与中国视角反思》，载《环球法律评论》2014 年第 4 期。

④ 国际海事局官网，http://www.imo.org/en/KnowledgeCentre/IndexofIMOResolutions/Pages/Default.aspx。

环境保护，确保海员的工作能力和生活条件，以此来杜绝不良的航行活动，为营造安全公平的航运环境而共同努力。俄罗斯相关发言人还指出，俄罗斯作为 SOLAS 公约和 MARPOL 公约的缔约国，也会在《极地规则》生效之后积极实施适用。①

作为国际海事组织 B 类成员国，加拿大积极参与《极地规则》的制定。加拿大缔结的条约等国际法律规则影响加拿大国内法的完善，对有关西北航道旅客运输法律法规进行完善，有利于促进对相关国际规则的遵守。西北航道航行规则体系除顾及到加拿大主权、主权权利和管辖权的维护，也要考虑到加拿大作为相关条约缔约国，信守条约规则，避免国内法律规则与国际法律规则冲突的必要性。

"一元论"和"二元论"在解释国际法和国内法关系问题上都存在各自的不足。一方面国际法必定对国内法产生影响，如国际条约的缔约国有义务履行条约内容，可以通过国内立法来履约；另一方面，国际法只有得到遵守才能发挥作用，国内法的制定和实施可促进国际法的遵守。这是一个周而复始的螺旋式上升的过程。俄罗斯和加拿大主要通过国内立法履行国际旅客运输相关国际公约，因此有必要对俄罗斯和加拿大批准的国际旅客运输公约及如何通过国内法履行公约义务进行梳理。

（二）俄罗斯与加拿大已批准的国际旅客运输相关国际公约

《1974 年雅典公约》为目前国际海上旅客运输最重要的国际公约，俄罗斯和加拿大通过其国内立法借鉴了《1974 年雅典公约》及其《1990 年议定书》，规定了承运人对船舶和旅客的安全义务，以及事故发生后对旅客人身和财产方面的赔偿责任。两国对国际海事组织有关国际旅客运输的相关国际公约也做出响应。

1.《1974 年雅典公约》及其《1990 年议定书》

俄罗斯未加入《1974 年雅典公约》及其《1990 年议定书》，但其在制定

① 俄罗斯交通运输部官网，https：//www.mintrans.ru/activity/world/detail.php？ELEMENT_ID=38668&sphrase_id=135388。

《商船航运法典》时，其海上旅客运输合同众多内容借鉴了《1974 年雅典公约》的相关规定。加拿大亦不是《1974 年雅典公约》缔约国，但其《海事责任法》却借鉴了《1990 年议定书》大部分的内容，[①] 且二者之间存在差异之处。《1990 年议定书》有关承运人责任限额的规定高于《1974 年雅典公约》，即加拿大有关旅客运输国内立法承运人责任的规定严苛于俄罗斯国内立法。

2.《国际防止船舶造成污染公约》

俄罗斯联邦通过《国际防止船舶造成污染公约》议定书及几个附则的时间有所差距，其中俄罗斯加入《1973 年国际防止船舶造成污染公约》及附则Ⅰ、附则Ⅱ的时间为 1983 年 11 月 3 日，生效时间为 1984 年 2 月 3 日；加入附则Ⅲ的时间为 1997 年 12 月 24 日，生效时间为 1998 年 3 月 24 日；加入附则Ⅳ的时间为 1987 年 8 月 14 日，生效时间为 2003 年 9 月 27 日；加入附则Ⅴ的时间为 1987 年 8 月 14 日，生效时间为 1988 年 12 月 31 日。俄罗斯又于 2011 年 4 月 8 日加入《国际防止船舶造成污染公约1997 年修正案》，进一步完善与国际海事组织的相关规定的衔接。

加拿大为遵守《国际防止船舶造成污染公约》（本节简称 MARPOL），国内立法参考了 MARPOL 的相关内容，批准了 MARPOL 有关油污、散装有毒液体物质、海运包装中的有害物质、生活污水、垃圾、空气污染防治的附件[②]。

3.《国际海上人命安全公约》

苏联于 1980 年 5 月 25 日加入《国际海上人命安全公约》，1981 年 8 月 12 日生效。自 SOLAS 公约在俄罗斯生效以后，俄罗斯按照该公约及其修正案的要求，经过政府、各级海事、港口行政管理部门、船公司等有关部门和

---

① 《2001 年海事责任法》第 35 条。

② International Convention for the Prevention of Pollution from Ships（MARPOL），（London，2 November 1973，in force 2 October 1983）1340 UNTS 184，http：//www.imo.org/en/About/conventions/listofconventions/pages/international-convention-for-the-prevention-of-pollution-from-ships-（marpol）.aspx，2015 年 3 月 30 日访问。

人员的共同努力，较好地实施了公约及其修正案的履约工作，承担了在保障船舶海上人命安全方面的国际义务。

加拿大在《2001年加拿大航运法》中参考了《国际海上人命安全公约》（本节简称 SOLAS）的规定。2014年11月通过的 SOLAS 修正案增加第 XIV 章"极地水域操作安全措施"，明确规定，《极地规则》有关安全措施的内容不适用于缔约国的政府公务船舶①。

4.《1989年国际救助公约》

《1989年国际救助公约》对《1910年救助公约》在船舶、财产的概念和适用范围等方面做出调整，以保护海洋环境和鼓励海上救助为目的规定了特别补偿条款。俄罗斯未批准《1989年国际救助公约》，加拿大批准了《1989年国际救助公约》并将其转化为《2001年航运法》的部分内容，规定国内法与该公约不符之处以公约为准。②

更多情况下，俄罗斯和加拿大对缔结的条约与国内法关系持条约优先的态度。两国批准的海上旅客运输相关国际条约可在北方海航道、西北航道旅客运输问题上得到适用，其中最主要的是 SOLAS 和 MARPOL。两国通过国内立法制定了一系列与海上旅客运输相关的措施。

（三）俄罗斯与加拿大的相关国内立法及措施

俄罗斯与加拿大海上旅客运输法律体系包括私法和公法的内容，出台了一系列法律及配套规章，加拿大还发布了专门针对北极水域客船操作的非强制性法律文件，西北航道海上旅客运输活动受这些法律、法规及相关措施的规制。

---

① International Convention for the Safety of Life at Sea (London, 1 November 1974, in force 25 May 1980) 1184 UNTS 2, Chapter XIV-Safety measures for ships operating in polar waters, http：//www.imo.org/en/About/Conventions/ListOfConventions/Pages/International-Convention-for-the-Safety-of-Life-at-Sea-（SOLAS），-1974.aspx，访问时间：2015年10月30日。

② Canada Shipping Act, 2001, S.C. 2001, c. 26, Section 142, Published by the Minister of Justice, http：//laws-lois.justice.gc.ca/PDF/C-10.15.pdf，访问时间：2015年10月31日。

1. 俄罗斯与加拿大相关国内立法体系

针对国际旅客运输,《俄罗斯联邦商船航运法典》专门做出规定,该法典适用于在其内水中航行的船只。该法律的第九章专门规定了海上旅客运输。除此之外,针对北方海航道,俄罗斯专门成立了北方海航道管理局,并制定了包括《北方海航道航行规则》《俄罗斯联邦关于北海航道水域商船航运的具体立法修正案》《北方航道破冰船及导航船舶通行规则》以及《北方航道通行之船舶船型、设备与供给须知》等法律文件。①

加拿大海上旅客运输私法方面的立法主要指《2001 年海事责任法》。公法方面,加拿大从污染防治、航行安全、强制报告等方面进行立法,包括《1970 年北极水域污染防治法》(AWPPA)、《1994 年海上交通安全法》《2001 年加拿大航运法》,相应的配套规章有《北极航行污染防治规章》(ASPPR)、《海上交通安全规章》(MTSR)、《加拿大北方船舶交通服务区规定》(NORDREG)。虽然没有专门规定有关西北航道旅客运输的相关内容,但是通过《加拿大北极水域客船操作指南》与这些法律法规之间建立联系,航行于西北航道的客船也应当遵守相关法律法规中的义务。

2. 加拿大相关国内措施

非强制性的法律文件《加拿大北极水域客船操作指南》(本节简称《指南》)涉及海上通讯和通关、搜救和医疗、压载水管理等制度。该《指南》不具有法律约束力,主要为在加拿大北极水域航行的客船提供自愿履行的建议和意见。《指南》的主要目标是协助客轮的操作人和代理人制定北极航行的计划,并与相关的加拿大政府机构提前取得联系,确保所需的文件在进入加拿大北极水域之前已在船上,各项操作符合法律法规的要求②。《指南》的重点在于确保客轮在加拿大北极水域的操作安全和防止污染。《指南》公布实施后,在为客轮经营人提供相关政府机构信息等方面起到了重要作用。日益增长的北极旅客运输要求客轮经营人必须要完全熟悉有关防止污染、船舶

---

① 北方海信息办公室, http://www.arctic-lio.com/nsr_legislation。

② Guidelines for the Operation of Passenger Vessels in Canadian Arctic Waters, https://www.tc.gc.ca/eng/marinesafety/tp-tp13670-execsummary-890.htm, 访问时间:2015 年 10 月 30 日。

安全、国家安全、船舶交通管理、冰上航行和冰区制度、旅游对北极社区的影响、搜救、海上救援等方面的政府规章，《指南》为客轮经营人提供了重要的参考①。

该指南的性质属于国内软法，可以在缺少强制性法律规定的情况下对硬法起到补充作用。② 具体来说，软法可以弥补硬法的结构性缺陷，填补硬法的空白；依据自愿而非强制，提高法的正当性和实效；通过降低硬法的创制与运行成本，从而降低社会发展成本。③ 加拿大国内法中缺乏有关客船在西北航道航行的法律法规，《指南》补充了国内法在这方面的空白；《指南》通过引用强制性法律，以建议性的方式使国内法适用于西北航道旅客运输，提高了国内法的正当性和实效，并能够推动国内法的完善；加拿大作为相关公约的缔约国，通过发布《指南》的方式履行公约项下的义务，弥补了强制性法律规范对西北航道旅客运输规定的空白，降低了立法成本，减少制定硬法所带来的繁琐和负担。但是软法在拘束力、实施的有效性、稳定性等方面存在不足，尤其是考虑到西北航道旅客运输的发展前景，现有的软法性质的《指南》不能满足确保人命安全和防止环境污染的要求。在确保人命安全方面，这种倡议性的文件难以起到强制性法律规范的保障作用。因此，具有法律拘束力的硬法更值得期待。在建议性的北极航行指南向强制性的《极地规则》转变的大背景下，加拿大制定一部专门性的西北航道旅客运输法案成为当务之急。《指南》中有关保护海上人命安全和防止环境污染的措施需要加强与相关国际法的互动，并转化为强制性立法，提高法律拘束力和实效。

3. 加拿大《指南》中与人命安全相关的各项具体制度

《指南》的价值追求是保障船舶在北极水域航行中的人命安全，与货船相比，客船的人命安全风险更高，事故发生后搜救难度大，因此《指南》中

---

① Ice Nabigation in Canadian Arctic Waters，http：//www.ccg-gcc.gc.ca/Icebreaking/Ice-Navigation-Canadian-Waters/Regulations-and-Guidelines，访问时间：2015 年 10 月 31 日。

② 罗豪才：《软法与公共治理》，北京大学出版社 2006 年版，第 187 页。

③ 罗豪才、宋功德：《软法亦法：公共治理呼唤软法之治》，法律出版社 2009 年版，第 382—388 页。

的各项具体制度都围绕确保人命安全这一主题。

强制报告制度方面，《指南》规定客船在进入加拿大北极水域之前需向交通部相关部门报告船舶的情况、时间表和路线，提前 96 小时向海上通讯和交通服务中心报告，进入北极水域后向服务中心提交航行计划报告、方位报告等，发生事故后，要立即向服务中心报告①。

防污制度方面，《指南》规定客船应满足 ASPPR 在安全和环境方面的要求并携带北极防污染证书方能进入航行安全控制区。而且，在北极水域不能排放任何污水②。

航行安全制度方面，《指南》规定客船应遵守《海上交通安全规章》，携带加拿大或国际安全证书，在加拿大港口接受交通部正式的安全检查③。

海上通讯服务方面，《指南》规定客船在遇到安全或污染问题时，与加拿大海岸警卫队联系。搜救和医疗制度方面，客船在发生事故时由加拿大军队和海岸警卫队进行搜救。压载水管理制度方面，客船可根据自愿性的压载水交换指南在指定位置排放压载水④。

加拿大法律体系中缺乏专门针对西北航道旅客运输的国内立法，仅有的一部建议性《指南》已无法满足西北航道旅客运输需求，也无法适应国际法的发展，在人命安全和环境污染问题上需要更强有力的保障措施，因此需要与国际立法趋势相呼应，制定一部强制性的法律，规制西北航道旅客运输

---

① Guidelines for the Operation of Passenger Vessels in Canadian Arctic Waters，TP 13670 E，Transport Canada，4.2，https：//www.tc.gc.ca/media/documents/marinesafety/tp13670e.pdf，访问时间：2015 年 10 月 30 日。

② Guidelines for the Operation of Passenger Vessels in Canadian Arctic Waters，TP 13670 E，Transport Canada，4.1，https：//www.tc.gc.ca/media/documents/marinesafety/tp13670e.pdf，访问时间：2015 年 10 月 30 日。

③ Guidelines for the Operation of Passenger Vessels in Canadian Arctic Waters，TP 13670 E，Transport Canada，4.2，https：//www.tc.gc.ca/media/documents/marinesafety/tp13670e.pdf，访问时间：2015 年 10 月 30 日。

④ Guidelines for the Operation of Passenger Vessels in Canadian Arctic Waters，TP 13670 E，Transport Canada，4.8，5.2，5.4，https：//www.tc.gc.ca/media/documents/marinesafety/tp13670e.pdf，访问时间：2015 年 10 月 30 日。

活动。与此同时，加拿大国内法律体系中有关海上旅客运输的相关制度也有值得保留之处，需要将现有的相关制度进行完善。

（四）俄罗斯有关海上旅客运输的相关制度

1.海上旅客运输责任制度

俄罗斯关于海上旅客运输的责任基础，分为两种情况。《俄罗斯联邦商船航运法典》中规定：在航运事故中，即船舶由于失事、碰撞、搁浅、爆炸或火灾或船舶缺陷，导致旅客人身伤亡或其自带行李的灭失或损坏过错，适用过错推定原则，除非另有相反证据，否则推定承运人有过错或其受雇人、代理人在受雇范围内的行为存在过错。在非航运事故中，采取的归责原则是过错责任原则。如果使旅客遭受损失的事故发生在运输途中并且此种事故是由承运人的过错或其受雇人、代理人在受雇范围内的行为所致，承运人应对旅客的人身伤亡以及旅客行李的灭失或损坏承担责任。但是证明导致灭失或损坏的事故发生在旅客及其行李的运送途中，以及灭失或损坏程度的举证责任在索赔人一方。

自带行李以外的行李发生灭失或损坏，无论导致此种行李灭失或损坏的事故性质如何，除非另有相反证据，推定上述人员存在过错。其他情况下证明过错的举证责任由索赔人承担。但如经承运人证明，旅客的人身伤亡或其行李的灭失或损坏由旅客的故意或重大过失引起或导致，承运人可以免除全部或部分赔偿责任。

2.海上旅客运输赔偿制度

俄罗斯对于海上旅客运输的赔偿范围主要是旅客的人身伤亡损害赔偿和财产损害赔偿。在对海上旅客赔偿的限额上，承运人对每名旅客人身伤亡的损害赔偿责任，在整个运输中不应超过175000特别提款权。如果损害赔偿以分期付款的形式支付，支付的总额不应超过承运人的上述责任限额。承运人对旅客自带行李的灭失或损坏的赔偿责任，在整个运输中不应超过每位旅客1800特别提款权。此外，《俄罗斯联邦商船航运法典》还规定了对责任限额规定适用的限制。若旅客遭受的损失是由于承运人的故意作为或不作为或重大疏忽造成，承运人不得援用责任限额的规定。若旅客遭受的损失是由于承运人或履约承运人的受雇人、代理人故意作为或不作为或重大疏忽造成，则上述人员不得援用责任限额规定。

3. 海上旅客运输保险制度

《俄罗斯联邦商船航运法典》中对旅客运输保险采取了自愿保险制度，船舶所有人可以自愿为旅客进行保险投保，旅客也可以拒绝签订保险合同。该法中也规定了强制责任保险制度，该法第 18 章"船舶污染损害赔偿责任"和第 19 章"海上运输有毒有害物质的损害赔偿责任"中规定了载运 2000 吨以上散装油类货物的船舶所有人和实际载运有毒有害物质的船舶所有人进行强制责任保险和提供财务担保的规定。并在第 325 条规定和 336 条规定中分别规定了两种受害人的直接请求权。

4. 许可证制度

俄罗斯以其单边行为对进入北方海航道海域的其他国家的船队或船舶实施向俄罗斯申请驶入北方海航道水域航行许可证，经许可后，船舶可驶入北方海航道水域，否则，俄罗斯对驶入该水域的船舶不提供帮助，甚至限制他国船舶驶入。《北方海航道水域航行规则》规定，船舶在北极航行时，北方海航道管理局要求驶入北方海航道船舶的船东、船东代表或船长向北方海航道管理局提出办理船舶航行许可证的申请，并获得由北方海航道管理局签发的北方海航道船舶航行许可证后方可驶入。申请提出时要列出具体的事项，船东保证船舶在进入北方海航道前必须明确符合本航行规则的相关规定。[①]

5. 船舶航行报告制度

船舶驶近驶离北方海航道或中间进出俄罗斯港口或内河时，均要向北方海航道管理局报告，具体在驶入前 72 小时、24 小时、接近、驶入以及驶出时报告。

---

① Arild Moe，"The Northern Sea Route：Smooth Sailing Ahead?" *Strategic Analysis*，2014，38：6，pp.784-802.

6. 破冰引航制度

《北方海航道水域航行规则》规定，破冰引航由有权悬挂俄罗斯联邦国旗航行的破冰船实施。船舶实施破冰引导的起始地点和时间由船东和提供北方海航道破冰引航服务的机构商定。北方海航道船舶破冰引导的费用，依据俄罗斯联邦自然垄断法规定执行。

（五）加拿大有关海上旅客运输的相关制度

加拿大相关立法的管理制度可适用于对西北航道内国际海上旅客运输的规制，包括强制报告制度，防污制度，航行安全制度等。《指南》列明了船舶在计划航行和具体航行阶段有必要向联邦政府及州政府提供的信息，包括污染防治，船舶安全，船舶交通管理，冰区引航和北极航行系统（Arctic Ice Regime Shipping System，AIRSS），搜救，北极海上救生设备的配置等。

1. 强制报告制度

最初，加拿大对驶入西北航道的船舶实施自愿报告制度。2010 年 7 月生效的《加拿大北方船舶交通服务区规定》要求部分货船在进入船舶交通服务区后，必须向海上通讯和交通服务中心提交航行计划报告、方位报告、最终报告和绕航报告[①]。此为对货船的强制报告要求，未对客船的报告作出规定。《2001 年航运法》确立了交通服务区（Vessel Traffic Service Zones）制度，要求船舶进出或停留交通服务区都需要报告并取得许可，只有在保持与海上通讯和交通服务官员直接通讯的情况下方可在交通服务区内航行，否则不能按照预定路线航行[②]，这里的船舶应当包括客船。《指南》要求客船在抵达加拿大前 96 小时向海上通讯和交通服务中心报告。在污染或溢油事故发生后，立即向海上通讯和交通服务中心报告。为抵御北极熊、保护客船旅客

[①]　Northern Canada Vessel Traffic Services Zone Regulations，Section 3，6，7，8，9，Published by the Minister of Justice，http：//laws-lois.justice.gc.ca/PDF/SOR-2010-127.pdf，访问时间：2015 年 10 月 31 日。

[②]　Canada Shipping Act，2001，S.C. 2001，c. 26，Section 126，Published by the Minister of Justice，http：//laws-lois.justice.gc.ca/PDF/C-10.15.pdf，访问时间：2015 年 10 月 31 日。

和人员安全而携带枪支的情况需向海关部门报告①。《指南》专门规定了客船的报告义务，既包括方位报告，也包括污染、安全等问题的报告。

2. 防污制度

加拿大的防污制度实行"零排放"原则，1970 年 AWPPA 禁止任何在加拿大北极水域倾倒污染物的行为②。《2001 年加拿大航运法》对加拿大领海和专属经济区水域航行船舶的油污污染进行控制，规定船舶应对其携带的燃料油及货物油污染确定应急机制，明确污染责任保险人，③ 未对船舶进行区分，因此应当包括客船。《指南》规定，海上安全和防止污染的内容参照《北极航行污染防治规章》，由加拿大交通部负责执行。客船满足该规章的规定方能进入航行安全控制区。外籍客船需要由其所属的船级社批准并取得北极防污染证书，方能进入北极水域。④

3. 航行安全制度

AWPPA 确立了航行安全控制区制度，规定了船舶建造、机器装备、人员配备、燃料和供应、地图和图表等其他北极航行所需的文件，外国公务船舶符合一定条件后享有免除航行安全控制区内相关义务的豁免权。⑤《海上交通安全法》规定由交通部负责海上交通安全措施，其有权利对船舶做出指示，甚至禁止船舶进入加拿大境内。⑥ 客船也应遵守该规定。《指南》规定，

---

① Guidelines for the Operation of Passenger Vessels in Canadian Arctic Waters，TP 13670 E，Transport Canada，4.2，5.6，11.4，https：//www.tc.gc.ca/media/documents/marinesafety/tp13670e.pdf，访问时间：2015 年 10 月 30 日。

② Arctic Waters Pollution Prevention Act，R.S.C.，1985，c. A-12，Section 4，http：//laws-lois.justice.gc.ca/PDF/A-12.pdf，访问时间：2015 年 10 月 31 日。

③ Canada Shipping Act，2001，S.C. 2001，c. 26，Section 167，Published by the Minister of Justice，http：//laws-lois.justice.gc.ca/PDF/C-10.15.pdf，访问时间：2015 年 10 月 31 日。

④ Guidelines for the Operation of Passenger Vessels in Canadian Arctic Waters，TP 13670 E，Transport Canada，4.1，https：//www.tc.gc.ca/media/documents/marinesafety/tp13670e.pdf，访问时间：2015 年 10 月 30 日。

⑤ Arctic Waters Pollution Prevention Act，R.S.C.，1985，c. A-12，Section 12，http：//laws-lois.justice.gc.ca/PDF/A-12.pdf，访问时间：2015 年 10 月 31 日。

⑥ Marine Transportation Security Act，S.C. 1994，c. 40，Section 16，Published by the Minister of Justice，http：//laws-lois.justice.gc.ca/PDF/M-0.8.pdf，访问时间：2015 年 10 月 31 日。

所有客船均适用《海上交通安全规章》，抵达加拿大水域前至少提前 96 小时向加拿大海上通讯和交通服务中心报告确定的详细信息。客船必须持有加拿大或国际船舶安全证书。抵达加拿大港口时，加拿大交通部可进行正式的安全检查。①《指南》通过引用相关法律法规，明确客船也应满足国内法对船舶航行安全的一般要求。

4. 海上通讯和通关

《指南》规定，加拿大海岸警卫队提供海上安全、安保、环境保护的服务。加拿大北极水域的通讯和交通服务由位于桑德湾、伊魁特和伊努维克的海上通讯和交通中心提供。由于北纬 60°以北没有官方海上入境口岸，《指南》规定进口和出口的通关必须由加拿大边境服务局和客轮经营人取得一致。②

5. 搜救和医疗

《指南》规定加拿大军队全面负责北极水域和公海范围内的搜救活动，可提供专门的搜救飞机。加拿大海岸警卫队与加拿大军队合作负责协调海上搜救活动，提供专门的搜救船舶。加拿大所有政府船舶在必要时均可参与搜救，任何海上通讯和交通服务中心可在必要时提供援助。③

6. 压载水管理

加拿大政府发布了自愿的压载水交换指南。压载水交换必须在远离陆地，水深超过 2000 米的海域进行。若无法实现，可选择其他指定位置：前往哈德逊湾港口的船舶在哈德逊海峡东南地区东经 70°水深超过 300 米处；

---

① Guidelines for the Operation of Passenger Vessels in Canadian Arctic Waters，TP 13670 E，Transport Canada，4.2，https：//www.tc.gc.ca/media/documents/marinesafety/tp13670e.pdf，访问时间：2015 年 10 月 30 日。

② Guidelines for the Operation of Passenger Vessels in Canadian Arctic Waters，TP 13670 E，Transport Canada，5.2，6.2，https：//www.tc.gc.ca/media/documents/marinesafety/tp13670e.pdf，访问时间：2015 年 10 月 30 日。

③ Guidelines for the Operation of Passenger Vessels in Canadian Arctic Waters，TP 13670 E，Transport Canada，5.4，https：//www.tc.gc.ca/media/documents/marinesafety/tp13670e.pdf，访问时间：2015 年 10 月 30 日。

前往北极高纬度港口的船舶，在东南地区西经 80°兰开斯特湾水深超过 300
米处进行。①

7. 人身损害赔偿和救助制度

人身损害赔偿问题规定在《2001 年海事责任法》中，包括 300 总吨以
下客船人身伤亡事故的最高赔偿责任及其限制性要求，以及雅典公约《1990
年议定书》中关于人身损害赔偿的内容。《2001 年航运法》规定海上救助需
遵守《1989 年国际救助公约》，规定了救助的船舶、时间限制、船长在碰撞
事故中的义务，以及搜救协调者的权利，其他在同一水域航行船舶的义务，
船舶征用等内容。②

专门针对北极航行客船的《指南》与其他法律制度共同构成了强制性
和建议性标准共存的西北航道海上旅客运输法律制度。

关于国际法与国内法关系的"一元论"和"二元论"理论，都无法全
面揭示国际法与国内法的关系。将国际法的内容转化为国内法，是履行国际
法义务的主要手段，既体现了国际法对国内立法的影响，也有利于提升国
际法的实效和拘束力，实现国际法治和国内法治的良性互动，有效治理北
极航运。加拿大目前相关国内立法缺乏针对性，软法《指南》专门规定了
北极水域客船操作的相关制度和措施缺乏强制力。软法虽能在一定程度上发
挥国际公约的履约作用，然而海上旅客运输国际法规则的发展和西北航道旅
客运输的客观现实要求更具拘束力的法律规范。海上旅客运输国际法发展表
现为强制性《极地规则》的出台，该规则将促进海上旅客运输国际法律规则
的完善。

---

① Guidelines for the Operation of Passenger Vessels in Canadian Arctic Waters，TP 13670 E，
Transport Canada，4.8，https：//www.tc.gc.ca/media/documents/marinesafety/tp13670e.pdf，
访问时间：2015 年 10 月 30 日。

② Canada Shipping Act，2001，S.C. 2001，c. 26，Section 142，143，144，145，148，
Published by the Minister of Justice，http：//laws-lois.justice.gc.ca/PDF/C-10.15.pdf，访问时
间：2015 年 10 月 31 日。

三、北极航道国际旅客运输国际法规制的发展

目前国际上有关北极水域船舶航行的法律规则主要集中在船舶的设计、建造、安全装备、人员救助和污染防治等方面。为统一船舶航行安全、北极水域污染防治标准，国际海事组织制定了《极地规则》，并赋予其强制力。该规则通过 SOLAS 及 MARPOL 修正案生效，《极地规则》将对东北航道与西北航道国际海上旅客运输法律规制产生影响。

（一）《极地规则》的形成

气候变暖加速了西北航道内海冰的消融，航道内布满可自由移动的冰块，使船舶很容易被撞沉却得不到及时的救助。2007 年加拿大"探索者"号的沉没给人们敲响了警钟，① 该事件说明，按当时建议性标准建造的船舶已不能确保海上航行安全。国际海事组织于 2002 年制定了建议性《北极冰区水域船舶操作指南》，2009 年国际海事组织通过大会决议将南极水域纳入指南中，形成《极地水域船舶操作指南》。然而，建议性指南在敦促新船建造或旧船改造符合该标准方面的力度有限，唯有强制性的建造标准可有效改变此状况。

鉴于此，国际海事组织于 2010 年正式启动了强制性《极地规则》的起草工作。2014 年 11 月海上安全委员会通过了 SOLAS "极地航行船舶安全措施"的修正案（IMO Resolution MSC.385 (94)），使《极地规则》引言和安全措施部分（Part Ⅰ-A）成为强制性内容；2015 年 5 月，海洋环境保护委员会通过 MARPOL 修正案（IMO Resolution MEPC. 264 (68)），使环境保护部分（Part Ⅱ-A）成为强制性内容，② 其余 Part Ⅰ-B 和 Part Ⅱ-B 为建议性内容。《极地规则》通过 SOLAS 和 MARPOL "默示修改程序"（tacit acceptance procedure）以修正案形式强制保护船舶和人员安全、维护极地水

---

① 探索号作为专为极地航行建造的游轮，曾在 1984 年成功穿越西北航道，最终在 2007 年的极地航行中沉没。

② Adoption of an international code of safety for ships operating in polar waters（Polar Code），http：//www.imo.org/en/MediaCentre/HotTopics/polar/Pages/default.aspx，访问时间：2015 年 10 月 30 日。

域环境。SOLAS 和 MARPOL 修正案将于 2017 年 1 月 1 日生效，意味着包括加拿大在内的缔约国将自此接受《极地规则》。

《极地规则》采用目标导向型标准，在规则引言和正文确定了极地船舶操作的安全和环境保护目标，并规定了功能性标准。目标导向型标准能够激励缔约国为实现目标积极尝试，寻求实现目标的最佳方案，为极地水域船舶操作积累经验。《极地规则》在规定功能性标准等内容时充分考虑了极地的气候条件，力求标准对极地水域操作船舶更具针对性和可操作性。[①] 规则采取分阶段、分步骤实施的方式。一方面，对 2017 年 1 月 1 日之前建造的船舶规定了一年宽限期，为现有船舶的改造留有过渡期；[②] 另一方面采取强制性标准和建议性标准并存的方式，在实施强制性标准之后，不排除建议性标准的适用。

SOLAS 统一了船舶海上操作的安全标准，MARPOL 统一了防止船舶污染的环境标准。《极地规则》进一步发展了 SOLAS 和 MARPOL 在极地水域的适用，减轻恶劣环境对船舶航行安全所造成的威胁，保护极地脆弱的生态系统。《极地规则》将航行安全和环境保护分成两个部分，分别进行规定，强调安全措施和环境措施之间的差异，两者之间的目标不同，功能性要求和具体规定为实现各自的目标服务，使规则更具针对性。

《极地规则》通过 SOLAS 和 MARPOL 修正案生效，统一了北极水域船舶航行在安全和环境方面的标准，开启了极地航行标准强制化的时代，势必会对现有的国际海上旅客运输规则产生影响。

---

① IMO, International Code for Ships Operating in Polar Waters (Polar Code), http：//www.imo. org/en/MediaCentre/HotTopics/polar/Documents/POLAR%20CODE%20TEXT%20AS%20 ADOPTED%20BY%20MSC%20AND%20MEPC.pdf#search=report%20on%20%20the%20 maritime%20safety%20committee%20on%20its%20ninety%2Dfourth%20session，访问时间：2015 年 10 月 30 日。

② IMO, International Code for Ships Operating in Polar Waters (Polar Code), Part Ⅱ-A 1.1.3, http：//www.imo.org/en/MediaCentre/HotTopics/polar/Documents/POLAR%20CODE%20 TEXT%20AS%20ADOPTED%20BY%20MSC%20AND%20MEPC.pdf#search=report%20 on%20%20the%20maritime%20safety%20committee%20on%20its%20ninety%2Dfourth%20 session，访问时间：2015 年 10 月 30 日。

（二）《极地规则》对国际海上旅客运输国际法规则的影响

《极地规则》解决了极地水域操作船舶两方面的问题，即船舶操作安全和极地环境安全。安全措施部分从信息支持和信息获取能力、船舶构造和设备对航行安全的影响、人员配备及安全培训、救生设施和安排方面进行规定，既规定了该部分总的目标，每一分章又规定了相应的目标，以促进总目标的实现。针对客船也有特别规定，在安全部分第 8 章救生装置和安排，规定客船应当为船上的每一人员配备适当尺码的救生服，[①] 第 12 章人员配备和培训，规定在可通航水域（Open Waters）航行的船舶，需要对船长、大副和负责导航值班的人员进行基本训练，在除无冰水域和可通航水域外的其他水域（Other Waters），需要对船长、大副和负责导航值班的人员进行高级训练。[②]2014 年 11 月通过的 SOLAS 修正案增加了第 XIV 章使《极地规则》安全措施部分生效，规定与航行安全有关内容不适用于非商业目的的政府船舶。该修正案部分内容采用可替代的方法，在结构、机器、电力装置、消防安全方面的措施可与《极地规则》中规定的相应措施有差异，[③] 灵活性强。在保证同等安全水平的前提下，船舶经营人可根据不同的情况进行自由选择。

《极地规则》防止污染部分规定了油污、有毒液体物质、污水和垃圾的

---

① IMO, International Code for Ships Operating in Polar Waters（Polar Code），Part I-A，8.3.3.1，http：//www.imo.org/en/MediaCentre/HotTopics/polar/Documents/POLAR%20CODE%20TEXT%20AS%20ADOPTED%20BY%20MSC%20AND%20MEPC.pdf#search=report%20on%20%20the%20maritime%20safety%20committee%20on%20its%20ninety%2Dfourth%20session，访问时间：2015 年 10 月 30 日。

② IMO，International Code for Ships Operating in Polar Waters（Polar Code），Part I-A，12.3.1，http：//www.imo.org/en/MediaCentre/HotTopics/polar/Documents/POLAR%20CODE%20TEXT%20AS%20ADOPTED%20BY%20MSC%20AND%20MEPC.pdf#search=report%20on%20%20the%20maritime%20safety%20committee%20on%20its%20ninety%2Dfourth%20session，访问时间：2015 年 10 月 30 日。

③ IMO，International Code for Ships Operating in Polar Waters（Polar Code），Part I -B，4，http：//www.imo.org/en/MediaCentre/HotTopics/polar/Documents/POLAR%20CODE%20TEXT%20AS%20ADOPTED%20BY%20MSC%20AND%20MEPC.pdf#search=report%20on%20%20the%20maritime%20safety%20committee%20on%20its%20ninety%2Dfourth%20session，访问时间：2015 年 10 月 30 日。

排放标准，提出具体的操作要求和结构要求，油污和有毒液体物质禁止在北极水域排放。并且规定了客船在极地水域排放污水的特别要求，在《极地规则》生效之日或者生效之后建造的客船禁止向海中排放污水，除非船上配备了通过主管机关认可的污水处理装置，并且满足 MARPOL 公约关于污水排放的要求，尽可能远离最近的陆地、冰架、固定冰或冰密度超过 1/10 的地区。①2015 年 5 月海上环境保护委员会通过的 MARPOL 修正案（MEPC.265(68)），对关油污、有毒液体物质、生活污水和垃圾排放的附则规定进行了修改，每种污染物规定了不同的排放要求或标准。② 该修正案使《极地规则》中有关环境安全的内容生效，并规定了具体实施措施，及适用的船舶范围，针对极地环境的要求进一步提高了污染物排放标准。

SOLAS 和 MARPOL 修正案标志着强制性的极地航行和环境标准成为现实，并且针对极地船舶增加了相关内容，修正案和《极地规则》专门规定了客船在极地操作中的安全标准和排污标准，并适当提高要求，促进相关国家对规则的遵守，同时制定建议性的标准作为向更高标准的过渡。

《极地规则》内容涉及极地航行的安全和环境方面，原 SOLAS 和 MARPOL 缔约国在未提出异议的情况下自动接受《极地规则》，有利于《极地规则》的实施和生效。强制性的安全和环境标准有利于促进缔约国落实规则的要求，实现确保客船人命安全和防止环境污染的目标。俄罗斯和加拿大作为 SOLAS 和 MARPOL 缔约国以及东北航道和西北航道的沿岸国，势必要在《极地规则》生效后履行规则要求，根据规则完善东北航道和西北航道

---

① IMO, International Code for Ships Operating in Polar Waters (Polar Code)，Part Ⅱ-A，4.2.2，4.2.1.3，http：//www.imo.org/en/MediaCentre/HotTopics/polar/Documents/POLAR%20CODE%20TEXT%20AS%20ADOPTED%20BY%20MSC%20AND%20MEPC.pdf#search=report%20on%20%20the%20maritime%20safety%20committee%20on%20its%20ninety%2Dfourth%20session，访问时间：2015 年 10 月 30 日。

② IMO, International Code for Ships Operating in Polar Waters (Polar Code)，http：//www.imo.org/en/MediaCentre/HotTopics/polar/Documents/POLAR%20CODE%20TEXT%20AS%20ADOPTED%20BY%20MSC%20AND%20MEPC.pdf#search=report%20on%20%20the%20maritime%20safety%20committee%20on%20its%20ninety%2Dfourth%20session，访问时间：2015 年 10 月 30 日。

旅客运输的国内法律制度，实现与国际规则的接轨。根据《极地规则》对东北航道和西北航道旅客运输进行立法，并对国内法律制度进行完善，有利于规范和完善对西北航道的管理，实现沿岸国和利益攸关国的共赢，促进对国际法的遵守。

四、北极航道沿岸国旅客运输法律规制与国际法规则发展的呼应

作为 SOLAS 和 MARPOL 的缔约国，实施《极地规则》是俄罗斯和加拿大履行条约义务的体现。加拿大通常积极实施其缔结的条约，并据以制定国内法，因此可期待加拿大落实《极地规则》，顺应国际海事法发展趋势。为与《极地规则》衔接，加拿大可通过专门立法以及调整现有法律制度，确保与国际法规则相一致。

(一) 俄罗斯国际旅客运输法律规制与国际法律规则发展的呼应

《极地规则》是具有全球约束力的船舶营运强制性规则，其内容涵盖了极地船舶航行的所有方面，包括船舶设计和建造，船员培训和航海，提高协调搜救行动能力。其应用于超过 500 总吨的所有客轮和货轮，所以国际旅客运输船只也在《极地规则》的管制之内。俄罗斯关于旅客运输的航行规则与《极地规则》存在衔接之处，但是其中也存在着冲突。

在航行汇报制度上，俄罗斯的规定比国际海事组织的规定更为严格。俄罗斯对在北方海航道内航行的船舶要求的汇报制度可以分为三个层面，即进出北方海航道水域的汇报、航行过程中的例行汇报和发生突发情况下的汇报。与俄罗斯的全面汇报制度不同的是，国际海事组织的汇报内容限于海上搜寻和救助工作。《极地规则》在船舶操作一章中规定船舶进入极地水域时应当于每天的固定时间向附近的搜寻救助联络中心报告航行计划的方案，汇报的内容包括航行计划的变更和船舶航行的实时信息等。与俄罗斯强制报告制度不同的是，《极地规则》提供的只是可供船公司和船旗国选择的一种方案。①

---

① Vijay Sakhuja, "The Polar Code and Arctic Navigation", *Strategic Analysis*, 2014, 38：6, pp.803-811.

在冰区引航制度上，由于俄罗斯为外籍船舶提供航行安全服务，所以应当适用俄罗斯国内立法的规定。《联合国海洋法公约》规定沿岸国可以向外籍船舶提供保证航行安全的特定服务，并可以收取适当报酬。这是公约赋予沿岸国的一项权利。不论从国际法和海洋法的基本理论，还是沿岸国对北方海航道水域的地理、水文气象和冰情的了解程度上来看，冰区引航制度都应该由沿岸国的国内立法加以规制。实际上，从国际海事组织的主要条约未涉及破冰船护航和冰区引航规定，以及《极地准则》中亦未特别规定来看，俄罗斯冰区引航制度系国际海事组织相关规则的补充以确保冰封海域航行安全。

在对国际旅客运输船只的船舶构造要求上，俄罗斯与国际海事组织类似，但船舶准入标准比国际海事组织的规定更为细致。《极地规则》确定了适于极地航行的 A、B、C 三类船舶等级，A 类和 B 类船舶的冰级需分别满足 IACS 极地冰级 PC1-5 和 PC6-7 要求，C 类船舶不需要冰级。俄罗斯作为一个长时期从事北方海航道航运的国家，对北方海航道的水域和冰情更为熟悉，这反映在《北方海航道水域航行规则》中。俄罗斯在新规则中放弃了强制领航制度，在附件二中规定了更为具体、明确的船舶准入标准，对在 7 月到 11 月 15 日期间航行没有加强冰级和冰级在 1—3 的船舶、7 月到 11 月期间航行的加强冰级在 4—9 级的船舶、1—6 月和 12 月期间航行的加强冰级在 4—9 级的船舶 1—6 月和 12 月期间航行的加强冰级在 6—8 级的破冰船的准入标准分别作出了规定。①

对于国际旅客运输船只的冰级确定，俄罗斯原规定对外国用于冰区航行船舶的冰级可以由俄方代为检验、确定，并收取相应费用。这超越了国际法的规定，成为过去俄罗斯国内法与国际法冲突的典型。《极地规则》规定冰区航行船舶的冰级确定是缔约国政府职责，缔约国政府可以授权认可的相关组织来确定，并由该组织承担相应责任。为了与《极地规则》的规定相适

---

① 中华人民共和国海事局：《2014 北极航行指南（东北航道）》，中华人民共和国海事局，第 233—235 页。

应，俄罗斯已在新的航行规则中删除此条规定。

（二）加拿大国际旅客运输法律规制与国际法律规则发展的呼应

加拿大西北航道法律制度与国际法的呼应体现在两方面：一方面，以《加拿大北极水域客船操作指南》为蓝本进行西北航道海上旅客运输的专门立法，并使之与《极地规则》内容相呼应；另一方面，对现有国内法进行修改，使之与《极地规则》相衔接。西北航道旅客运输专门立法可包括航行安全和污染防治等具体措施，降低北极航行中的特殊风险，确保人命安全的同时保护北极海洋环境。

1. 航行安全

《极地规则》明确规定安全措施部分仅适用于缔约国船舶，而《指南》则指出《海上交通安全规章》既适用于 SOLAS 缔约国船舶，也适用于非 SOLAS 缔约国船舶，[①] 国内法适用的范围较广泛。对与此不符之处，应当以《极地规则》为准，在专门法律中规定适用的船舶范围为悬挂 SOLAS 缔约国国旗的船舶。

《指南》规定航行安全问题由加拿大交通部负责，船舶进入航行安全控制区应遵守加拿大国内法的有关规定，污染防治官员有权对船舶进行检查，命令不符合安全要求的船舶停泊在航行安全控制区外。[②] 加拿大设立的航行安全控制区包括专属经济区，虽然加拿大作为冰封区域沿岸国有权在专属经济区内制定环境保护的法律法规，但有关航行安全控制区的规定超越了环境保护问题。[③] 《极地规则》将航行安全和防止污染的措施分别规定在不同部分，有各自的立法目的和侧重点。加拿大航行安全控制区规制目标已不仅局

---

① Guidelines for the Operation of Passenger Vessels in Canadian Arctic Waters，TP 13670 E，Transport Canada，4.2，https：//www.tc.gc.ca/media/documents/marinesafety/tp13670e.pdf，访问时间：2015 年 10 月 30 日。

② Guidelines for the Operation of Passenger Vessels in Canadian Arctic Waters，TP 13670 E，Transport Canada，4.1，https：//www.tc.gc.ca/media/documents/marinesafety/tp13670e.pdf，访问时间：2015 年 10 月 30 日。

③ 白佳玉、李翔：《俄罗斯和加拿大北极航道法律规制述评——兼论我国北极航线的选择》，载《中国海洋大学学报》（社会科学版）2014 年第 6 期。

限于环境保护领域而外溢至其他安全领域。加拿大在进行专门立法时，可规定在航行安全控制区与专属经济区重叠区域仅适用与环境保护相关的法律法规，《联合国海洋法公约》赋予冰封区域沿岸国的环境立法权不适宜做扩大解释。①

客船安全方面，加拿大国内法应当参照《极地规则》，提高航行安全和人员安全的标准。《极地规则》救生装置和安排部分，规定了逃生、撤离和生存的目标、功能要求。逃生路线应安全可行，救生装置应提供安全撤离功能，特别规定客船应当为船上每一人员配备合适的救生衣。② 配备和培训部分，规定了客船船长、大副和导航值班人员在不同冰况水域的培训要求。③ 航行安全部分，《极地规则》对航海信息、设备功能、恶劣环境下所需的设备进行规定，这些方面都要考虑预计航程可能遇到的风险。④ SOLAS 专门针对客船安全的"救生设备和装置"部分，规定计划航行时间超过 24 小时的客船，应及时召集新上船的乘客进行安全问题介绍。强调对乘客的安全宣传和船员的安全演习，重视风险预防原则的运用。《指南》缺失可操作的航

---

① 《联合国海洋法公约》第 234 条规定，冰封区域沿岸国有权在专属经济区内冰封区域为防止海洋污染制定和执行非歧视性的防治、减少和控制船源污染的法律及规章。同时强调单边立法应满足冰封气候、重大生态损害威胁、最可靠科学证据和航行便利的要求。

② IMO, International Code for Ships Operating in Polar Waters (Polar Code)，Part Ⅰ-A, Chapter 8, http：//www.imo.org/en/MediaCentre/HotTopics/polar/Documents/POLAR%20CODE%20TEXT%20AS%20ADOPTED%20BY%20MSC%20AND%20MEPC. pdf#search=report%20on%20%20the%20maritime%20safety%20committee%20on%20its%20 ninety%2Dfourth%20session，访问时间：2015 年 10 月 30 日。

③ IMO, International Code for Ships Operating in Polar Waters (Polar Code)，Part Ⅰ-A, Chapter 12, http：//www.imo.org/en/MediaCentre/HotTopics/polar/Documents/POLAR%20CODE%20TEXT%20AS%20ADOPTED%20BY%20MSC%20AND%20MEPC. pdf#search=report%20on%20%20the%20maritime%20safety%20committee%20on%20its%20 ninety%2Dfourth%20session，访问时间：2015 年 10 月 30 日。

④ IMO, International Code for Ships Operating in Polar Waters (Polar Code)，Part Ⅰ-A, Chapter 9, http：//www.imo.org/en/MediaCentre/HotTopics/polar/Documents/POLAR%20CODE%20TEXT%20AS%20ADOPTED%20BY%20MSC%20AND%20MEPC. pdf#search=report%20on%20%20the%20maritime%20safety%20committee%20on%20its%20 ninety%2Dfourth%20session，访问时间：2015 年 10 月 30 日。

行安全和救生规定，仅要求客船装备雷达、罗盘、回声探测仪，由加拿大军队和海岸警卫队联合进行搜救。《2001 年加拿大航运法》仅规定船员和乘客应得到安全训练，未规定具体的时间。加拿大有必要在专门立法中对安全宣传、船员培训等方面制定与《极地规则》和 SOLAS 一致的标准。

2. 防止污染

促使《极地规则》环境保护部分生效的 MARPOL 修正案明确规定与防止污染措施有关的规定不适用于军舰和非商业目的的政府船舶。《指南》中指出，AWPPA 适用于所有船舶，隶属于外国政府的军舰、政府公务船舶满足一定条件，则内阁总理有权通过法令免除对军舰和政府公务船舶的管辖。① 加拿大专门立法应与《极地规则》一致，明确军舰和非商业目的政府船舶的豁免权。

《极地规则》禁止船舶向极地水域排放油类或油类混合物及有毒液体物质，但允许排放生活污水和垃圾。对于生效之日和生效之后建造的客船，只有在符合规则和 MARPOL 相关规定的情况下，才能在特定的区域排放污水。在《极地规则》生效之日前即 2017 年 1 月 1 日之前建造的船舶需要在 2018 年 1 月 1 日之后的首次中级或换证检验之前达到《极地规则》的相关要求。② 《指南》引用 AWPPA 的规定，禁止向极地水域排放任何污染物，此为"零排放"原则，比《极地规则》中的规定更严格。尽管根据《联合国海洋法公约》第 234 条的规定，加拿大有权在专属经济区范围制定关于环境保护的法律法规，但随着北极冰融，专属经济区的部分水域可能在未来全年无冰。此时，《联合国海洋法公约》第 234 条不再适用，加拿大环境保护立法

---

① 《加拿大北极水域污染防治法》第 12 条（2）款，内阁总理可以通过法律免除规定对政府公务船舶的适用，若采取了合理措施保证船舶在实质上同等于满足规定的要求，并采取了一切合理措施减少在航行安全控制区内航行所导致污染排放的危险。

② International Convention for the Safety of Life at Sea（London，1 November 1974，in force 25 May 1980）1184 UNTS 2，Chapter XIV-Safety measures for ships operating in polar waters，http：//www.imo.org/en/About/Conventions/ListOfConventions/Pages/International-Convention-for-the-Safety-of-Life-at-Sea-（SOLAS），-1974.aspx，访问时间：2015 年 10 月 30 日。

在污染物排放方面需参照《极地规则》的规定。

加拿大可通过专门性立法实现与《极地规则》的接轨，吸收现有的国内立法和《指南》的合理内容，改变其中与《极地规则》及 SOLAS、MARPOL 的冲突之处，弥补国内法在西北航道旅客运输法律规制方面的空白。

3. 现有法律制度的完善

若加拿大不进行专门性立法，就需要对现有法律制度中与《极地规则》及 SOLAS 和 MARPOL 修正案不符的部分进行调整。如果加拿大制定专门的法律规范北极水域航行船舶，为保持与国内法律体系的一致性，也有必要对与客船有关的国内法律制度进行调整，形成专门立法的配套制度，确保船舶及人员安全，保护北极环境。

加拿大现有法律法规完善在前文专门立法部分已有详述，其中最主要的立法完善主要针对 AWPPA 提出。AWPPA 中规定的航行安全控制区制度应当对适用的水域范围进行调整，与《联合国海洋法公约》的要求保持一致。在航行安全控制区属于专属经济区的水域仅适用环境保护方面的法律法规，安全方面的措施不能适用于专属经济区内的客船。AWPPA 对军舰和非商业目的船舶适用的规定应予以调整，明确这两类船舶的豁免权。基于北极冰消融的趋势，加拿大北极水域的专属经济区可能会成为无冰水域，因此"零排放"原则应依据《极地规则》进行调整，允许污水和垃圾在北极水域的有条件排放。《海上交通安全规章》中的船舶适用范围应进行调整，与《极地规则》安全措施部分的船舶范围一致，仅适用于 SOLAS 缔约国。《2001 年航运法》有关客船安全问题仅规定船员和乘客的安全训练，需参照《极地规则》和 SOLAS，有必要细化客船在航行中可能遇到风险的预防措施。

无论加拿大是否进行专门性立法，都有必要对现有法律制度中与《极地规则》冲突的内容进行调整。冲突主要包括 AWPPA 中规定的航行安全控制区制度的水域范围，"零排放"原则的调整等。对国内法律制度进行完善有利于实现与国际法的接轨，促进对国际法的遵守。

　　加拿大对西北航道旅客运输操作进行专门性立法并对国内法律制度进行调整是顺应国际立法趋势、与国际规则接轨的必然要求，新立法和国内法规则的调整都需要基于现有的相关制度，对照《极地规则》及 SOLAS 和 MARPOL，调整适用范围、具体标准等冲突之处，并保留原有的合理成分。北极环境恶劣，存在特殊风险；地区偏远，缺乏基础设施和搜救设施。客船结构、设备和人员的完备能够有效抵抗恶劣天气，确保客船和旅客安全。SOLAS 及《极地规则》安全措施部分强调风险的预防，重视人的作用在客船安全中的影响。加拿大专门立法和现有法律可加强对旅客的安全宣传，提高船员和旅客对紧急情况的应对能力，避免安全隐患和事故的发生。

　　北极旅游的蓬勃发展和极地船舶操作的立法趋势对东北航道和西北航道国际旅客运输的法律制度提出了挑战，配套制度亟需完善。在立法过程中应正确看待国际法和国内法的关系，通过国内规则对国际规则的遵守实现国际法治和国内法治的良性互动。《极地规则》已通过 SOLAS 和 MARPOL 修正案生效从而成为强制性国际法律规则的一部分。两国可通过专门立法实现与《极地规则》的呼应，在未来立法或法律修改过程中确保国内规则与国际规则的一致，推动北极旅游业的繁荣发展。

第七节　船舶北极航行中的船舶燃油污染防治与我国立法反思

　　近年来，由于全球气候变暖的影响，北极海域浮冰消融的速度逐渐加快，目前部分海域夏季无冰期已超过 30 天，初步具备了商船通航的条件。本节结合《2001 年国际燃油污染损害民事责任公约》（本节简称《燃油公约》）和《1976 年海事索赔责任限制公约》（简称 LLMC1976）及其 1996 年议定书（简称 LLMC1996）的规定，对《俄罗斯联邦商船航运法典》① 以及

---

① 《俄罗斯联邦商船航运法典》于 1999 年 3 月 31 日由俄罗斯国家杜马修改并于 1999 年 4 月 22 日联邦会议通过。

加拿大《海事责任法》相关规定进行分析，探讨在北极航道中我国船舶燃油污染损害赔偿责任限额法律适用问题，并通过对中俄、中加国内法的比较，反思我国沿海燃油污染损害赔偿责任限额法律适用依据所存在的不足并提出建议。

一、北极航道船舶燃油污染损害赔偿民事责任限制问题源起

北冰洋作为冰封海域，之前并未引起人类足够的重视，随着近年来气候变暖导致洋面冰层融化，北极所带来的政治、经济和军事价值不容小觑。这一系列价值的实现有赖于船舶的通航，由此，北极航道的重要性被推至风口浪尖。[①] 我国船舶在该航道中的燃油污染损害赔偿民事责任限制所适用的法律依据，关系到我国船东的切身利益。

船舶油污污染海洋环境包括船舶运输货物油泄漏所造成的污染，以及船舶自身航行所携带的燃油泄漏所造成的污染。结合我国实际情况，未来相当长时间内我国在北方海航道中航行的船舶类型将以散装货船和集装箱船为主，油轮航行则较少。

首先，作为原油进口大国，我国原油进口量逐年上升。目前我国原油进口量 50% 以上来自中东地区，另外一部分来自于非洲地区，因此目前我国的原油海运航线主要是中东航线和非洲航线。[②] 这两条航线从起点出发，都经过马六甲海峡到达我国港口。北极航线与之相比，在油轮原油运输方面，并不存在明显的距离优势。例如一艘油轮装载原油从中东出发，传统航线应经过波斯湾，之后穿越霍尔木兹海峡、马六甲海峡和台湾海峡抵达我国港口。北极航线主要对我国和西北欧以及北美西海岸间的远洋运输存在距离优势。当然，从能源安全角度考虑，经过马六甲海峡的航线易受控于其它国家，且途径海盗多发区，此时北极航线不失为一条理想的替代航线。但短期

---

①　白佳玉：《北极航道利用的国际法问题研究》，载《中国海洋大学学报》（社会科学版）2012 年第 6 期。

②　陈飞儿、张仁颐：《我国原油进口航线网络的优化》，载《上海海事大学报》（社会科学版）2006 年第 2 期。

内，我国油轮大规模利用北极航线的可能性较小。

其次，虽然我国在一定程度上依赖于俄罗斯的原油进口，但是目前我国从俄罗斯进口石油主要是通过铁路运输和管道运输，与之相比，通过北方海航道进行油轮运输并无明显优势。同理，中国与加拿大甚至跨越加拿大向北欧国家之间也并不存在主要的原油输出往来。因此总体上，通过北极航道在短期内进行油轮运输与现实需求不符。

可预测未来在俄罗斯北方海航道中航行的我国商船，将以散货船和集装箱船为主。由此，在船舶油污污染问题上，船舶自身携带燃油泄漏所造成的海洋环境污染问题将日益突出。1996 年的国际海事组织法律委员会第 75届大会上，燃油污染损害赔偿已成为主要议题。在该大会上，加拿大提交给国际海事组织法律委员会的一份报告显示，燃油污染具有多发的性质，而且已经占全球污染的 35% 左右。此外，船舶在北极航道航行，遭遇浮冰的可能性高于其他地区。与浮冰触碰易造成船体破损，导致船舶燃油泄漏污染海洋环境。燃油溢出后在该区域采取应急措施应对污染事故的难度也较大，所以船东在其船舶燃油泄漏造成海洋环境污染后将面临巨额索赔。该地区损害赔偿责任限制法律适用依据的不明晰，使该问题变得更加复杂。[①]

二、北极航道船舶燃油污染损害民事责任限制法律制度及其适用

船舶燃油污染损害民事责任国际法律制度包括国际海事组织（简称 IMO）制定的《燃油公约》、LLMC1976 以及 LLMC1996，船舶在北极航道航行也需尊重航道沿岸国有关燃油污染损害的国内法律规定。

（一）北极航道船舶燃油污染损害民事责任限制法律制度

《2001 年燃油污染损害民事责任国际公约》（简称《燃油公约》）是 IMO针对船舶燃油污染损害民事责任承担制定的首部公约，弥补了由《民事责任公约》和《基金公约》构成的国际油污损害机制对燃油污染规制的漏洞。其

---

① 董跃、刘晓靖：《北极石油污染防治法律体系研究》，载《中国海洋大学报》（社会科学版）2010 年第 4 期。

调整的法律关系不再仅限于由油轮运输的油类或者燃油而引起的损害赔偿关系，而包含任何形式船舶或非油轮船舶的燃油泄露，填补了船源污染治理的最后一项法律真空。《燃油公约》第六条规定："本公约的任何条款不得影响船舶所有人与提供保险和经济担保的人在任何可以适用的内国或国际法律制度中，诸如经修订的《1976 年海事赔偿责任限制公约》的情况下，享受责任限制的权利。"公约规定保险人可以享有相关公约规定的有关责任限制的权利，本身未对船舶燃油污染损害赔偿民事责任限制确定具体数额，而是规定责任主体可援引适用其内国相关法律或者加入的国际条约。公约调整的对象是任何形式船舶或非油轮船舶的燃油泄露，包括了非持久性油类。① 还将责任人范围从单一的船舶所有人扩大到船舶的登记所有人、光船承租人、船舶管理和经营人，从而有益于责任的承担。此外《燃油公约》的适用范围包含缔约国的领土、领海以及专属经济区，因此北极航道所在的绝大部分水域可得以适用。

LLMC1976 及其议定书第二章对人身伤害和非人身伤害的赔偿限制根据船舶吨位的不同分别规定了不同的计算方式。② 《燃油公约》是专门针对船舶所载燃油泄漏造成海洋环境污染的问题进行规制，LLMC1976 是专门针对海事损害赔偿责任限制数额问题进行总体性的规定，在其基础之上，LLMC1996 作为对 LLMC1976 的补充专门对责任限额进行了较大幅度的提高。《燃油公约》规定在船舶燃油污染损害赔偿方面，责任人可援引适用经修订的 LLMC1976 和 LLMC1996 所确定的责任限制数额。

俄罗斯有关于商船通航以及船舶保险等问题的法律规定主要体现在《俄罗斯联邦商船航运法典》中。一方面，该法典第 18 章专门针对船舶油污损害关系进行了规定，关于船舶所有人的责任限制数额，第 320 条规定以 5000 吨位船舶为起点进行计算，不足 5000 吨的，责任限额统一为 300

---

① 燃油公约第 1 条第 5 款规定"燃油，系指用于或打算用于操作或推进船舶的任何碳氢矿物油及此类油的任何残余物，包括润滑油。"

② 详见《1976 年海事索赔责任限制公约》第 6 条。

万特别提款权，① 对于超过 5000 吨的，每增加 1 吨，则增加 420 特别提款权，在任何情况下，不得超过 5970 万特别提款权。在法律适用范围上，该法典第 421 条规定，发生在俄罗斯联邦境内包括领海和专属经济区内的船舶油污损害关系适用本法典第 18 章的规定。另一方面，俄罗斯也已经加入了 LLMC1996 和《燃油公约》，在其法典第 427 条规定，如果俄罗斯参加的国际公约与本法典规定不同，适用国际公约的规定。在海事损害赔偿责任限制的具体数额以及计算方式上，《俄罗斯联邦商船航运法典》的规定与其加入的 LLMC1996 的规定存在较大不同，LLMC1996 适用船舶以 2000 吨位为起点，其递增计算的数额亦与俄法典第 18 章第 320 条的规定不同，公约规定的责任限制总额低于《俄罗斯联邦商船航运法典》的规定。

加拿大对船舶的一般性规定体现在《加拿大航运法》中，该法于 2015 年进行最新修订。适用对象包含所有加拿大籍船舶以及航行在加拿大管辖水域内的外国商船以及政府船。并根据第 35 条第（1）款 d 项规定，立法机构依据交通部建议且遵循相关国际公约制定的涉及污染的相关规章适用于专属经济区内航行的外国船舶。该法详细规定了船舶的制造、操作、人员等一系列标准，但未对责任限制进行规定。对责任限制的规定主要参照加拿大《海事责任法》。与俄罗斯不同的是，加拿大直接将 LLMC1976 第一至十五条以及第十八条，LLMC1996 第八、九条对海事责任限制的规定纳入到该法第三部分中，规定在加拿大生效，并保留了加拿大根据公约第十八条提出增加、删除保留事项的权利。对于燃油污染的规制也体现在《海事责任法》第六部分第一节中有关国际公约规定的污染损害补偿及责任限制的规定中。由于加拿大是《燃油公约》缔约国，《海事责任法》因此也将《燃油公约》的一至十条纳入该法中，并补充规定了污染责任和相关费用、以及依据公约第七条船舶具备相应证书的资质问题。对于燃油污染的责任限额适用第三部分对于海事责任限制的规定，即参照 LLMC 公约及其议定书的规定，并对 300 总

---

① 此处特别提款权是指国际货币基金组织规定的特别提款权，其与国内货币的具体换算办法由各国外汇主管机关进行规定，下同。

吨以下的人身和财产责任限制进行了详细的区分规定。

与俄罗斯不同的是，加拿大较好地将国际条约与国内法协调起来，并同时保留了自身对国际条约具体数额的修改权利。我国船舶在北极航道中发生燃油泄漏，对俄罗斯和加拿大的海洋环境造成损害，对于赔偿责任限制的具体数额的法律依据如何确定？以俄罗斯为例，从俄罗斯环境利益及充分保护北极海域的环境安全角度考虑，根据侵权行为地和最密切联系原则应适用《俄罗斯联邦商船航运法典》第 320 条中较高数额的规定，但这似乎违反了该部法典第 427 条所规定的国际公约优先适用的原则。同时，我国船东及其保险人也将会承担更高限额的赔偿风险。而如果根据公约优先适用的原则适用 LLMC1996 所确定的责任限额，俄法典第 18 章的规定又显累赘。同理，虽然加拿大并不存在明显的国内法与国际条约的冲突，但具体情形下也需明确法律适用。因此，我国船舶在该航道中的燃油污染损害责任限制之适用法律需进一步明确。

（二）北极航道船舶燃油污染损害民事责任限制的法律适用

中国、加拿大、俄罗斯作为《燃油公约》缔约国，应以《燃油公约》作为北方海航道内燃油损害发生的索赔依据。但《燃油公约》第六条未确定具体的燃油污染损害赔偿责任限额，而指示可援引适用主体所属的国内法或加入的国际条约。俄罗斯国内法的规定却出现适用上的冲突，即在其专属经济区发生的船舶燃油污染赔偿责任限额确定适用《俄罗斯联邦商船航运法典》抑或 LLMC1996，有待进一步明确。与此相比，加拿大政府则承担了相对更为积极的立法者角色，制定了一系列公私法防治海洋污染，构成了国际公约与国内法律并行"双轨制"法律机制，旨在促进国内法与国际公约的接轨，形成了一个涵盖燃油污染复杂但有效的规则体系。

俄罗斯国内法规定的责任限额高于国际公约乃出于充分保护本国海洋环境利益之考虑，同时由于北方海航道的特殊性，适用其国内法典所确定的较高限额本无可厚非。但另一方面，同时也应该考虑到国际公约的效力问题，在《俄罗斯联邦商船航运法典》中明确规定了国际公约优先适用的效力原则。因此，在具有涉外因素时，如我国商船在北方海航道中发生燃油污染事故，而两国又同时加入了 LLMC1996 时，应该优先适用国际公约，即 LLMC1996 中关于责任限额的规定，在不具有涉外因素时，方可适用其国内法的规定。但是，我国目前尚未加入 LLMC1996，所以我国商船在北方海航道中的燃油污染损害责任限额是否可依据该公约确定，还有待商榷。由此，未来该航道中发生的我国船舶燃油泄漏，如对俄罗斯管辖范围内的海洋环境造成污染，其受害方可能依据其国内法典的高限额标准进行索赔，这意味着我国船东及其保险人将承担更高额赔偿风险。

加拿大早前对燃油污染损害的民事责任限制缺乏专门的法律规定，而是适用《国际油污损害民事责任公约》（CLC 公约）的规定。加入燃油公约后国内法对燃油污染的责任限制适用 LLMC 公约对责任限制的规定。① 由于加拿大国内法对环境保护和油污污染的重视度较高，国内法律在此之前已经较为重视与国际条约接轨。因此从《海事责任法》2003 年至 2017 年所做的修正来看，对 300 总吨以下船舶的人身和财产造成损失的，以及码头、运河、港口所有人对船舶及其附属财产带来的财产损害的最大责任限制数额的规定并未修改。

与船舶所有人的油污损害责任限制适用 CLC 公约不同的是，对燃油污染责任的限制标准仍然依赖 LLMC 公约。但在今后燃油污染责任是否会脱离一般性海事责任限制的规定而单独设立，有待观望。同时，假如未来加拿大仿照俄罗斯在国内法中建立更高的责任限制标准并加以强制适用，则又会面临相似局面。并且，根据 LLMC 公约的规定，申请责任限制人需要在有管辖权的法院建立责任限制基金，并且联邦法院对建立和分配责任限制基金具有专属管辖权。当该责任限制基金建立在 LLMC 公约的其他缔约国管辖下时，加拿大应尊重他国的管辖权，并释放船舶或其他财产。

为保障我国船东的利益，就必须充分发挥海事保险制度分摊风险的作用，由此应该针对北极航道的特殊性，积极研究设置在该航道中的船舶燃油保险制度，同时《燃油公约》也对缔约国的强制燃油保险制度进行了规定。

---

① accession by Canada on 2 Oct. 2009，enter into force on 2 Jan. 2010.

考虑到北极航道特殊的气候条件，船舶在该航道触碰浮冰的概率将远远高于其他地区，因此造成船体破坏、燃油泄漏的事故几率也将会高于其他航线。而目前保险制度正是最有效的规避船东风险的方式，通过针对北极航道的特殊保险制度的设计，由保险人来分担船东在该航道航行的风险。

三、我国有关船舶燃油污染损害民事责任限制的法律规定

我国已批准加入了《燃油公约》，但尚未加入 LLMC1976 及 LLMC1996。从目前我国《海商法》对海事赔偿责任限额的规定分析，我国《海商法》规定的责任限额远低于国际公约标准。船舶燃油泄漏事故对海洋环境造成污染，会造成沿海国巨大的经济损失，一般情况下不涉及人身损害，所以在此只对二者的财产损害责任限额规定进行比较，具体对比见下表 4.1：

表 4.1　LLMC1996 与《海商法》规定的财产损失责任限额

LLMC 1996		《海商法》	
不超过 2000 总吨	限额 151 万特别提款权	300—500 总吨	限额 167000 特别提款权
2001—30000 总吨	每吨增加 604 特别提款权	501—30000 总吨	每吨增加 167 特别提款权
30001—70000 总吨	每吨增加 453 特别提款权	30001—70000 总吨	每吨增加 125 特别提款权
70000 总吨以上	每吨增加 302 特别提款权	70000 总吨以上	每吨增加 83 特别提款权

从上表比较可以得出，与 LLMC1996 相比，我国《海商法》确定的赔偿责任限额起点低，首先在小吨位船舶燃油污染损害赔偿责任限额的适用上，我国就远远落后于国际水平，明显处于不利地位。其次，在每个计算区间内，我国法律所确定的每吨增加的数额也低于公约规定的水平，以 2001 总吨至 30000 总吨为例，LLMC1996 规定每吨增加 800 特别提款权，而我国规定为 167 特别提款权，公约确定的数额比我国确定数额高出约 379%。由

于 1996 议定书规定了责任限额修正程序，仅允许缔约国在议定书规定限额之上规定旅客人身伤亡的责任限制，因此缔约国国内对财产损害的责任限额应该需要与议定书一致。因此，上述比较也适用于加拿大与我国的海事赔偿责任中财产损害限额的对比。我国规定远低于加拿大，即 LLMC1996 规定。

与 LLMC1996 规定的船舶燃油污染损害赔偿责任限额相比，《俄罗斯联邦商船航运法典》所确定的责任限额比之差距则相对较小，二者之间具体比较见下表 4.2：

表 4.2　LLMC1996 与《俄罗斯联邦商船航运法典》规定的财产损失责任限额

LLMC 1996		《俄罗斯联邦商船航运法典》	
不超过 2000 总吨	限额 151 万特别提款权	不超过 5000 总吨	300 万特别提款权
2001—30000 总吨	每吨增加 604 特别提款权	超过 5000 总吨	每吨增加 420 特别提款权
30001—70000 总吨	每吨增加 453 特别提款权		
70000 总吨以上	每吨增加 302 特别提款权	总限额不超过 5970 万特别提款权	

由上表可见，与 LLMC1996 相比，《俄罗斯联邦商船航运法典》则显责任限额起点较高。首先体现在区间的划分较粗简，使得增大了与国际条约统一的难度。其次具体从各个区间来看：小于 5000 总吨以下，俄罗斯规定责任限额一律为 300 万特别提款权，而 LLMC1996 则划分更精密，分别为 2000 总吨以下为 151 万特别提款权，而 2000 总吨至 5000 总吨区间内则为 151 万至 332.2 万；5000 总吨至 3 万总吨的区间俄罗斯的赔偿限额低于 LLMC1996 规定。以 3 万总吨为节点，公约数额比俄罗斯数额高出 23%。因此虽然俄罗斯的责任限额与中国相比已经更接近公约规定，但仍有一定差距。

与《俄罗斯联邦商船航运法典》规定的船舶燃油污染损害赔偿责任限额相比，《海商法》所确定的责任限额比之差距更大，二者之间具体比较见下表 4.3：

表 4.3　《俄罗斯联邦商船航运法典》与《海商法》规定的财产损失责任限额

《俄罗斯联邦商船航运法典》		《海商法》	
不超过 5000 总吨	300 万特别提款权	300—500 总吨	167000 特别提款权
超过 5000 总吨	每吨增加 420 特别提款权	501—30000 总吨	每吨增加 167 特别提款权
		30001—70000 总吨	每吨增加 125 特别提款权
总限额不超过 5970 万特别提款权		70000 总吨以上	每吨增加 83 特别提款权

从表中对比可以看出，《俄罗斯联邦商船航运法典》以 5000 总吨为起点，凡是船舶低于 5000 总吨的，责任限额一律为 300 万特别提款权，而我国《海商法》以 300 总吨为起点。以一艘 5000 总吨船舶为例，如果该船在北方海航道发生燃油污染事故，根据《俄罗斯联邦商船航运法典》的规定，赔偿责任限额为 300 万特别提款权，而相同的事故如发生在我国沿海海域，根据《海商法》的规定，经过计算后，责任限额为 918500 特别提款权，将比《俄罗斯联邦商船航运法典》规定的责任限额少约 200 万特别提款权。所以，与俄罗斯规定相比，我国明显处于不利境地。一艘同样级别的国际航行船舶在俄罗斯海域造成污染，与在我国海域造成污染，其赔偿责任限额标准所适用的法律依据存在着巨大的差别，而我国沿海领域所受到的船舶燃油污染情况同样不容忽视。

四、我国应对船舶燃油污染损害赔偿责任限额问题的措施探讨

通过对船舶燃油污染损害赔偿责任限额规定上的比较，在船舶燃油污染责任限制数额问题上，我国法律规定明显偏低。下面重点分析我国防治沿海燃油污染的必要性，对沿海船舶燃油污染情况可采取的措施提出对策建议。

(一) 我国防治沿海燃油污染的必要性

通过上文分析，在未来相当长一段时间内，北方海航道中船舶燃油污染问题将相对突出，航道沿岸国国内法的规定对此已经有所体现。与之相比，在我国沿海海域的船舶燃油污染问题早已凸显，随着船舶建造的大型化，该问题有日益严重之势，我国目前法律规定与两国国内法以及相关国际规则相比，具有明显的滞后性，应该引起足够的重视。

近年来，船舶燃油泄漏污染事故在我国沿海海域频发，对我国的海洋环境安全造成了巨大威胁。据统计，自 1973 年至 2007 年，我国沿海共发生溢油量 50 吨以上的重大船舶溢油事故 87 起，其中货船事故 34 起，货船事故占事故总数的 39.08%，溢油量占总溢油量的 20%。随着船舶的大型化，船舶所载燃油越来越多，一艘大型散装货船和集装箱船甚至可载燃油上千吨，这有可能导致重大燃油污染事故的发生，给维护海洋环境安全带来巨大压力。① 近年来典型案例也有很多，如2004 年 12 月，巴拿马籍集装箱船"现代促进"轮与德国"伊伦娜"轮在珠江口海域碰撞，导致 1200 多吨船舶燃料油溢出，成为近年来我国最严重的一次船舶溢油事故。事后，广东海事局和广东省海洋渔业局分别向广州海事法院提起诉讼，要求事故责任方偿付清污费用 1.27 亿元人民币和国家渔业资源损失 6000 万元人民币，该案最终以调解结案，广东海事局获赔清污费用 413 万美元，广东省海洋渔业局获赔渔业资源损失 350 万美元。如根据我国《海商法》所确定的责任限制数额进行处理，不仅该案原告诉讼请求不能完全获得法庭支持，甚至将很难达到调解结案所得赔偿数额之水平。

2012 年 3 月，装载有约 7000 吨硫酸和 140 吨燃油的韩国籍"雅典娜"轮在广东汕尾海域沉没，汕尾海事局当即向广州海事法院提起诉讼，请求判令被告支付相关清污费用共计 3500 万元人民币。2012 年 9 月，沉船打捞作业结束后，汕尾海事局经过核算确认，此次事故共造成打捞、清污等费用共

---

① 陈武祥：《〈燃油公约〉的实施对建立和完善我国污染损害赔偿机制的作用》，载《中国海事》2009 年第 11 期。

计 1.4 亿元人民币，遂于 2013 年 5 月份向广州海事法院递交了变更诉讼请求申请书。从近年频发的船舶溢油事故分析，非油轮燃油污染问题应该引起重视，尤其是外籍船舶在我国海域发生事故所造成的损害。但是，一旦外籍货船在我国海域发生燃油泄漏事故，造成了我国海洋环境损害和其他经济损失，将我国《海商法》的规定与《俄罗斯联邦商船航运法典》、《海事责任法》及 LLMC1996 相比，我国法律所确定的赔偿责任限额明显过低，这就有可能出现外籍事故责任主体对我国赔偿不足的情况。

(二) 完善我国燃油污染损害民事责任限制的法律规制

我国国内法对赔偿责任限额的规定，已经不符合国际发展的形势，更加不利于保护我国的海洋环境安全，尤其是针对外籍船舶在我国沿海频发的船舶溢油事故所造成的环境损害和其他经济损失，必须采取措施提高在我国海域中适用的船舶燃油污染损害赔偿责任限额。对于提高赔偿责任限额的方式，可通过以下三种方式进行：

其一，我国可尽快加入 LLMC1996，如此，在我国船舶燃油污染损害赔偿责任限额的法律适用上，可以根据《燃油公约》第六条的规定直接适用 LLMC1996 所确定的数额标准，这样在责任限额的规定上直接实现了与国际接轨。不仅我国商船在北方海航道中出现燃油污染事故，在事故损害赔偿责任限额的确定上因适用《俄罗斯联邦商船航运法典》而适用 LLMC1996，并且对于外籍船舶在我国沿海发生的燃油污染事故所造成的损失，也有必要适用 LLMC1996 所确定的数额，更大限度的补偿我国受害方的损失，有效保护海洋环境安全。另外，据 IMO 统计，现 LLMC1996 已对 52 个国家生效。在世界 35 个航运大国或地区中，已经有 11 个国家参加了该公约，其中包括俄罗斯、挪威、丹麦等北极国家。①

其二，可参照《俄罗斯联邦商船航运法典》的规定，修改我国国内法即《海商法》中关于海事赔偿责任限额的规定条款，针对我国沿海海域所受

---

① 胡正良等：《中国加入〈海事赔偿责任限制公约〉问题研究》，载《海大法律评论》2008 年版，第 301—333 页。

船舶燃油污染情况的严重性和紧迫性，针对国际航行船舶在我国专属经济区内的船舶燃油污染损害事故，规定一个较高限额的赔偿责任标准，改变目前我国国内法规定限额偏低、民事赔偿不足的问题。或者参照加拿大的做法，在正式加入公约之前将国际公约的规定以吸收的方式并入国内法体系之中。如是，在我国未加入 LLMC1996 的情况下，我国污染受害方可根据《海商法》中规定的较高限制数额向污染者索赔。

其三，由于北极特殊的气候条件，我国船舶在北极航道航行中易与浮冰触碰，从而造成船体破损，导致燃油泄漏，我国可在航道大规模利用前对北极航行船舶提供一定的国家补贴，促使船东对船舶进行改造升级，增强其在北极航道航行中应对各种风险的能力。针对我国船舶在我国沿海海域可能发生的燃油污染事故，在强制燃油保险制度之外，可设立船舶燃油污染损害赔偿责任基金为补充，充分发挥基金的双重保障功能。

通过对北极航行中船舶燃油污染损害赔偿民事责任限额法律适用依据的探讨，在船舶燃油污染损害赔偿限制具体数额方面，经过对《俄罗斯联邦商船航运法典》、《海事责任法》、LLMC 公约与我国《海商法》进行比较，建议在切实保障我国船舶北极绿色航行的同时，通过加入 LLMC1996 提高外国船舶在我国管辖海域造成燃油污染的赔偿限额，维护我国沿海海域环境安全。

第 五 章
我国与北极航道沿岸国的合作机制研究

我国北极权益主要包括航行、资源开发、科学考察和环境保护权益。我国北极权益的实现面临地缘位置、北极理事会观察员苛刻制度、北极国家国内法特殊规定、西方世界误读、本国北极战略及国内法配套制度缺失等一系列障碍。合作可有效解除我国权益实现的困难。与北极国家或其他北极利益攸关国合作为国家层面的合作，参与政府间和非政府间国际组织为国际组织平台上的合作。我国参与北极航道沿岸国的航道多元化治理乃国家间合作的有益尝试，也是打造北极航运事务双赢局面的最主要合作方式。

第一节　我国开展北极事务合作的逻辑论证

我国在北冰洋拥有国际法基础上的航行权益、资源开发权益、科学考察权益和环境保护权益。这些权益的实现将有利于中国新的海上战略通道的开通，能源处女地的开发及远洋渔业的发展、海洋科学研究的进步和气候变化的应对。然而，我国北极权益的实现却面临诸多阻碍。

一、我国实现北极权益的主要障碍

我国在北冰洋拥有国际法基础上的航行权益、资源开发权益、科学考察权益和环境保护权益。这些权益的实现将有利于中国新的海上战略通道的开通，能源处女地的开发及远洋渔业的发展、海洋科学研究的进步和气候变化的应对。然而，我国北极权益的实现却面临诸多阻碍。

（一）北极地缘政治领域属近北极国家

北极地缘政治是国际政治行为体围绕北极事务进行竞争与协调所造成的，国际政治行为体是北极地缘政治的主体。① 北极地缘政治行为体由国家、国家集团、政府间国际组织和国际非政府组织组成。国家这类行为体包括北冰洋沿岸国家、环北极国家和近北极国家，国家集团则包括北极五国、环北极八国、欧盟和北约，政府间国际组织包括北极理事会、巴伦支欧洲—北极理事会、西北欧理事会、联合国政府间气候变化专门委员会和政府间海洋科学委员会，国际非政府组织包括国际北极科学委员会、北冰洋科学委员会、欧洲极地委员会和国际极地基金会。当今北极地缘政治的格局中，行为体间因不同的利益驱动而组合，形成多层次的地缘政治团体。主权国家行为体中的环北极国家、国家集团中的北极五国、国际组织中的北极理事会是主导北极事务的行为体。② 我国在北极地缘政治行为体中，属于近北极国家，③ 尽管相比其他北极圈外国家在地缘上更接近北极，也更直接地受北极自然环境变化的影响，但在当前的北极地缘政治格局下所发挥的影响力比较有限。

（二）通过北极理事会观察员身份实现北极权益困难重重

早在1991年，环北极八国签署了《北极环境保护战略》，旨在治理持久性有机物、石油、重金属、放射性物质以及酸化引起的环境问题。此后，在1996年，北极八国在加拿大渥太华签署了《成立北极理事会宣言》，八个北极国家和四个北极土著居民组织是北极理事会的成员国，允许受邀请的观察员参加北极理事会部长级会议、其他会议和活动，允许临时观察员参与某次特定会议。《成立北极理事会宣言》属于一份"软法"性文件，北极理事会参加成员包括了非主权国家——北极土著民组织。因此，北极理事会不属于

---

① 陆俊元：《北极地缘政治与中国应对》，时事出版社2010年版，第65页。

② 2008年5月27—29日，北极五国在格陵兰岛伊鲁塞特召开会议，发表的《伊鲁塞特宣言》强调了北极五国在北极事务中的特殊权益，期冀北极五国在北冰洋五国中发挥主要作用。

③ 陆俊元教授在其《北极地缘政治与中国应对》一书中提出"近北极国家"概念。

严格意义上的国际组织。① 尽管北极理事会的法律地位属于政府间高层论坛，而不是政府间国际组织，但其近些年在北极环境保护事务、《北极环境保护宣言》项目小组管理、动植物保护、北极突发事件应急法律文件的制定方面的工作有目共睹，已发展成有关北极事务的最具影响力的区域性政府间高层论坛。

中国于 2007 年 4 月向北极理事会高官会提交了北极理事会第六次部长级会议观察员地位的申请，该次高官会批准了中国临时观察员地位；2009 年 4 月期间，中国分别以临时观察员身份参加了挪威诺尔兰郡召开的北极理事会高官会和在挪威特隆姆瑟召开的北极理事会第六次部长级会议。中国是北极地区域外国家，参与北极理事会事务的最佳通行证是观察员身份，但这条尝试之路似乎与中国渐行渐远。2011 年在丹麦格林兰岛首府努克召开的北极理事会第 7 次部长级会议出台了"高官报告"，要求申请成为北极理事会观察员的国家必须承认北极国家的主权、主权权利和管辖权，且观察员职责限制在只能参与科学研究或财政资助问题。② 北极国家的门罗主义倾向昭然若揭，成为北极理事会观察员意味着承担更多的义务却有丧失相应权益的风险。北极理事会观察员身份将桎梏中国北极权益的实现。

（三）个别北冰洋沿岸国的国内法规定不利于北极航运的开展

《联合国海洋法公约》第 234 条又称为"北极条款"，③ 根据该条款的规定，北冰洋沿岸国有权制定和执行非歧视性的法律和规章，以防止、减少和控制船只在专属经济区范围内冰封区域的污染，但法律和规章应适当顾及航行和以现有最可靠的科学证据为基础，以保护和保全海洋环境、避免因海洋环境污染造成生态平衡的重大损害和无可挽救的扰乱为目的。然而，一些北冰洋沿岸国的国内法规定却在内容上偏离了《联合国海洋法公约》此条规定

---

① 梁西先生在其《国际组织法》中指出，国际组织法所定义的国际组织，指政府间国际组织，即若干国家为特定目的以条约建立的一种常设机构。

② 郭培清：《应对北极门罗主义的挑战》，载《瞭望》2011 年第 42 期。

③ 程保志：《北极治理机制的构建与完善：法律与政策层面的思考》，载《国际观察》2011 年第 4 期。

的主旨，不利于北极航运的开展。俄罗斯1991年《航行北方海航道规则》规定通行于俄罗斯北方海航道的外国船只在通过俄罗斯领海和专属经济区时均需要缴纳通行费；其1996年《关于北方海航道破冰和领航指南规则》要求利用北方海航道的船只需至少提前4个月向北方海航道管理局提交申请，进入航路后至少有两名俄方引航员登船引航，但若发生危险由船方自负。加拿大对西北航道未如俄罗斯一样提出缴费和强制引航的要求，却早在1970年颁布了《北极水域污染防治法》（AWPPA），规定沿海100海里范围内禁止船舶污染，提出《船舶安全航行控制区域条令》设置了海岸线外100海里范围内的16个航行安全控制区，对控制区内通过的船只建造标准等以防止海洋污染控制和管理为目的加以约束。1985年9月10日，加拿大更是断然宣布北极群岛水域属于历史性内水。加拿大国内法目的在于将北极群岛水域性质定性为内水，从而限制外国船只的通行。

（四）西方世界对我国实现北极权益存在误读

西方一些学者对中国争取的北极权益持比较警惕的态度。2011年年初，挪威斯德哥尔摩国际和平研究所研究员琳达·雅各布森撰写了《中国为无冰北极进行准备》的研究报告，这份报告可被视为西方国家尤其是北冰洋沿岸国家对中国北极权益主张的代表性解读。但其中扩大了中国北极权益的范围，几乎将北极问题的全部因素与中国的潜在利益相联系。[1] 加拿大加尔格里大学历史学教授大卫·赖特在2011年发表题为《中国龙直击世界之巅：中国北极政策论争》的研究报告，文中形容"中国力图'插手'北极事务，但不便于直说"。[2] 报告甚至建议美国尽快批准《联合国海洋法公约》，以防止中国利用外交优势对《联合国海洋法公约》做出对己有利的修改，而影响在北极周边海域的安全。[3] 西方学者对我国依据国际法原则及《联合国海洋

---

① 刘惠荣：《中国在北极可以做什么》，载《经济参考报》2011年12月27日。

② David Wright，*The Dragon Eyes the Top of the World：Arctic Policy Debate and Discussion in China*，p.3.

③ David Wright，*The Dragon Eyes the Top of the World：Arctic Policy Debate and Discussion in China*，pp.35-38.

法公约》主张北极权益的活动夸张解释，反应过度。2012 年 9 月 20 日，美国《国际先驱论坛报》发表的《中国强力挤入北极资源争夺竞赛》的文章，夸大解释中国希望在北极冰融后的资源开采中分一杯羹。西方世界对我国实现北极权益的误读不利于北极国家正确看待我国开展北极事务的友好初衷，更将我国进行的北极活动置于"高倍放大镜"下，束缚了我国本属国际法框架内北极活动的开展。

（五）国内北极战略及相关法律、法规缺失

"我们都更需要发展一种思想方法，使我们能够控制事变，而不受事变的左右。这就是战略为什么在当前如此重要、如此值得研究的缘故"。① 我国北极权益的实现需要在我国北极战略的指导下完成。亚洲国家中，中国是较早向北极理事会申请观察员身份的国家之一，近年来已开展七次北极科学考察活动，与一些北极国家如挪威和冰岛已开展了双边交流，但目前为止，中国尚未制定全面、具体的北极战略。我国有关北极事务的战略安排应置于国家海洋发展战略中，作为远海事务通盘考虑。北极战略的缺失，导致北极相关法律、法规无从发挥战略辅助的作用。我国已进行的北极科学考察，以及未来将参与的北极航行、北极资源开发等活动均缺少法律规范。国内北极战略及相关法律、法规的缺失使得我国实现北极权益的活动不能有序开展，做到常规化、系统化发展。

二、北极合作的必然趋势

冷战期间，北极位处美苏两大军事集团对抗的前沿地带。② 北极地区的国际合作举步维艰。1987 年 10 月 1 日，苏联领导人戈尔巴乔夫在巡视苏联北方军事重镇摩尔曼斯克时发表的讲话解冻了美苏关系，也解冻了"冰封"的北极合作，其呼吁东西方开展多边或双边合作，将北极变成和平之北极。此后，北极合作机构及论坛陆续产生。1988 年 3 月，北极八国建立了非政

---

① 安德烈·博福尔：《战略入门》，军事科学出版社 1989 年版。

② 郭培清、田栋：《摩尔曼斯克讲话与北极合作——北极进入合作时代》，载《海洋世界》2008 年第 5 期。

府组织——国际北极科学委员会，1996 年中国被接纳为正式成员国。1991
年，北极八国签署的《北极环境保护战略》为北极合作奠定了基础。1996
年，北极理事会成立，成为北极地区合作史上的一座里程碑。① 除北极理事
会这样的高层次论坛，还有一些由地方政府及商业组织组成的论坛成立——
如北方论坛，主要成员有加拿大、芬兰、日本、韩国、蒙古、挪威、中国、
瑞典、美国、俄罗斯等国的地方政府。《联合国海洋法公约》生效后，一些
北极国家意识到北冰洋蕴藏的丰富资源。继 2007 年俄罗斯在北冰洋底插旗，
北冰洋大陆架划界、岛屿纷争甚嚣尘上，北极国家间的龃龉背后直指北极巨
大的战略价值。2011 年，北极八国召开的第七届北极理事会部长级会议就
北极理事会观察员身份提出三个承认的准入门槛，涉及主权、主权权利和管
辖权，以环境保护为目的的高层论坛筑起了门罗主义围栏。我国为实现北极
权益，突破阻碍北极权益实现之重围，大力开展北极合作乃大势所趋。国际
合作作为国际法之基本原则，为我国在国际法框架下开展北极事务提供了有
力的法律依据。②

（一）以合作消解地缘之不利

现代国际法发展的基础即"国家主权"概念："所谓主权，就是说它的
行为不受另外一个权力的限制，所以它的行为不是其他任何人类意志可以任
意视为无效的"。③ 国家主权的范围及于一国领土，包括领陆、领空和领水。
领水则包括了内水及领海。《联合国海洋法公约》在肯定了领海宽度的同时，
还增加了以主权权利为依托的专属经济区和大陆架概念，体现了对沿海国陆
地领土的尊重，亦是"以陆定海"思想的彰显。北极国家在 2008 年 5 月发
布的《伊卢利萨特宣言》认可《联合国海洋法公约》是解决北冰洋沿岸国权
利主张的国际法依据。北冰洋沿岸国不同海域和底土（领海、毗连区、专属

---

① 秦倩、陈玉刚：《后冷战时期北极国际合作》，载《国际问题研究》2011 年第 4 期。

② 联合国大会在 1970 年 10 月 24 日通过的《关于各国依〈联合国宪章〉建立友好关系及合
　作之国际法原则之宣言》中将国际合作原则列为七项原则之一。

③ 西方法律思想史编写组：《西方法律思想史资料选编》"战争与和平法"节选，北京大学
　出版社 1983 年版，第 145 页。

经济区和大陆架）的法律制度来源于国家主权和主权权利。我国无毗邻北冰洋的土地，意欲开展北极航运，开发、开采北冰洋沿岸国专属经济区和大陆架的自然资源，在相应海域和底土进行科学考察，均需尊重北冰洋沿岸国的主权和主权权利。以国际合作为桥梁，可消解我国不直接毗邻北冰洋的不利局面。北极国家资源的充分开发、港口建设、环境保护和科学数据的分享也有赖于同其他国家的合作。可见，国际合作非但没有影响到北极国家的主权和主权权利，反而丰富和发展了国家主权和主权权利的内容。[1]

（二）以合作破解北极理事会之金汤

北极理事会作为高层次论坛，其设立源于对北极脆弱生态环境保护之需要。北极理事会设立的基础是软法性文件《成立北极理事会宣言》，理事会成员包括 8 个北极国家。近年来，北极理事会主要关注北极气候变化、北极海洋环境、北极能源、污染物治理、生物多样性保护和北极安全等问题。成为北极理事会观察员，可以极大提升我国在北极事务中的话语权，掌握北极开发国际规则的动态。但是，非北极国家对北极事务的关注刺激了北极地区作为一个整体的意识。[2]北冰洋沿岸国试图将北极定性为纯粹地区性问题，认为北极国家间的纷争亦可关起门来讨论，与非北极国家无关。[3] 2011 年北极理事会第七届部长级会议提出的承认北极国家主权、主权权利和管辖权为前提的观察员门槛，大有将非北极国家关在北极理事会门外的征兆，北极理事会以固若金汤的姿态应对非北极国家对北极地区的善意关切。但事实上，北极国家抑或由北极国家组成的北极理事会无法仅依靠自身解决北极问题，北极理事会成员国利益的实现也无法单独依靠北极理事会在封闭的对话空间中解决。国际法框架下开发、利用北极，谋求我国北极权益与不同北极国家利益的契合，寻求合作的机遇可破解北极理事会的"金城汤池"。中国的合作姿态也成功为中国打开北极理事会的合作之门，2013 年 5 月 15 日，北极

---

[1]　徐杰、冯以新：〈论国际法上的国家主权与国际合作〉，载《法学评论》1992 年第 1 期。

[2]　Carina Keskitalo, "International Region-Building: Development of the Arctic as an International Region", *Cooperation and Conflict* 2007 (42), p.193.

[3]　秦倩、陈玉刚：《后冷战时期北极国际合作》，载《国际问题研究》2011 年第 4 期。

理事会接受中国成为观察员，中国也将为北极地区的和平、稳定和可持续发展付诸努力。

（三）以合作开解个别北极国家国内法之规定

个别北极国家针对北极航行制定了严格于普遍认可的国际法一般规则的国内法规则。如俄罗斯主张北方海航道属其国内航道，航道上几条重要的海峡为"内水"，制定了一系列法规对航道实施垄断性控制，如要求缴费和强制引航。加拿大则称西北航道的所有海峡均属其"内水"，通过环保立法对西北航道通行加以限制。但是，北极国家也需要发展贸易及航运，俄罗斯和加拿大北极航道的基础设施建设起步不久，需要有其他国家的合作，北极国家资源开发后的对外贸易也需要他国商船的辅助。因此，在不做出任何法律主张的前提下，与俄罗斯、加拿大开展双边互惠合作，可以暂时搁置对敏感水域法律地位的确认，有效实现国家北极权益。除同这些北极国家开展合作，借助国际组织平台，发挥我国在这些国际组织中的发言权和影响力，也可对个别北极国家与国际法有冲突的国内法之规定构成一定压力。

（四）以合作化解西方世界之误读

西方世界在解读中国的北极活动时存在一定的误读。国际海洋法框架下，和平开发、利用海洋资源是海洋法赋予主权国家的权利。中国迄今为止七次北极科考，意在更为全面了解北极，了解北极与气候变化的相互关系并与世界分享。借助合作的平台，我国可以让北极国家和西方世界了解中国的和平发展的方向。一些西方学者以有色眼镜评论中国的发展还将持续，[1] 其对中国和平崛起的怀疑需要我国以合作的方式化解。合作包括官方合作与民间合作的开展，以及认识和意识的交流、互动。我国北极事务研究专家在国际会议及其他对外交流场合对我国外交政策、海洋政策和合理、合法北极权益的解读可以很好地化解西方学界的误读。学术合作也能很好地实现这个目标。学者的认识可影响民间和官方的认识，通过这种学术界的交流来打通西方世界对中国的心理障碍大有裨益。

---

[1] Linda Jakobson, Jingchao Peng, SIPRI Policy Paper 34, Nov.2012.

(五) 以合作注解我国北极战略之部署

我国的北极战略属于远海战略，应置于我国的海洋发展战略之中。战略乃治国之道，安邦定国之途。自古以来，我国受陆地文化影响，对海洋未给予足够的重视。近年来，国家认识到发展海洋事业的重要性，更是在2012年将"海洋强国"定位为治国方针。但需要强调的是，中国的"海洋强国"方针不同于马汉的海权理论，中国发展海洋强国之意图不在于控制海洋，更不在于通过控制海洋而统治世界。我国的海洋强国目标一方面在于强化海防，另一方面在于陆地经济与海洋经济的双重繁荣。北极战略是贯彻我国海洋强国方针的重要内容，是繁荣海洋经济的有效路径。北极航道的开通可缩短我国到欧洲的海上航程，更为北极国家开发北极资源提供了海上运力。这些经济活动的开展离不开同北极航道沿岸国及其他北冰洋沿岸国在航运、贸易和其他经济领域的合作。将合作作为我国未来北极战略实施的核心手段可打消北极国家的顾虑，也印证了我国和平崛起之决心。

三、北极合作机制之梳理

根据《现代汉语词典》的解释，"机制"一词包括三个含义：一是指机器的构造和工作原理；二是指有机体的构造、功能和相互关系；三是泛指一个复杂的工作系统和某些自然现象的物理、化学规律。本节所探讨的"北极合作机制"指为实现我国北极权益，可通过哪些合作手段及途径来落实。我国作为北极圈外国家或"近北极国家"，合作是落实我国北极权益的最佳选择。但如何开展合作是合作机制需要研究的内容。目前，可开展的北极合作主要围绕一条主线，两个层面，四个维度进行。具体而言，即利益共赢的主线，国际组织层面的合作和国家层面的合作，以及国际组织层面中的区域性国际组织和全球性国际组织的维度、国家层面中的与北极圈内国家合作或北极圈外国家合作的维度。

(一) 区域性国际组织维度下的北极合作机制

北极合作机制中的区域性国际组织维度主要针对北极国家为维护北极环境，保护北极土著民利益，推动北冰洋沿岸国在能源、运输、林业、环境等领域的合作而建立起的区域性国际组织平台上的北极合作。前文提到的这类区域性国际组织包括北极理事会、巴伦支海——北极理事会、西北欧理事会，其中最具影响力的为北极理事会。事实上，无论是区域性国际组织，抑或全球性国际组织，其成立是成员国或理事国对自身国家主权的某种限制，乃成员国或理事国自愿达成联盟并遵守该组织决议的利益共同体。国际组织决议的适用范围限于成员国或理事国主权范围内。以北极理事会为例，它是北极八国最初以北极环境保护为目的的政府高层论坛，尽管不属于严格意义上的政府间区域性国际组织，但其近年来的发展之势促使其发展成北极地区最具影响力的准区域性国际组织。北极八国根据1996年《成立北极理事会宣言》达成共治北极环境事务的意愿，北极理事会制定的软法性决策、政策获得北极八国的普遍支持。我国参与其中的理想身份为北极理事会观察员，尽管观察员身份不会给中国带来北极事务投票权，却可向部长级会议提交文件，经主席团同意后还可发表意见。但非北极国家对北极事务的关注促使北极国家警惕北极圈外国家的参与，通过制定苛刻的条件一方面限制观察员的准入、另一方面降低观察员在北极理事会内部的权利。北极理事会维度下的北极合作仿佛成了"鸡肋"。

（二）全球性国际组织维度下的北极合作机制

气候变暖导致北冰洋融化，北冰洋及其底土蕴含的丰富生物和非生物资源是北极国家纷扰乱象背后的真正原因。然而，在资源开发、航道通行、科学考察、环境保护及气候变化等领域，北极国家与非北极国家都具有一定的国际法支持的利益。

首先，在资源开发方面，北冰洋沿岸国对其专属经济区和大陆架上的生物资源与非生物资源具有排他性开发、开采的权利，但在北冰洋沿岸五国专属经济区及大陆架外的公海和国际海底区域内应分别适用公海自由原则和人类共同继承遗产原则，依全球治理理论来管理。

其次，在航道通行方面，北极航道包括北方海航道、西北航道和穿极航道，其中经北方海航道需穿越俄罗斯若干海峡、经西北航道需穿越加拿大北极群岛，船舶在经过俄罗斯和加拿大有待定性和争议的水域后经过的是可供自由航行的专属经济区或公海，国际海事组织制定的国际航行规则应予以适用。

再次，科学考察方面，联合国教科文组织下属的政府间海洋学委员会的主旨就是帮助发展中国家加强制度，获得在海洋科学方面自我驱动的可持续性能力，北冰洋是海洋学委员会关注的区域。然后，在环境保护方面，北极是人类最后待开发的"处女地"，北冰洋生物和非生物资源的开发都需要考虑到对全球海洋环境的影响。北冰洋作为世界四大洋之一，并非"闭海"。对北冰洋海洋环境的保护不应如同《联合国海洋法公约》对"闭海"的保护，即北冰洋沿岸国管辖范围外的水域和底土环境保护应充分顾及全人类的共同利益。

最后，在气候变化方面，北冰洋被称为"全球变化指示器"，联合国政府间气候变化专门委员会作为世界气象组织的下属机构，对气候变化的科学、技术和社会经济信息进行评估，北极因其与气候变化密不可分的关系，系全人类共同关注事项，应吸收全球性国际组织参与治理。通过上述分析不难看出，全球性国际组织维度下的北极合作空间广阔。

（三）与北极圈内国家合作的机制

北极圈内国家又称环北极国家，指在北极圈内有领土或海域分布的国家。尽管有学者指出我国是"近北极国家"，但因在北极地区无相应领土及海域，在进行北极资源开发和若干航道航行时，需大力开展与北极国家的合作。我国目前与挪威和冰岛均开展了不同层面的北极合作。

首先，我国与挪威和冰岛的北极合作表现在学术领域，专家们通过学术交流探讨合作的可行性和模式，并试图建立联合科研机构将北极科学研究常态化。

其次，我国与挪威和冰岛的政府高层开展对话，2012 年 4 月 20 日我国总理温家宝访问冰岛，与冰岛总理西于尔扎多蒂进行会谈，两国总理表达了两国在极地方面的合作意愿，认为极地合作的目的是使北极地区保持和平、稳定和可持续发展，两国可以在极地环境、生态以及安全方面开展合作。此次访问中，中国国家海洋局与冰岛外交部签署了海洋与极地合作备忘录。同年8月，我国科考船"雪龙"第五次北极科考，抵达冰岛雷克雅未克，访问期间，两国科学家举办了第二届中冰北极科学研讨会等其他学术活动，探讨了在上海建立中国—北欧北极合作研究中心等一系列事宜。

由此可见，近几年我国与北极圈内国家的北极合作正在有序开展，但除冰岛外，我国与其他北极国家的合作仍主要停留在学术沟通或民间了解上，由政府牵头开展的官方合作比较少。北极圈内国家的北极战略各有不同，我国一方面与个别国家通过双边互惠开展合作的同时，促进国际法律秩序在北极的形成更有利于我国北极权益的固化。

（四）与北极圈外国家合作的机制

北极事务与北半球、甚至全球的关联度不断增强，北极圈内国家积极开展北极事务外，北极圈外国家也越来越多地开始关注北极。北极环境保护、科学考察和应对气候变化措施需要北极圈外国家的积极参与。欧洲的英国、爱尔兰、德国、荷兰，亚洲的中国、韩国、日本、印度都表现出对北极研究的兴趣。北极气候变化作为"全人类共同关注事项"，应鼓励各国合作探讨和应对气候变化给北极环境、生态、安全、交通等方面带来的问题。我国目前尚未开展与北极圈外国家的合作，通过国际组织平台开展这类合作比分散地与北极圈外国家开展合作将更具成效。

第二节　我国参与北极航道治理的可行模式

作为未来的"舰队高速公路"，西北航道的军事价值日益体现，此外，待西北航道正式开通之时，西北航道特殊的地理位置使其可以带来巨大的经济效益、资源价值以及战略性的军事价值；北方海航道相比西北航道更具商业开发和大规模利用的潜力，因此本节主要从北方海航道和西北航道的视角探讨我国参与北极航道治理的可行模式。

不可否认，北方海航道在未来相当长一段时间内都会处于俄罗斯的有效管辖之下。但参与北方海航道的多元治理不可被视为俄罗斯主权和主权权利的让渡；就西北航道而言，加拿大一直试图通过主张历史性水域的权利，将西北航道作为其本国内水进行完全控制，但国际社会对西北航道的法律地位历来争议不断。由此西北航道的多元治理形势仍不容乐观，但多元治理的开展并不会影响到西北航道法律地位的确定，下文将比较北方海航道和西北航道与其他国际航行海峡的治理模式，并进一步探讨西北航道和北方海航道作为北极航道的多元治理的发展空间。

一、北极航道与其他国际航行海峡治理模式的比较

分析北极航道多元治理的可行性，首先要从北方海航道和西北航道及其他典型国际航行海峡自身的属性、历史，及法律规制作为着眼点和落脚点。

（一）航道的共性

北方海航道、西北航道、马六甲海峡、苏伊士运河和巴拿马运河存在一定的共性与特性，这些共性与特性既来自于航道自身的属性、航道的通航价值，也来自于沿岸国的航道法律及管理，更受到国际海运及国际关系大背景的影响。

1. 复杂的历史因素

马六甲海峡、苏伊士运河和巴拿马运河都经历了主权变动的历史过程。

马六甲海峡历史上曾是葡萄牙的殖民地。16 世纪末荷兰加入到争夺东南亚殖民地的过程中，通过贸易公司的成立及运营、与东南亚国家及部落成立反对葡萄牙的同盟、实行贸易垄断及海峡封锁等手段，在 1641 年从葡萄牙手中取得马六甲海峡的控制权。英国人自 17 世纪初开始与荷兰进行亚洲殖民地的争夺与竞争，双方通过贸易竞争和军事对峙等手段，直至 1819 年英国占据新加坡，通过多年的谈判，在 1824 年达成协定，英国就此取得马六甲海峡的完全控制权。[1]

苏伊士运河最初由法国人取得开凿权，英国人自 1882 年起在运河地区

---

[1] 翁惠明：《早期殖民者对马六甲海峡的争夺（1511—1824）》，载《东岳论丛》2001 年第 5 期。

建立军事基地。1914 年，德国支持土耳其武力夺取运河的行为失败。1922 年英国承认埃及为独立国家，但没有放弃在运河的驻兵。20 世纪 30 年代，苏伊士运河由意大利军队长期使用。二战时德国夺取苏伊士运河的计划没有成功。二战结束后，埃及国内要求收回运河的呼声十分高涨，1956 年英国完全撤离埃及，苏伊士运河被埃及宣布收为国有。1956 年，英国、法国与以色列掀起第二次中东战争，此次"苏伊士运河战争"中，埃及取得胜利。美国在历史上对中东地区进行了持续的渗透，在运河战争中通过多种手段向英国施加压力，削减英国在中东地区的影响力。冷战时期美国与苏联在中东地区展开了激烈的争夺。作为海权大国，美国十分重视海上自由航行权的行使，希望维持苏伊士运河的开放与和平使用。①

1903 年《美巴条约》使巴拿马成为美国的附属国，巴拿马运河的永久使用权和控制权被美国获得。1977 年美巴签订新协定，自 1990 年起将运河逐步归还巴拿马，在 1999 年实现巴拿马对运河的完全管理，并实现运河的永久中立。在巴拿马运河主权归还的过程中，美巴两国矛盾不断，归还过程充满矛盾与波折。

北方海航道不存在战争或他国争夺的历史，自苏联起便配备较全面的法规予以规制。但是这种主权的声明并不具有完全的说服力，将北方海航道所在部分水域视为内水的理论依据有扇形原则、历史性水域说，但是官方法律与文件并没有对其理论依据进行清晰明确的解释说明，学者对此的观点也不尽相同。

就西北航道而言，在历史上，有关西北航道及所在水域法律地位争议不断，最早在 1973 年加拿大在其官方声明中宣布北极群岛水域为其国内内水，加拿大对其享有完全主权。但是这种主权的声明同样也并不具有完全的说服力，将西北航道视为内水的理论依据有扇形原则、历史性水域、直线基线，但是加拿大的官方法律与文件中也并没有对其理论依据进行具体的解释说明，且政府态度也时而模糊，加拿大学者对此观点也不尽相同。目前，对

① 梁芳：《海上战略通道论》，时事出版社 2011 年版，第 231—234 页。

北方海航道和西北航道是否是国际航行海峡的争论仍在持续，北方海航道和西北航道的航道属性及航行制度的适用仍存在一定的讨论与论证空间。

2. 沿岸国对主权和主权权利的重视

航道沿岸国和使用国参与航道共同事务的前提是承认并尊重沿岸国的主权。新加坡、马来西亚和印度尼西亚是在相互协商领海等问题的基础上，对外采取基本一致的态度，既尊重相互间主权和主权权利，也要求航道使用国尊重海峡沿岸国的主权和主权权利。即便涉及海盗打击、航道环境保护等问题，三国也并不支持航道使用国军事力量的渗透。苏伊士运河和巴拿马运河都有过战争或被他国占据使用的历史，因此在运河被收回之后，运河主权国家十分重视对航道的主权及主权权利的行使，通过国内法及相关行政部门的设立及权限行使，维护并巩固对航道的主权与主权权利。

北方海航道和西北航道都并不存在沿海国之间主权或主权权利重叠，以及战争或他国占据等情况。但是俄罗斯对北方海航道主权和主权权利的强调并不少于其他航道沿岸国。苏联的国内法中就多次出现对北方海航道内水性质的认定及相应管理制度，俄罗斯承袭苏联重视北方海航道的立场，在不同位阶的法律文件中巩固国家的北方海航道主权及主权权利，实现强有力的航道管理，并且部署舰队以维护国家安全利益。

同样，关于西北航道是否属于国际航行海峡历来也是争议的焦点。虽然加拿大政府曾经通过单边主义政策将国内法转化为国际法，寻求其他国家对加拿大对北极水域的管理控制权乃至主权的认同，但该"加拿大例外"条款更多的限于环保方面，且加拿大在第二次世界大战结束后的很长一段时间内对西北航道的控制极为薄弱，加之其国内适用于北极范围内的海洋管理制度尚不完善、破冰船等硬件设施的匮乏，都使得加拿大在北极的管理与控制力不足，存在感较弱。但自20世纪90年代末开始，加拿大政府和军方逐渐认识到北极防务对加拿大完全拥有西北航道主权的重要性，随后开始加强北极防务建设，从安全、生态、军事、管理控制、立法等多个方面增强对西北航道的控制，以此巩固加拿大的西北航道主权及主权权利，实现强有力的航道管理，并且部署巡逻舰队以维护加拿大的国家安全利益。

3. 维护航行自由

马六甲海峡、巴拿马运河和苏伊士运河是重要的海上通道，不论从商船航行还是战略角度，都具有举足轻重的地位。在长期的通航史和国际航运发展要求的背景之下，保障航行自由不仅维护了航道使用国的利益，也是航道沿岸国维护经济利益的重要前提。无论航道沿岸国和使用国是否认可航道构成用于国际航行的海峡，保障船舶应享有的航行权属外国船舶利用北极航道的重大关切。在船舶航行过程中，海盗打击、国际搜救、环境保护等问题是国家间合作的具体事由，是船舶航行过程设立义务和准则的出发点，也是保证船舶航行持续发展和良性循环的制度保证。

北方海航道和西北航道的通航可行性越来越受重视，外国船舶的航行面临的阻碍不仅仅是恶劣的自然环境、脆弱的生态环境等自然因素，还有俄罗斯和加拿大国内法及具体航道管理中的部分不合理规定。俄罗斯明确要发展北方海航道，也要开发俄罗斯北方地区。为了便利国际航运和通行，提高西北航道的航行安全，加拿大国内立法对西北航道的航行规定了详细的制度和规则。促进北方海航道和西北航道的通航，不仅有利于俄罗斯和加拿大自身经济发展、国家安全维护等重要利益，也有利于航道使用国减少传统航道依赖度、不受海盗等因素干扰航行等。不合理的航道制度会阻碍航道的发展，对俄罗斯、加拿大和航道使用国多方面产生不利影响。俄罗斯、加拿大如果要大力发展北方海航道和西北航道的航运，就要持续改善适用于北方海航道和西北航道的法律环境。

4. 通航条件的缺陷

马六甲海峡、苏伊士运河和巴拿马运河都经过了长期的发展使用，目前面临许多问题。马六甲海峡面临恐怖主义威胁和海盗袭击的问题；苏伊士运河和巴拿马运河的船舶航行接近航道运载能力的饱和点，同时存在泥沙淤积等问题。传统航道不仅存在自身通航能力有限的问题，还处于复杂多变的国际环境之下，对船舶的顺利航行造成不利影响。现有的航道治理模式经过一段时间的演化，虽有进一步发展的前景，但总体模式趋于稳定。

北方海航道和西北航道正处在航道发展前景较好的阶段，暂时不存在海盗和恐怖主义袭击等问题，但是恶劣的航行自然条件、较高的生态环境保护要求、欠缺的航行基础设施建设和不完善的航道航行制度都是航道进一步发展的瓶颈。

5.复杂的通航国际环境

目前国际局势较为复杂多变，重要的海上航道往往因其重要的经济和战略价值而被国际局势的变动所牵连。美国持续对马六甲海峡和巴拿马运河的管控渗透，航道沿岸国和国际社会对美国参与航道事务态度各异，使其他航道使用国在此方面问题的应对上存在诸多顾虑。苏伊士运河位于中东地区，长期局势不稳定，政治和社会背景多次发生大变动，航道的正常开放和顺利通航都受到一定的负面影响。在航道上发生的大国博弈与沿岸小国立场的迥异，产生于国家立场和国家利益的差异。新加坡、印度尼西亚、马来西亚、埃及和巴拿马为沿岸国，美国、英国、日本、中国等为航道使用国，双方不同的国家战略及所处国际关系环境都在影响着航道的利用。俄罗斯、加拿大重视北方海航道和西北航道的战略意义与军事价值，在航道及周边地区部署有北极舰队，加强对北方海航道和西北航道的管理与控制。马六甲海峡和苏伊士运河都存在美国驻军问题的困扰，既使沿岸国在处理他国军事力量参与航道事务管理的时候存在立场不一的问题，也使航道使用国产生一定的安全顾虑。

(二) 航道的特性

1.航道的属性及定位

马六甲海峡是国际航行海峡，有新加坡、马来西亚和印度尼西亚三个沿岸国，被覆盖以不同的主权及主权权利声明，由三国分别在各自的主权范围行使国内法律制度及行政层面的管理，并就航道共同事务和权利重叠部分进行协作治理。

苏伊士运河和巴拿马运河是国内运河，具有内水属性。但是由于航道优越的地理位置和突出的航运、经济价值，被用于国际航行。运河毋庸置疑的由沿岸国享有主权进行管理，虽然曾经或正在经受其他国家对运河治理的介入，但是并没有影响到沿岸国的根本利益。

北方海航道和西北航道虽然存在国际航行海峡认定的争议，但是俄罗斯目前将北方海航道视为"国家交通干线"，加拿大将西北航道视为其国内内水的一部分，声明对其拥有完全的主权。对航道属性的争议会牵扯到无害通过和过境通行制度在航道的具体适用，也会涉及航行自由的保障问题。对航道的不同定性将影响到俄罗斯、加拿大对航道海洋生态环境保护、污染防治等事务的管理。

2. 航道的通航现状及问题

马六甲海峡、苏伊士运河和巴拿马运河作为海上航道十分繁忙，有长期的通航历史，沿岸国对航运的管理较为成熟系统，相匹配的航行信息、航行设备、引航护航、污染防治、安全搜救、基础设施配备等方面较为齐全，能够为船舶的航行提供安全保障与便捷服务。但是航道的老旧问题较为突出，航道狭窄、淤泥问题、通航量接近饱和、非传统安全问题隐患、他国不合理介入航道事务、计划及建设中的替代性新航道的冲击等不利因素，都是传统航道发展瓶颈中不得不面临的难题。

北方海航道和西北航道并没有处于完全开放和规模化商业通航的阶段，商船的通行经验并不丰富，通航前景虽然较为明朗，但是所需解决的问题也不在少数。极端的天气环境、脆弱的海洋生态系统、并不齐全的基础设施和航行信息系统、不全面的航行服务、难度较大的搜救工作等，都是北方海航道和西北航道待解决的问题。这些问题不涉及传统航道的海盗、淤泥、复杂历史背景及通航量接近饱和等因素，但是在新的脆弱的航行自然条件下和不全面的航行基础环境下，对航道的开发利用提出了相较于传统航道迥然不同的挑战，如航道及周边港口的建设、航道健全的服务系统的设立、航道冰封区域自然环境的保护、航道北极地区海洋科学考察、航道冰区引航制度的健全、船舶冰区航行的特殊设计及人员资质等。

3. 航道沿岸国的管理水平

航道的多元治理，涉及航道的沿岸国、使用国。航道沿岸国之间的治理模式并不一致，治理水平高低有别，航道使用国参与航道事务的程度也不同。马六甲海峡沿岸三国对航道的管理程度受到国内政治、经济、社会等条件的制约，同时也由于国家利益和国家政策的不同而在航道具体制度和部分航道事务的立场上存在差异。美国、日本、泰国和中国作为航道使用国，对航道事务的参与程度也不同。美国希望能更多的参与到航道的安全维护等事务中，日本则希望能够通过基金制度等途径维护自身的航道使用权益，泰国应航道沿岸国的邀请而参与航道事务，中国则希望有更多途径参与到航道事务中。苏伊士运河和巴拿马运河航道沿岸国制度设计和航道使用国的参与存在不同，其共同治理方式因此存在差异。

马六甲海峡的多国治理涉及航道安全维护、生态环境保护、国际搜救等事项，在整合沿岸国和航道使用国共同利益的基础上设立合作机制。巴拿马运河的合作事项还包括运河的开发及相关基础设施建设，并不局限于航道正常航运活动的维护，还拓展到航道的发展事务中。

4. 治理主体的参与程度

航道使用国基于《联合国海洋法公约》、与航道沿岸国的协定、国际组织等途径参与航道事务的管理，公司、民间团体等也成为航道治理的主体。但是各个治理主体在不同航道事务的参与程度不同。

马六甲海峡治理中，美国、日本、印度和泰国等国家均在一定程度参与海峡事务，其中美国、印度和泰国的参与侧重于海峡航行安全的保障、共同维和机制的建立及维护、与沿岸国军事合作等方面；日本的参与则更多体现在航道必要航行信息与服务的补充与健全、航行设备的提供方面。马六甲海峡另有基金会参与航道的日常维护工作，日本的民间团体长期作为基金会的资金提供方，就航道事务的管理有一定的参与度，但是这种参与的话语权较低。

苏伊士运河的治理模式以埃及为主导，他国对运河及运河区域事务的参与主要通过参股运河公司、与埃及签订基础设施建设和区域发展的协定等方式，并没有直接对运河管理施加影响力，而在尊重埃及主权与国内法的基础上，通过有限的参与途径，维护在运河地区的利益。

巴拿马运河的治理是美巴共治模式，巴拿马对运河行使主权，通过国内航道法律体系及运河管理局对运河通航进行规范性管理，美国则通过其他途径实现对巴拿马运河事务的影响及渗透。航道使用国及航运公司则通过投标并参与运河港口的建设及维护、运河扩建工程的参与等方式，成为运河治理的次要主体。

北方海航道和西北航道目前分别由俄罗斯和加拿大进行具有一定排他性质的管理，并没有吸纳其他国家、公司或民间团体参与到航道事务的管理中。各航道的共性使它们的管理模式具有一定的可参照性和互通性，航道各自的特性又决定它们必然处于不同的国内法治及管理模式之下，并不能完全照搬应用其他航道较为成熟甚至成功的既有模式。

二、北极航道多元化治理的发展空间

北方海航道、西北航道制度涉及的利益攸关方有俄罗斯、加拿大、其他北极国家、非北极国家、土著居民、国际组织等，其中非北极国家中的中国、日本和韩国对北方海航道和西北航道的关注度和开通期待度较高，欧盟对北极事务的关注和参与具有持续性，非政府间国际组织的地位也不容忽视。北方海航道和西北航道治理模式与法律机制目前存在一定的缺陷，但具备继续完善的可行性。这种治理模式与法律机制的完善不局限于俄罗斯、加拿大国内法及管理制度的完善，还涉及《联合国海洋法公约》、北极理事会等规则和组织平台的完善。在北极法律机制逐步完善的过程中，引入多元治理的理念和形式可能面临相关阻碍，但也具备一定的可能性和可行性。

（一）航道多元治理的阻碍

北方海航道所在部分水域被俄罗斯主张为内水，西北航道所在部分水域亦被加拿大视为内水，现有的法律机制存在一定问题，接纳其他主体参与到航道事务中存在一定阻碍因素。

1. 俄加两国对其他主体参与治理的抗拒

一直以来，俄罗斯、加拿大都十分注重对国家主权及主权权利的维护。针对北方海航道，相关主权声明及航行规章自苏联至俄罗斯呈时间上和管辖范围上的连续性，苏联许多主张及规定被俄罗斯继承，也有部分不合理的规定被俄罗斯在随后发布的新法中修订与完善。

在西北航道问题上，二战结束后很长一段时间内，加拿大对西北航道的主权控制及管理极为薄弱，但随着其主权意识的觉醒，加拿大日益意识到西北航道主权及主权权利的重要性，并积极采取多方面措施重塑对西北航道的管理和控制及主权的确立。

北方海航道的沿岸国只有俄罗斯一国，西北航道的沿岸国只有加拿大一国，不存在马六甲海峡那样沿岸国主权及主权权利互相重叠的情况。但是北方海航道和西北航道的性质也不像苏伊士运河和巴拿马运河那样鲜明。虽然目前欧盟和美国官方主张北方海航道和西北航道系国际航行海峡，但该种观点未被俄罗斯和加拿大官方及学界所接受。

俄罗斯极为重视对北方海航道的主权权利的行使，积极申请俄罗斯北极地区外大陆架，甚至计划在北极部署独立部队，以加强对该地区的管理与控制。此情况下的俄罗斯对其他国家或国际组织参与其北方海航道治理将持谨慎态度；同样，加拿大始终重视对西北航道的主权权利的行使，对西北航道及周边地区的军事安全、污染防治、卫生防疫、海洋管理制度、立法等方面加强完善，对其他国家参与西北航道治理亦可能存有疑虑。但基于沿海国专属经济区和大陆架范围内的剩余权利制度，那些未在《联合国海洋法公约》中明确规定的开展非经济性事务的权利可作为剩余权利，由沿海国与其他国家共同享有，则其他国家可针对这些事务与沿海国开展多元治理与合作。

2. 非北极国家参与航道治理的困难

非北极国家参与北极事务的重要平台是北极理事会，但是北极理事会自身基于软法成立，而且非北极国家仅具有观察员国地位，没有政策决定参与权。未来北极航道开通，未改革的北极理事会架构很难使非北极国家在有关船源污染等关乎北极环境和可持续发展问题上做出有决定性的诉求主张。

3. 地缘政治和国际关系的影响

北极航道治理模式的探讨离不开北极的战略形势和北极国家政治行为的分析。冷战期间，美国与苏联在北极地区展开过军备竞赛。二战结束后，经历新的发展过程的北极地缘政治仍对北极地区的国际关系存有影响。[1] 目前北极地区在航道控制方面的竞争较为激烈，表现为多种国际政治行为体参加、准全球化、竞争的扩大化与持久化、各方法律主张待经国际社会认可、军事力量作为后盾保障、合作与竞争相结合的特点。[2]

俄罗斯、加拿大同美国的国家关系都是较为复杂多变的。美国多次明确反对俄罗斯对北方海航道的主权及主权权利相关声明，美国虽然曾为加拿大盟国，但也曾对加拿大依据"历史性权利"划出直线基线的做法提出正式抗议，对俄罗斯的北方海航道和加拿大的西北航道的法律制度多有质疑。俄罗斯同日本也存在北方四岛的争议。而对于加拿大的西北航道，欧盟也站在反对的立场上，反对加拿大对西北航道的主权及主权权利相关声明。除此之外，加拿大与其他国家的主权争议较少，国际关系较为稳定。中俄、中加关系目前虽总体较好，但是中国在获取北极理事会观察员资格时也曾遭到俄罗斯、加拿大一定程度的抗拒。在涉及北方海航道和西北航道的法律机制问题上，俄罗斯、加拿大可能对他国的参与抱有一定的抵抗心态，结合俄罗斯、加拿大同航道使用国较为复杂的国家关系，航道使用国参与航道治理可能要面临更多困难。

（二）航道多元治理的有利因素

尽管存在诸多问题及阻碍，笔者仍然认为，在北极航道实行多元治理，具有一定的可行性。

1. 俄加接受其他国家参与航道事务的可能性

俄罗斯一直以来都十分重视在北极地区的地位和作用，在大力发展北方经济战略指引下修改了法律，改善了北方海航道通航的条件。加拿大也逐渐认识到北极地区重要的战略价值并予以重视，在大力发展国内经济的同时颁布了部分有关北极地区的法律文件，开始改善西北航道未来通航条件。

---

[1]　Casper, K. N., "Oil and Gas Development in the Arctic: Softening of Ice Demands Hardening of International Law", *Nat. Resources J.*, 2009 (49).

[2]　陆俊元：《北极地缘政治竞争的新特点》，载《现代国际关系》2010 年第 2 期。

（1）俄加两国国内政策的出台

俄罗斯《2020 年前及更远的未来俄罗斯联邦在北极的国家政策原则》公布了俄罗斯北极地区的地理范围定位，阐释了俄罗斯在北方地区的国家利益和北极政策，并对北极战略实施方式及阶段作出规定。① 文件中指出了北极地区脆弱的自然生态环境，重视北方海航道的利用，也明确提出俄罗斯开发利用北极地区的能源及资源、发展基础设施和科学设施建设的目标，追求与其他国家的合作。俄罗斯《2030 年前交通开发战略》、《2030 年前俄罗斯大陆架调查与开发计划》等文件也赋予北极地区重要的战略地位。

加拿大政府于 2000 年发布《加拿大外交政策的北方维度》，该文件对土著居民的安全与经济发展给予了一定的关切，并将加拿大北方的主权安全及北极地区的可持续发展、建立环北极地缘政治实体等问题提到了国家战略高度。此外，加拿大总理在 2004 年宣布"北方战略"，宣布要"保护北方环境和加拿大主权与安全"。② 加拿大于 1999 年成立了北极安全工作组，作为北极安全政策的主要协调机构，加之加拿大政府于 2005 年发表的《国际政策声明》等文件也赋予北极地区重要的战略地位。

俄罗斯新的征兵法规以及俄罗斯与加拿大分别在北极海域进行的军事部署虽然建立在维护国家安全的战略角度上，也能够促进对北极航道的开发利用，但是俄罗斯进行的战舰和放射性武器的部署等军事行动是否会对北方海航道的生态环境造成不利影响，加拿大开展的建造海军作战舰艇和新型北极破冰船等军事行动是否会对西北航道的生态环境造成不利影响，以及两国的军事部署与行动是否会对现有的北极局势及相关争议产生影响，则需另行讨论。

俄罗斯、加拿大在北极地区较为具体长远的战略计划，不仅出于对国家安全、资源能源的安全开发利用、环境保护和航道利用等国家利益需要，

---

① Kolodkin, A. L., Markov, V Y., Ushakov A. P., "Legal Regime of Navigation in the Russian Arctic", *Fridtj of Nansen Institute*, 1977.

② Government of Canada, Speech from the Throne, 21 May 2017, http：//www.pco-bcp.gc.ca/default.%20asp? Language=E&Page=sftddt& doc=sftddt2004_2_e.htm.

也从更为合理高效的管理目标出发，寻求多种形式加强与其他国家在北极地区的合作。

（2）俄罗斯国内法律环境的改善

目前，俄罗斯国内法的新旧更替以及不合理法条的废除，都是对北方海航道法律制度进行更新完善的重要举措。

2013 年修正案对"北方海航道水域"概念的增加、航行船舶的强制保险或经济担保的要求、对北方海航道属于国内航线的认定与成立北方海航道管理局是修正案对原有航道法律规定做出的值得重视的改变。2013 年新的航行规则改变了旧北方海航道航行规则中关于限制船舶航行、登临权等过于严格的法律规定，涉及航行的申请许可、破冰规则、引航气象服务、无线电通讯规则、航行安全与船舶污染，以及船舶准入标准等方面，是俄罗斯为协调北方海航道管理体制与北极相关政策所制定的新法规，规定了北方海航道水域的法律地位与界限，和北方海航道管理局的职权。①

俄罗斯 2013 年修订的《北方海航道水域航行规则》进一步明确北方海航道管理局职责包括船舶通航的审批、费用及破冰服务等事宜。俄罗斯同时也澄清了原本法律规定中一些模糊事项，简化了北方海航道船舶申请许可的条件（如港口查验、强制性破冰引航规定的废除，以及对船舶服务费用征收标准的明确）。②

（3）加拿大国内法律环境的改善

目前，加拿大国内法的新旧更替以及不合理法条的废除，均是对西北航道法律制度进行更新完善的重要举措。

加拿大于 2010 年颁布的《加拿大北极水域船舶通行报告区规则》设立了"加拿大北极水域船舶通行报告区"。③ 该规则规定，达到或超过一定吨位的外国船舶和本国船舶必须向加拿大海岸警卫队的海洋通信和交通服务中心履行报告义务，并要求所有船舶在进入加拿大北极水域船舶通行报告区之

---

① 王泽林：《北极航道法律地位研究》，上海交通大学出版社 2014 年版，第 46—57 页。

② 刘能冶等：《北极航运的治理结构》，载《极地国际问题研究通讯》2014 年第 2 期。

③ Northern Canada Vessel Traffic Services Zone Regulations，SOR/2010-127.

前、在该报告区内的航程中以及在退出该报告区之时，进行报告。

2017 年北极冰情运输系统（AIRSS）规定，北极冰情运输系统仅在外部使用目前监管标准的区／日期系统（Z／DS），在应用 AIRSS 时，必须考虑可视性，船舶速度，机动性，破冰者护送的可用性以及船员的知识和经验。《2001 年加拿大海运法》（CSA 2001）① 取代《加拿大海运法》（CSA）成为服务于海运和休闲船舶安全以及保护海洋环境的主要立法，适用于在所有水域运行的加拿大船只和在加拿大水域（从独木舟和皮划艇到游轮和油轮）运营的所有船只。根据 CSA2001 制定的新法规要求进入加拿大北极海域的所有船只向加拿大海岸警卫队报告。

加拿大在其北方战略中提出，加拿大正在采取具体措施，通过引入新的压载水控制法规来保护北极水域，从而降低将有害的水生物种和病原体释放到加拿大水域的危险。加拿大还修改了《北极水域污染防治法》，将该法案的适用范围从领海基线延伸至 200 海里。最后，加拿大正在与北方社区和政府合作，确保其搜救能力满足不断变化的北方的需求。

《极地规则》出台后，俄罗斯、加拿大两国国内法都与之有冲突之处。但是，将俄罗斯、加拿大发展北方海航道和西北航道的迫切需求与其法律制度改善的过程结合起来，可以看出俄加两国有关北方海航道与西北航道的法律规制能够根据航道发展的实际需要和其他国家的反馈而做出相应改善。俄罗斯、加拿大分别要大力发展北方地区、北方海航道和西北航道，很难依靠其自身力量而完成整个计划。航道使用国的参与能够满足俄罗斯、加拿大和航道使用国各方的利益，存在一定的可能性。

进一步发展北方海航道和西北航道，不仅仅需要俄加本国立法的完善，还要在现有的法律框架之下解决争议，而不是在困难中创造一个新的北极体制。通过对现有法律的完善和补充，以及与其他国家的协商合作，依然能够使俄罗斯和加拿大获取在北极的预期利益，较为妥善的解决一系

---

① See Canada Shipping Act 2001. (S.C. 2001, c. 26) .An Act respecting shipping and navigation and to amend the Shipping Conferences Exemption Act, 1987 and other ActsHer Majesty, by and with the advice and consent of the Senate and House of Commons of Canada.

列争议。①

(4) 航道发展的需要

北方海航道和西北航道的通航环境较为特殊，航道的自然环境恶劣且极端，对航道自然环境的保护和污染防治都有较高标准的特殊要求。航道的开发利用必然会涉及航道使用国的船舶航行活动。冰区航行需要在遵守加拿大、俄罗斯两国国内法的前提下，就航行全过程的废物弃置、燃油及有害物质的泄漏、压载水、船源污染防治等保护保全航道海洋生态环境的相关问题，对航行船舶的设计及资质、船长及船员的冰区航行资格及行为标准、船舶的航行注意事项、加拿大和俄罗斯的引航护航、石油泄漏应急机制、冰区安全搜救工作等方面都提出了特殊要求。这种特殊要求不仅需要俄罗斯和加拿大在足够可靠的自然科学基础和立法技术上建立、健全完善的北方海航道和西北航道的航行规则；还需要 IMO 促进《极地规则》的实施；需要航道使用国对本国船舶设计及操作规范、船长及船员的资质培训及规范性规定、船舶污染或泄露的责任承担等问题，构建完善的国家政策、《极地规则》、国内法律的系列规范。俄罗斯、加拿大两国国内法律机制需要适当考虑航道使用国的航行要求及接受程度；IMO《极地规则》在未来实践与发展中需多方面吸收采纳航道沿岸国和使用国意见；航道使用国的法律规范也需要在尊重俄罗斯和加拿大两国的国内法、不与 IMO 已有航行规则相冲突的基础上制定与完善。三方法律制度的建构需彼此兼顾和协调。

北方海航道和西北航道的基础设施建设目前仍较为欠缺，航道航行信息及相关服务系统不健全，航行设备也不能适应未来航道大规模开通的情势发展。目前俄罗斯和加拿大单方面很难快速高效的完成航道沿岸基础设施的建设、航道水文与气象信息的准确及时提供、先进的高科技航行助航等设备的足量供应、冰区安全搜救工作的顺利进行等。这些事项都需要航道使用国及其他私主体参与到航道事务中，对航道的航行环境进行完善。

---

① Becker, M. A., "Russia and the Arctic: Opportunities for Engagement within the Existing Legal Framework", *American University Internatinal Law Review*, 2010, 25: 225.

（5）航道使用国的参与诉求

北极航道存在较好的通航前景，航程里程缩短能够节约成本，不受海盗、淤泥、航道拥堵、大型集装箱船舶航行困难、船舶搁浅等传统航道的通航问题困扰，对许多依赖海上石油运输及海运贸易的国家具有强大的吸引力。

已有和潜在的北方海航道和西北航道的使用国对北极生态环境保护、资源与能源的开发利用及航道的非歧视性和平开放都存在一定诉求。除却北极理事会等国际平台，非北极国家也正在逐步加强与北极国家的双边交流合作，以期能够更好的实现本国的北极利益。直接参与北极航道的管理，能够促使非北极国家从航道使用国的身份获取航道利益，也助于推动将非北极国家的受益面从单纯的航道利用角度扩展到更广泛深入的北极事务的参与。

综上可见，北方海航道和西北航道构建多元治理的法律机制是可行的。目前，北极航道现有法律机制存在诸多问题，例如国际法层面的漏洞、加拿大和俄罗斯的国内法律规范不合理的规定、航道法律机制软法特点突出等。现有的北极航道制度是紊乱的，《联合国海洋法公约》存在一定缺陷，俄罗斯、加拿大、航道使用国、北极理事会并不能在统一的立场下通过互相协调的规定妥善的处理北极航道相关事务。[①] 现有航道法律机制的完善有三种方向，分别为管理和维护北极海洋环境的区域协定、超越国家管辖的北极全面协议制度，和具有法律约束力的北极航道治理规范。通过多元的治理实现北极法律机制的健全与完善具有较高的可行性。[②] 这种选择意味着航道事务参与主体的多元化、管理事务的多元化、管理方式及手段的多元化，及管理实效的更优化。

2. 北极航道构建多元化法律机制的可行性分析

目前，北极航道法律机制的多元化发展动因主要存在于两方面：一方

---

① Vander Zwaag, D., Koivurova, T., Molenaar, E. J., "Canada, the EU and Arctic Ocean Governance: A Tangled and Shifting Seascape and Future Directions", *Journal of Transnational Law & Policy*, 2009 (18).

② Young, O. R., "Arctic Governance-Pathways to the Future", *Arctic Review*, 2014, 1 (2).

面，航道的开发利用和维护需要航道使用国的参与；另一方面，航道的海洋生态环境保护和海洋科考也必然涉及航道沿岸国之外的主体。俄罗斯、加拿大作为航道沿岸国，对航道的开发利用有较大诉求，也分别在各自国家的北极战略等官方文件中提出了北方海航道和西北航道吸纳其他国家共同开发航道的建议；航道使用国和国际组织也期待能有完备的航行规则及航道合作途径。北方海航道和西北航道基础建设不足、相关航行服务不充分，存在巨大发展空间。俄罗斯和加拿大北部地区人口都较少，劳动力不足，物资也并不充分，基础设施建设不充足。航道的航行信息提供、冰区搜救、航行设备等方面都可以吸纳航道使用国的技术帮助与实物支援。此外，航道事务本身也需要灵活包容的法律机制。气候变化应对、航道开发利用和海洋生态环境的保护与保全是北方海航道和西北航道法律模式重点面对的三大问题，这些问题都涉及了航道使用国、航道沿岸国、国际组织以及其他团体。航道事务的分散化也使航道的法律机制可能在未来出现多样化、碎片化和协同化长期共存的情况。随着航道开发利用程度的加深，域外主体参与航道事务的力度也会不断加大。

北方海航道和西北航道法律模式的发展趋势要遵循气候变化治理、航道开发利用和海洋生态环境的保护与保全的主线，这些需要多方主体共同参与的航道事务势必会带来面对治理主体日趋多元的态势；治理主体的多元和航道事务的分散也会使治理机制的多样化、碎片化和协同化未来长期同存；随着航道事务治理程度的不断深入和航道使用国对航道利益的谋求，域外主体参与北方海航道和西北航道治理的力度将不断加大。尽管北方海航道和西北航道存在属性及适用的航行制度的争议，航行自由仍然是符合各国利益的主流趋势。①

北方海航道和西北航道多元治理法律依据包括《联合国海洋法公约》第 43 条，IMO 制定的《极地规则》，以及俄罗斯和加拿大两国的国内法与政策中对航道使用国合作开发航道的鼓励。现有的马六甲海峡、苏伊士运河

---

① 程保志：《北极治理论纲：中国学者的视角》，载《太平洋学报》2012 年第 10 期。

和巴拿马运河的法律制度和管理模式为北方海航道和西北航道的法律模式发展提供了参考性较强的实例经验。已有学者认为，新的北极模式必须保持北极的跨国合作模式。[①] 北方海航道和西北航道的新治理模式亦不外如是。值得注意的是，俄罗斯和加拿大均十分重视北极地区的战略安全，逐渐将北方海航道和西北航道置于各自国家安全的重要层面，不论是舰队部署还是军事演习，都并不希望其他国家的过多参与。因此，在北极航道开展国家间军事合作短期内并不具有太大可能性。

综上分析，未来在北方海航道和西北航道实现法律机制和治理模式的多元化具有一定的可行性，可以成为完善北极航道法律模式、乃至北极法律机制与治理制度的发展方向。这种协作机制的发展方向可能集中于航道开发利用、航行安全维护与相应航行服务的提供、航道生态环境保护等方面，而不会在短期内涉及航道军事力量部署等较为敏感的领域。

---

① Geiselhart, M. T., "The Course Forward For Arctic Governance", *Washington University Global Studies Law Review*, 2014 (13).

第 六 章

我国与北极利益攸关国的合作机制研究

北极利益攸关国与北极地区的利益密切相关。通过对中日韩三国北极政策的归纳分析，总结提炼出各国政策目标，再以三国在北极航道利用等方面的实践情况评估政策目标的实现效果。提炼行之有效的北极政策，探索出适用于北极利益攸关国参与北极事务的政策路径。依托于港口国控制制度的中日韩合作即是北极利益攸关国间合作参与北极航运治理的完美例证。

第一节　中日韩等东北亚北极利益
攸关国的政策准备

全球气候变暖带来的北极冰雪消融使得北冰洋"全球变化指示器"的功能愈来愈显著，由此所波及的国家不仅限于北极国家，也包括了那些因气候变化而遭受重大利益挑战的国家，即北极利益攸关国。东北亚北极利益攸关国是指不考虑自然地理因素，在北极事务方面与北极地区的利益密切相关或能为北极创造更大利益，从而在北极事务中享有更多发言权的国家，[①] 这里尤指中日韩三国。国家层面的北极政策在指导本国参与北极事务的过程中发挥重要指导作用。近年来，中日韩三国的北极政策在不断地探索中形成和发展。三国中，韩国于 2013 年率先发布了北极政策，日本也于 2015 年 10

---

① 王新和：《国家利益视角下的中国北极身份》，载《太平洋学报》2013 年第 5 期。

月 16 日发布其北极政策。① 中国虽还未正式出台北极政策，但外交部部长王毅以及外交部副部长张明在 2015 年 10 月 16 日召开的第三届北极圈论坛大会上的发言，基本阐明了中国的北极政策。② 中日韩的北极政策将在指导其参与北极事务的方面发挥重要作用。

一、中日韩开展北极事务的管理体制

为更好了解中日韩北极政策，本节首先分析各国开展北极事务的管理体制以及北极政策的主要内容，再以建构主义理论分析中日韩北极政策形成原因，以解构其北极政策的合理性。

中日韩开展北极事务的管理体制均呈现政府机构为主要行政管理主体，研究机构、高校智库提供智力辅助的模式。政府机构纵向筹谋北极事务的开展，研究机构、高校智库则扮演建言献策的角色。

（一）中国开展北极事务的管理体制

中国开展北极事务的相关政府部门中，中国国家海洋局是管理北极事务的行政主管部门。2013 年中国国务院重组国家海洋局，重组后的国家海洋局隶属于国土资源部，主要负责海域监督管理、海洋发展规划拟订、海上维权执法等。国家海洋局下属的极地考察办公室则是开展北极事务最密切相关的部门，负责对极地考察工作进行组织、协调与管理。此外，国家发展和改革委员会负责批准和资助破冰船建造、考察站建立等大型国家极地项目；交通部负责包括北极航运在内的国际和国内的航运事务；国土资源部下属的

---

① 日本于 2015 年 10 月 16 日，在首相官邸召开了综合海洋政策本部的会议，会议通过了日本首个北极相关的政策——"北极政策"。

② 2015 年 10 月 16 日，中国外交部部长王毅在第三届北极圈论坛大会开幕式上发表视频致辞，提出中国参与北极事务秉持尊重、合作和共赢的三大政策理念。外交部副部长张明在"第三届北极圈论坛大会"中国国别专题会议上做了"中国的北极活动与政策主张"的主旨发言，阐明了中国在北极问题上坚持六项具体的政策主张，即推进探索和认知北极，倡导保护与合理利用北极，尊重北极国家和北极土著人的固有权利，尊重北极域外国家的权利和国际社会的整体利益，构建以共赢为目标的多层次北极合作框架，维护以现有国际法为基础的北极治理体系。

地质勘探司负责包括海洋资源在内的能源资源调查；外交部则负责促进中国在北极事务上的国际合作，代表国家适时发布中国有关北极事务的官方立场等。另外，中国极地研究中心、上海国际问题研究院等研究机构以及中国海洋大学等高校智库从专业角度为政府机构了解北极、制定科学的政策等出谋划策，提供政策建议。①

（二）日本开展北极事务的管理体制

日本目前尚无专门开展北极事务的部级机构，北极相关问题的管理被委托到多个部门。日本的文部科学省（MEXT）负责与北极相关的研究和观测，外务省（MoFA）负责北极外交事务，国土交通省（MLIT）负责总体海洋政策的规划，经济产业省（METI）负责北极项目的资助以及推动北极相关项目的实施，而综合海洋政策本部是 2007 年新增设的部门，该部门主要负责海洋基本计划的制定，并协调与海洋有关的行政事务。② 同时，日本的国立极地研究所、海洋研究开发和宇宙航空研究开发机构等十余所大学或研究机构开展北极事务方面的科学研究。海洋政策研究财团则是日本航运业及相关制造业的智囊团和游说组织。③

（三）韩国开展北极事务的管理体制

韩国开展北极事务的核心管理机构为海洋水产部（MOF），该部门负

---

① Linda Jakobson and Seong-hyon Lee，The North East Asian States'Interests in the Arctic and Possible Cooperation with the Kingdom of Denmark［R］．Report prepared for the Ministry of Foreign Affairs of Denmark，April 2013．

② 文部科学省，Ministry of Education，Culture，Sports，Science and Technology，日本中央政府行政机关之一，负责统筹日本国内教育、科学技术、学术、文化、及体育等事务。外务省，Ministry of Foreign Affairs，日本政府负责对外关系事务的最高机关。国土交通省，Ministry of Land，Infrastructure，Transport and Tourism，日本的中央省厅之一，在 2001 年的中央省厅再编中由运输省、建设省、北海道开发厅和国土厅等机关合并而成，其业务范围包括国土计划、河川、都市、住宅、道路、港湾、政府厅舍营缮的建设与维持管理等。经济产业省，Ministry of Economy，Trade and Industry，隶属日本中央省厅，前身是通商产业省。它负责提高民间经济活力，使对外经济关系顺利发展，确保经济与产业得到发展，使矿物资源及能源的供应稳定而且保持效率。

③ Aki Tonami，"The Arctic Policy of China and Japan：Multi-Layered Economic and Strategic Motivations"，*The Polar Journal*，Vol.4，No.1，2014，pp.105-126．

责北极科学研究、促进北极相关国际合作、制定国家北极政策等多项事务。① 除此之外，外交部（MFA）负责韩国有关北极外交的相关事务，促进韩国与其他国家就北极资源、北极科学考察等领域的合作；未来创造科学部（MSIP）负责基础应用科学研究；产业通商资源部（MOTIE）负责北极能源、资源、造船事务；国土交通部（MOLIT）负责研究北极空间信息；气象厅（KMA）负责监测并预报北极气候变化。②③ 同时，韩国海洋科学技术院、韩国极地研究所、韩国海洋水产开发院等研究机构以及韩国海洋大学、首尔国立大学等也在密切关注北极问题，为北极科研、北极政策的制定提出政策建议。④

　　通过上述对于中日韩开展北极事务管理体制的阐释，可发现中日韩三国并没有形成独立的管理北极事务的综合性管理机构。各国均有重组或者新设机构的举动，例如中国在 2013 年对国家海洋局进行重组，将原国家海洋局以及海关总署、农业部、公安部内涉及海洋相关事务的部门进行整合，希望形成更加统一的综合性管理机构。⑤ 日本也在 2007 年内阁官房下新设了综合海洋政策本部，希望整合分散的机构职能，形成更加统一的部门。韩国于 2013 年恢复设立了海洋水产部，成为韩国北极管理体制的核心部门。但是这些整合的趋势所发挥的效力在北极事务管理上未发挥显著效果，北极事务的相关管理职能仍分散在各个管理部门。

---

① 海洋水产部，Ministry of Oceans and Fisheries，负责海洋产业的行政机构，曾一度并入国土海洋部后又于 2013 年恢复设立。

② 外交部，Ministry of Foreign Affairs，韩国政府负责外交及其他对外事务的最高机关。未来创造科学部，Ministry of Science, ICT and Future Planning，韩国行政机关之一。产业通商资源部，Ministry of Trade, Industry and Energy，韩国行政机关之一。国土交通部，Ministry of Land, Infrastructure and Transport，韩国行政机关之一。气象厅，Korea Meteorological Administration，韩国政府环境部属下的一个政府机构。

③ 龚克瑜：《韩国的北极政策与北极事务》，载《东北亚学刊》2014 年第 4 期。

④ Jong Deog Kim, "Overview of Korea's Arctic Policy Development", *Strategic Analysis*, Vol .38, No.6, 2014, pp.917-923.

⑤ 国务院拟定重组国家海洋局、国土资源部网站，2013 年 3 月 12 日，http：//www.mlr.gov. cn/xwdt/jrxw/201303/t20130312_1189282.htm。

二、中日韩北极政策剖析

2015 年 10 月 16 日，中国政府在第三届北极圈论坛大会上首次具体阐述了中国的北极政策主张。同日，日本政府在首相官邸召开了综合海洋政策本部的会议，通过日本北极政策。而韩国也在 2013 年发布其北极政策并不断予以完善。中日韩北极政策的出台，不仅彰显了北极事务的重要性，也表明了中日韩北极利益攸关国将以更加积极的姿态参与到北极事务中。

（一）中国的北极政策主张

2015 年以来，中国出台多份涉及北极问题的政策文件，甚至在公开场合具体阐述了中国的北极政策。中国的北极政策雏形已基本成形。

2015 年 7 月 1 日，第十二届全国人民代表大会常务委员会第十五次会议通过《国家安全法》。新的国家安全法明确提出维护中国在极地活动、资产和其他利益的安全。① 《国家安全法》对开展极地活动的安全维护作出规定，为中国开展极地科考、资源开发和航道利用等活动提供了法治保障。

2015 年 10 月 16 日，中国外交部部长王毅和外交部副部长张明在第三届北极圈论坛大会上的发言，基本阐明了中国的北极政策。这是中国官方首次在公开场合具体阐述其北极政策。中国外交部部长王毅提出，中国参与北极事务秉持尊重、合作和共赢的三大政策理念。② 无论是北极国家在北极地区的固有权利，还是北极域外国家依据国际法享有的权利，亦或是国际社会在北极地区的整体利益都应当得到尊重。北极科学考察、环境气候的保护、航道的利用、资源的开发等依靠单个国家的力量难以取得有效的成果，中国愿与各方加强合作并参与到北极治理中。中国愿通过积极参与北极事务与各方共享机遇和挑战，实现共赢。③

---

① 《国家安全法》第 32 条："国家坚持和平探索和利用外层空间、国际海底区域和极地，增强安全进出、科学考察、开发利用的能力，加强国际合作，维护我国在外层空间、国际海底区域和极地的活动、资产和其他利益的安全。"

② 《王毅部长在第三届北极圈论坛大会开幕式上的致辞》，国务院网站，2015 年 10 月 19 日，http://www.gov.cn/guowuyuan/2015-10/19/content_2950053.htm。

③ 王毅：《中国秉承尊重、合作与共赢三大政策理念参与北极事务》，外交部网站，2015 年 10 月 17 日，http://www.fmprc.gov.cn/web/wjbzhd/t1306851.shtml。

2015 年 10 月 29 日中国共产党第十八届中央委员会第五次全体会议通过《中共中央关于制定国民经济和社会发展第十三个五年规划的建议》，该建议明确提出要积极参与极地国际规则的制定。① 中国在该建议中提出积极参与极地国际规则的制定既有应对气候变暖、资源开发利用等方面的现实需求，也同时具备依据《联合国海洋法公约》和《斯瓦尔巴德条约》享有的与北极治理的法律基础。加强参与极地领域国际规则制定，充分利用现有的国际法规则维护极地权益将成为中国参与全球治理国际规则制定和实践的主要方式。

通过中国官方就参与北极事务的表态，可总结出中国北极的政策目标以北极科研为先导，以环境保护和气候变化应对为先锋，以航道利用和资源开发为主线，通过国际合作不断加深中国在北极各个领域的参与程度，实现由北极科考单一领域的参与向各个领域全方位渗透的转变。

1. 北极科学研究及考察的深化

"推进探索和认知北极"居于中国有意愿开展的北极事务之首。② 认知北极是保护和利用北极，参与到北极事务中的基础。深化北极科研将使中国更加全面的探索并认识北极。完善极地考察基础设施建设、提高极地搜救等保障能力是进一步探索北极的前提。因此，中国将加大极地基础设施建设，为探索和认知北极提供更好的平台。

2. 保护环境并合理开发利用北极资源

北极蕴藏着丰富的石油、天然气等资源，但同时北极的生态环境也极易遭受破坏，且一经破坏将会对全球环境、气候产生重大影响。参与气候变化应对也是中国参与北极事务并履行大国责任的重要展现。北极的生态环境如此重要，中国政府倡导在开发利用北极资源的同时要保护北极环境，兼顾

---

① 《新华社今公布十三五规划建议全文　十八届五中全会通过》，新华社网站，2015 年 11 月 3 日，http：//www.guancha.cn/politics/2015_11_03_339890_s.shtml。

② 外交部副部长张明在"第三届北极圈论坛大会"中国国别专题会议上的主旨发言，外交部网站，2015 年 10 月 17 日，http：//www.fmprc.gov.cn/web/wjbxw_673019/t1306852.shtml。

资源合理开发与北极环境的保护。

3. 尊重北极土著人的传统和文化

中国尊重并维护北极国家在北极领域的固有权利。北极土著人人口众多，并有着独特的传统和文化，中国政府强调要尊重北极土著人的传统和文化，保护他们的环境和自然资源。同时强调在面临气候、环保等全球性问题时要发挥包括北极域外国家在内的国际社会的全部力量。

4. 构建多层次北极合作框架

北极的气候、环境、资源深刻影响着全世界的各个角落。北极的未来就是全人类的未来。因此，无论是在北极享有主权的北极国家，还是拥有资金、市场等优势的北极域外国家都应当积极参与到北极事务中，通过构建全球、区域和国家层面的合作框架，发挥政府和民间的力量为北极发展做出贡献。

5. 维护现有的北极治理体系

以《联合国海洋法公约》等国际法为基础的北极治理体系使得北极事务得以有序运行，为处理北极问题提供了基本法律框架。中国政府支持并维护现有北极治理体系，认同并支持北极理事会、国际海事组织等国际组织在北极治理中发挥积极作用。

(二) 日本的北极政策

2013 年，日本重新修订了《海洋基本计划》。① 该文件以全球性视角，从北极观测、研究着眼，强调北极合作以及北极航道利用的可能性，鼓励采取综合性的战略措施。2015 年 10 月 16 日，日本政府颁布了首个北极政策文件。② 该文件是对《海洋基本计划》的进一步明确和细化。根据该北极政策，日本在北极的关注点已由北极科研、航道利用及国际合作三个方面向外交、安全保障、环境、交通、资源开发、情报通信、科学技术等多项领域拓展开来。根据这两项政策文件可总结出，日本的北极政策以北极科研为先

---

① 海洋基本計画について，総合海洋政策本部，http：//www.kantei.go.jp/jp/singi/kaiyou/kihonkeikaku/index.html。

② 我が国の北極政策，日本首相官邸，http：//www.kantei.go.jp/jp/singi/kaiyou/dai14/shiryou12.pdf。

导，以能源资源和航道的开发利用为主线，凭借其高端的科学技术在北极航道和资源开发相关国际规则的制定中发挥主导性作用。

日本在其北极政策中提出了七项基本方针，即最大限度的利用日本高端科学技术，高度重视保护北极脆弱的生态环境，推进有序的国际合作，尊重北极土著人的传统经济社会基础，关注围绕日本安全保障的一切动向，使经济社会的发展逐步适应气候环境变动的影响，探索北极航道、资源开发的可能性。日本的北极政策可概括为研究开发、资源的可持续利用和国际合作三个方面。

1. 深化研究开发

北极环境变化对全球经济社会产生重大影响，因此日本政府要进一步强化北极科学研究以获得更加准确的情报。日本加强北极观测，研发更为先进的观测设备以适应北极恶劣的条件。其整合国内的北极研究机构进一步推进北极相关课题，整合北极圈内的研究观测据点加强国际合作，对北极相关科学数据进行共享，培育北极研究的人才，并探讨北极科研船的建造。

2. 坚持北极资源的可持续开发利用

日本政府认识到北极航道蕴含着巨大的潜力，北极蕴藏着丰富的矿物、生物资源，但在开发利用北极的同时将高度重视保护北极脆弱的生态环境，实现北极资源的可持续开发利用。

3. 加强国际合作

日本政府希望凭借自身先进的科学技术，积极应对北极相关的全球性问题，参与国际规则的制定。积极参与北极理事会的相关活动并作出贡献。加强同北极国家的双边或多边合作。

(三) 韩国的北极政策

韩国是亚洲国家中最早出台北极政策的国家，国内的北极事务在北极政策的指导下有序推进。2013 年 5 月，韩国海洋水产部发布了"北极综合政策促进计划"（Comprehensive Policy of Korea toward Arctic Region）。该计划提出了建立北极伙伴关系，以促进国际社会发展；加强科学研究，以解决人类面临的共同问题；通过参与北极相关经济活动开发北极新产业的三项政策目标以及加强国际合作，深化北极科学研究和调查，发展北极商业，建立相关法律和制度基础的四大战略任务。这四项战略任务被认为是该计划中最为重要的部分。①2013 年 12 月，韩国又推出了"北极地区国家基本计划"（National Basic Plan of Arctic Region）。该计划是对"北极综合政策促进计划"的进一步细化，包括验证加入东北大西洋渔业委员会的可行性；建立北极资源监测的基本计划；促进与北极国家间的渔业合作等内容。2015 年 5 月，韩国又进一步推出了"北极地区实施计划"（Implementation Plan of Arctic Area）。该计划是建立在"北极综合政策促进计划"和"北极地区国家基本计划"的基础上推出的年度计划，树立了扩大国际合作、加强北极科研能力以及建立北极初步商业条件三项政策目标。

1. 增强北极科研实力

韩国的北极科研起步较晚，包括破冰船、科学考察站等在内的北极科研基础设施仍比较欠缺，因此该计划提出了进一步加强北极科研的基础设施建设，加大针对气候变化等问题的研究，使北极科研向更多领域扩展。

2. 利用北极航线形成北极商业化运作模式

随着北极冰山消融带来的北冰洋航线通航可能性的提高，韩国看到了北极航道利用带来的商机。为此，该计划提出了进行北冰洋航线的试航；为鼓励国内使用北冰洋航线，对于途径北冰洋航线的国内船舶实施减免港口使用费；发掘北极商机，培育北极新兴产业；通过与国外进行合作，培养航海人才等措施。②

3. 完善国内管理体制并加强北极相关法律制度建设

韩国意识到了国内现有的北极事务管理体制不足以应对繁杂的北极事务。因此，该计划提出将在海洋水产部增设一个部门，该部门将专门负责北极和南极事务，并且还提出了完善国内相关立法，为开展北极事务提供法律保障。韩国已经推出了"海洋渔业发展框架行动"（Framework Act on

---

① Young Kil Park，South Korea's Interests in the Arctic，Asia Policy，Number 18，July 2014，pp. 59-65.

② 桂静：《韩国北极综合政策及其实施评析》，载《当代韩国》2014 年第 2 期。

Marine Fishery Development)、"远洋渔业发展行动"（Distant Water Fisheries Development Act）、"北极活动促进行动"（Arctic Activities Promotion Act）等国内立法为韩国北极渔业的发展提供了立法保障。

4. 推动北极合作

该计划呼吁加强北极事务的国际合作。韩国认识到加强与北极国家之间的合作是参与北极事务的有效途径。另外，韩国认为加强同北极理事会观察员国之间的合作同样非常重要。

（四）中日韩三国北极政策现状的形成原因解析

根据国际关系学中的建构主义理论，国家间的关系取决于在实践和互动中形成的对对方的认识，也就是对对方身份的认同，这种身份的认同决定利益，而利益又决定了国家的行为。[①] 本节将适用建构主义理论对中日韩三国北极政策进行分析，以理解三国北极政策现状的形成原因。

1. 中国北极政策现状的形成原因

根据国际关系学中的建构主义理论，中国为得到国际社会对其"北极利益攸关国"身份的认同，主要从两个方面做出了努力。一方面，中国通过对国际社会做出的实质性贡献等实践活动，与国际社会间形成了更多的共同观念，有效缓解了国际社会对中国开展北极事务的负面评价，同时也为中国提供了更多与北极国家间进行合作的机会。在不断的合作和互动中，国际社会又可以加深对中国的认识，从而形成一种良性的循环，为中国在北极相关事务中的参与提供更大的空间。另一方面，中国官方以及学者们通过中国是"近北极国家"、"利益攸关国"等相关表述强调中国与北极的联系，树立中国"负责任的大国"的国际形象，在话语互动中强化了中国"北极利益攸关国"的身份。在这种话语互动和实践中，中国"北极利益攸关国"的身份得到越来越多国家的认可。近年来，国际社会对中国参与北极事务的态度确实有所改观，中国为扭转负面评价做出的努力取得了成效。

---

① 　[加] 罗伯特·杰克逊、[丹] 乔格·索伦森：《国际关系学理论与方法》，吴勇、宋德星译，天津人民出版社 2008 年版，第 323—331 页。

2. 日本北极政策现状的形成原因

日本同样注意到了与国际社会间互动的重要性。2013 年，日本政府增设"北极担当大使"一职，由日本节化交流担当大使西林万寿夫兼任，负责与各国就北极问题交换意见。① 西林万寿夫大使上任伊始即积极参与到北极理事会事务中，通过与北极各国的交流互动，为日本成为北极理事会的正式观察员身份付出外交努力。从日本成功申请到北极理事会观察员国身份来看，增设"北极担当大使"，加强与国际社会以及北极国家的交流和互动，有效推动了日本开展北极事务进程。日本一直以来在北极科学研究和考察领域做出的贡献以及在与国际社会的互动中形成的国际社会对日本的认识，使得日本"北极利益攸关国"的身份逐渐得到承认。在国际社会不断增进的认同中，日本政府于 2015 年 10 月 16 日首次发布了北极政策，并显示出参与制定国际规则愈来愈积极的态度。

3. 韩国北极政策现状的形成原因

韩国多年以来一直非常注重维护自身的国际形象，为此韩国于 2009 年设立了国家品牌委员会，直属于总统府管辖，制定国家品牌形象的中长期目标和计划，并强化相关政策的贯彻执行。② 此外，韩国在船舶制造、航运等相关产业技术先进、实力雄厚，而这正是北极国家所亟需的。在不断实践和互动中，国际社会对韩国形成了很大的好感，其"北极利益攸关国"的身份得到更多的认同。充分的身份认同，使得韩国先于中日两国出台了北极政策。韩国出台北极政策不仅更易于被国际社会接受，而且韩国北极政策中的低政治意图又反过来提升了国际社会的好感，为韩国参与北极事务提供更大空间。可见，韩国在与国际社会的互动中形成了一种良性的循环，有效地推动了韩国北极事务的进程。同时，国际社会对韩国"北极利益攸关国"身份的认同以及韩国的出口导向型经济下对航线的依赖性，使得韩国的北极利益突出表现为航道利用、资源开发以及科学考察。

---

① 外務省、北極担当大使を新設，本经济新闻网，2013 年 3 月 19 日，http://www.nikkei.com/article/DGXNASFS1802P_Y3A310C1PP8000/。

② 季萌：《韩国国家品牌委员会的启示》，载《对外传播》2012 年第 11 期。

三、中日韩北极政策实践与目标实施评估

通过对中日韩北极政策的分析，总结出了各自的政策目标。要考量中日韩三国政策目标实现与否，就要依据各自的实践活动加以衡量。下文将通过中日韩三国在科学考察、资源开发、航道利用以及国际机制的参与四个方面的实践活动，对各自的政策目标实施情况加以评估。

（一）科学考察目标的实施评估

由于北极科考属于低政治领域，中日韩三国一直将北极科学考察作为参与北极事务的重要突破领域，并且都将进一步推进并深化科学考察作为重要目标。经过长时间的积累，各国均在北极科学考察领域取得较好成绩。

中国将北极科学考察作为北极事务的先导，不断推进并深化北极科学考察。从1999年至今，中国政府组织实施的北极科学考察已达七次。这七次科学考察活动中获得的资料和数据奠定并深化了中国对北极的科学认知。特别是最近几次科学考察，创造了多个首次，实现了多项突破。2012年7月，中国在第五次北极科学考察中：首次成功访问北极国家冰岛，首次实现由北极高纬航线穿越北冰洋，首次进行冰站作业，首次布放气象观测系统；2014年7月，中国的第六次北极科学考察中，通过中美合作实现了海冰浮标阵列布放等多个首次任务。①

日本在北极科考方面拥有雄厚的实力以及丰富的经验。但是日本并没有满足于现状，北极相关政策对其北极科学研究及考察提出了更高的要求。目前，日本正不断推进北极领域以及南极领域的观测及调查研究，并且加强对水循环变化观测卫星等卫星观测到的数据的利用。同时，通过制作北极航行的海冰速报图为北极航道的利用提供数据支持。②

韩国在北极科学考察领域通过资金、技术的投入以及国际合作来加大基础设施的建设，逐步提高韩国在北极科研方面的实力。韩国首先加大了对

---

① 中国第六次北极科考结束2万里航程实现多个"首次"，中国新闻网，2014年9月23日，http://www.chinanews.com/gn/2014/09-23/6622148.shtml。

② 海洋基本計画について. 日本総合海洋政策部，http://www.kantei.go.jp/jp/singi/kaiyou/kihonkeikaku/index.html。

北极科考的资金投入。韩国海洋水产部表示，到 2020 年前韩国将投资 3.6 万亿韩元在北极科考领域，以此来促进开发北极航道以及航洋工程方面的技术。① 同时，韩国还在北极科考上积极寻求与其他国家的合作。韩国政府欲扩大其在北极的唯一科学考察站——茶山站的规模，使其承担更为重要的科考任务。由于韩国仅有"全洋号"（Araon）一艘破冰船，阻碍其科考进度，韩国海洋水产部已经就建造第二艘破冰船向政府提交报告。②

对于北极科学考察的基础设施等方面的建设需要经过时间的积累才能显现出效果。但是，从目前中日韩实施进程上看，均为北极科学考察投入了大量的人力、物力、资金和技术的支持，说明都将北极科学考察置于重要位置；其次，从各国家推进以及深化的科学考察内容看，均有所突破。可见，中日韩在北极科考领域的活动正按照政策目标的设定不断成功推进。

（二）资源开发目标的实施评估

对于中日韩三国而言，北极的能源资源开发具有重要战略意义。一旦北极成为新的能源基地，将实现能源进口的多元化，确保了国家能源的安全。然而，因中日韩在地缘政治上的劣势，这三个国家在北极资源的开发利用上往往都采取了与北极国家进行合作的方式，通过合作来实现参与并进一步实施北极资源开发的目标。

中国目前主要通过加强与北极国家特别是北欧北极国家间合作强化对北极能源资源的开发利用。2013 年，中国石油天然气集团公司与俄罗斯最大的私人天然气生产公司诺瓦泰克达成协议，收购旗下亚马尔液化天然气（LNG）公司 20% 的股份，亚马尔 LNG 项目是中俄第一次在北极地区进行的能源合作项目。③2014 年 11 月 18 日，俄罗斯自然资源和环境部长东斯科伊以视频连线的方式参与了在莫斯科举行的"北极研究、开发和发展前景"

---

① 　杨元华：《韩国开发北极的举措值得借鉴》，载《中国远洋航务》2013 年第 9 期。

② 　《韩国拟再建破冰船积极参与北极研究》，中国海洋信息网，2013 年 8 月 1 日，http：//www.coi.gov.cn/news/guoji/201308/t20130801_28359.html。

③ 　《亚马尔 LNG 项目开辟中俄能源领域合作新模式》，国际在线网，2015 年 5 月 4 日，http：//gb.cri.cn/42071/2015/05/04/8011s4950705.htm。

新闻发布会，他表示俄罗斯有意与中国就北极资源的共同开发进行探讨与合作。①2015 年 5 月 8 日，习近平与普京举行会谈，普京表示，俄罗斯欢迎中国企业参与北极大陆架项目。中国还继续推进与冰岛、挪威等北欧国家的密切联系，特别是与冰岛展开了深层次的交流合作，签订了多项合作备忘录。②

自 2011 年日本东北部海域大地震后，日本的核电站陷入停摆状态，这使得原本就资源匮乏的日本对资源的需求更加迫切。为此，日本于 2012 年颁布了资源保障新战略。该战略将北极圈在内的四个区域作为资源开发重点区域。③此外，日本出光兴产、住友商事等大型企业共同出资成立了格陵兰石油开发公司，以参与北极的天然气开发。④此后，2013 年日本外相岸田文雄在出席日本与北欧及波罗的海地区八国的首次外长会议时表示，日本希望在北极资源的开发方面与其他国家展开沟通合作。⑤

韩国在北极资源开发方面与多个国家进行合作。韩国一直将地理位置相近又在北极问题上有重大话语权的俄罗斯作为北极合作的重中之重。韩俄两国在北极问题上的交流合作始于 2012 年时任韩国总统李明博对包括俄罗斯在内的多个北极国家进行的访问。这次针对北极国家的访问，使韩国与俄罗斯、挪威以及格陵兰岛就北极环境保护、北极资源开发以及航道利用等多方面议题达成合作协议。⑥2013 年 7 月 9 日，在韩国首尔举行的韩俄经济科技共同委员会会议上，韩俄拟共同开发远东地区、北极航线等俄罗斯大规模地区开发项目合作方案。在 2013 年的韩国挪威经济合作委员会上，韩国和挪威两国表达了在北极资源以及北极航道方面加强合作的意愿。两国希望在

① 《俄罗斯有意与中国加强北极事务合作》，新华网，2014 年 11 月 18 日，http：//news.xinhuanet.com/2014-11/18/c_127226249.htm。

② 曹怡婷：《中国冰岛将携手开发北极资源》，载《东方早报》2012 年 4 月 22 日。

③ 《日本将制定新资源战略　强化北极圈开发》，商务部网站，2012 年 6 月 14 日，http：//www.mofcom.gov.cn/aarticle/i/jyjl/j/201206/20120608179021.html。

④ 陈鸿斌：《日本的北极参与战略》，载《日本问题研究》2014 年第 3 期。

⑤ 《日本外相称愿就资源开发与北极周边国家沟通》，中国新闻网，2013 年 11 月 12 日，http：//www.chinanews.com/gj/2013/11-12/5489565.shtml。

⑥ 孙雪岩、王作成：《朴槿惠政府北极政策的解读与展望》，载《韩国研究论丛》2014 年第 1 期。

北极海底资源开发方面积极开展合作。①

通过上述分析，可见中日韩三国在北极资源开发的推进上呈现的异同。中国的合作对象主要是俄罗斯并且与冰岛展开了深层次的交流合作，但缺乏更广泛领域的深层次合作。日本在推进北极资源开发方面主要体现为资源开发计划的制定，虽表达了与其他国家进行合作的意愿，但实质上展开的交流合作较少。与中日两国相比，韩国在资源开发的合作上似乎更为顺利。韩国凭借自身在船舶制造、航运等相关产业的雄厚实力吸引了诸多北极国家的合作。可见，中日在资源开发领域政策目标的实施尚存差距，韩国在该领域北极事务的推进更为顺利。

(三) 航道利用目标的实施评估

北极航线一旦开通将大大减少运输成本，有效推动北极能源资源的开发，为中日韩三国提供一条更加安全的航行线路。因此，中日韩三国都非常关注北极航道的开发利用，并且将航道利用与资源利用作为北极政策目标的主线。

航道利用是中国开展北极事务的重点关注领域之一，主要通过试航积累经验、加大技术研发等措施实现政策目标的设定。2013 年，中远集团"永盛"轮从大连港起航完成了北极东北航道的首次试航。② 这次航行被认为或许能改变世界运输格局。2015 年"永盛"轮再航北极东北航道，开辟了中国往返欧洲的新航线。③ 此外，中国与日韩等非北极国家也逐步展开合作。例如，商船三井株式会社与中国海运（集团）总公司的合资公司将最早于 2018 年运营三艘破冰船从俄罗斯亚马尔 LNG 项目输送液化天然气，此举将在北极开拓第一条常规运输线路。

---

① 《韩国、挪威召开会议，探讨开发北极航道》，商务部网站，2013 年 10 月 15 日，http：//www.mofcom.gov.cn。

② 《中远集团"永盛"轮开启北极东北航道首航》，新华网，2013 年 8 月 8 日，http：//news.xinhuanet.com/fortune/2013-08/08/c_116870762.htm。

③ 《预报中心将再为北极商业航行保驾护航》，国家海洋局网站，2015 年 5 月 29 日，http：//www.soa.gov.cn/xw/dfdwdt/jsdw_157/201505/t20150529_38108.html。

由于日本政府和企业在北极航道利用问题上的分歧，使得日本在北极航道领域的参与实践屡遭阻碍，离政策目标的设定还有相当大的距离。日本政府注意到北极航道潜在的经济价值，其国土交通省专门成立了评估北极航道通航可能性的委员会。但日本的航运业却认为目前的北极航道几乎无利可图，因此对于北极航道的开发利用表现出较为冷淡的态度。由于日本的企业在政策的制定中往往起到关键性作用，而日本航运业在航道利用问题上不配合使其北极航道的开发利用受到阻碍。

韩国在北极政策中将韩国在航道利用领域的政策目标设定为通过开发北极航道将自身打造为新的航运枢纽，从而形成新的产业链来促进国内经济的发展。为了实现该政策目标，韩国付诸努力。国内层面，韩国不仅完成了北极航道的首次试航，①为航道利用积累经验，而且计划加强港口建设、实行港口费用减免等方式吸引经由北极航道的的船舶靠港。国际层面，韩国通过加强与俄罗斯、挪威和芬兰将在北极航道等领域的合作来培养人才、提高自身地位。俄罗斯一直是韩国在北极事务上的重点合作对象，近年来双方在货运基础设施建设、人才培养等方面开展了合作。2012 年 9 月 12 日，时任韩国总统李明博同挪威首相斯托尔滕贝格进行会晤。两位领导人在会上就韩国政府参与开设北极航道、共同推进北极政策达成协议，决定构建合作伙伴关系，共同应对气候变化、推进北极环保开发。②2014 年 11 月 20 日，韩国海洋水产部和芬兰交通和通信部签署关于共享海运信息和技术、建立合作关系的谅解备忘录，希望加强在北极航道利用方面的交流合作。然而，由于自然条件以及韩国政治地位、技术等方面的局限，虽然现阶段与芬兰合作进行得较为顺利，但距离政策目标的实现还存有差距。③

---

① 2013 年，韩国现代汽车集团下属的 GLOVIS 公司商船首次穿越北极航道，到达韩国光阳港。

② 《韩国挪威将合作开设北极航道　签署谅解备忘录》，中国新闻网，2012 年 9 月 12 日，http://www.chinanews.com/gj/2012/09-12/4178465.shtml。

③ 《韩国和芬兰拟加强北极航道通航合作》，商务部网站，2014 年 11 月 21 日，http://www.mofcom.gov.cn/article/i/jyjl/j/201411/20141100805164.shtml。

上述分析可见，中国在航道利用领域主要采取了通过试航积累经验、加大技术研发等方式为北极航道的开发利用做好前期准备，仍处于起步阶段；日本除在研发中的成就，囿于日本航运业的阻挠使得其在航道利用方面未取得更大的进步。韩国在航道领域的特殊利益，使得其尤其关注北极航道的开发利用，而它在航运、船舶制造等相关领域的雄厚实力也为它吸引了更多的北极国家的合作伙伴。与中日相比，韩国在航道利用上更占优势。然而无论是中国、日本还是在航道领域比较占优势的韩国，在航道利用中均显现出了依靠北极国家，以合作形式参与利用的特点。由于这种依存性以及自然条件等方面的限制，中日韩虽取得一定成绩，仍需为北极航道的开通积累经验、提高技术水平并加强合作。

（四）参与北极国际机制的目标实施评估

在北极国际机制的参与上，中日韩三国都积极参加以北极理事会为代表的准区域性国际组织以及以国际海事组织为代表的全球性国际组织的各项活动。

北极理事会是北极治理最具代表性的准区域性国际组织。2013 年 5 月 15 日，在北极理事会第八次部长级会议上，包括中国、日本、韩国在内的六个非北极国家被批准为北极理事会观察员国。尽管观察员国在北极理事会中没有参与决策的权利，但可通过参与北极理事会活动相关项目提出建议，还可以参加北极理事会下设工作组间接表达诉求。①

国际海事组织是北极国际治理机制中最重要的全球性国际组织之一。2015 年 11 月 27 日，在第 29 届国际海事组织大会的新一届理事会成员选举中，中日韩三国再次当选 A 类理事国。②

中国于 1973 年即加入国际海事组织，成为国际海事组织的一员。在国

---

① 内阁官房総合海洋政策本部事務局.北極海に関する取組について,http：//www.kantei. go.jp/jp/singi/kaiyou/sanyo/dai14/siryou3.pdf#search='%E5%8C%97%E6%A5%B5%E6%B5% B7%E3%81%AB%E9%96%A2%E3%81%99%E3%82%8B%E5%8F%96%E7%B5%84%E3%8 1%AB%E3%81%A4%E3%81%84%E3%81%A6'，2015 年 5 月 5 日。

② IMO Assembly elects new 40-Member Council.IMO 官网，2015 年 11 月 27 日，http：//www. imo.org/en/MediaCentre/PressBriefings/Pages/52-council-election-.aspx.

际海事组织第 9 届至第 15 届大会上，中国连续当选为 B 类理事国，并在第 16 届以后的大会上连续 14 次当选为 A 类理事国。作为国际海事组织的重要成员国，中国政府一方面认真履行了在保障海上航行安全和保护海洋环境等方面肩负的国际责任，另一方面也积极参与了以国际海事组织为平台的国际合作，为其他发展中国家提供力所能及的技术援助和资金支持。①

日本是国际海事组织的创始成员国之一，并一直保持着理事国的地位。2012 年 1 月 1 日起，日本人关水康司就任事务局长。日本自国际海事组织成立以来就一直以理事国的身份积极参与各项活动以及各类规则的制定。例如，由日本主导制定了规制船底有害涂料的使用的条约（《控制船舶有害防污底系统国际公约》，AFS 条约）；2011 年 7 月，IMO 采用了日本对 MARPOL 条约附属书 VI 的修正；在制定海盗对策上，日本以观察员的身份参与了 2009 年召开的索马里周边海域海盗对策联合会议，并为完善索马里周边国家的情报共享中心以及训练中心的建设向 IMO 捐献了 1460 万美元。另外，2012 年日本向 IMO 提供了 964，989.00 英镑，约占总金额的 3.3%，排在巴拿马、利比里亚、马歇尔群岛、英国、巴哈马、新加坡、马耳他、希腊以及中国之后的第 10 位。此外，日本认为其需要在国际海事组织中推动国际污染治理框架的出台，推动《极地规则》的实践。②

韩国于 1962 年加入国际海事组织，1991 年当选 C 类理事国，此后连续 5 次担任理事国。2001 年，韩国首次当选参与国际海事组织主要政策制定的 A 类理事国。2015 年 11 月 27 日，韩国连续第 8 次当选 A 类理事国，而在前一日的会议上，韩国釜山港湾公社社长林基泽担任第九任秘书长，成为首位韩国籍秘书长。③ 自成为国际海事组织的理事国以来，韩国积极参与国际

---

① 《中国高票当选国际海事组织 A 类理事国》，中国水运网，2015 年 11 月 30 日，http：//www.zgsyb.com/html/news/2015/11/87229782347620.html。

② 国際海事機関（IMO）概要. 日本外務省，平成 24 年 3 月 1 日，http：//www.mofa.go.jp/mofaj/gaiko/imo/index.html。

③ 《韩国连续 8 次当选国际海事组织 A 类理事国》，韩联网，2015 年 11 月 30 日，http：//chinese.yonhapnews.co.kr/allheadlines/2015/11/30/0200000000ACK20151130001100881.HTML。

海事组织的各项活动，在援助发展中国家、打击索马里海盗等方面作出了重要贡献，这次韩国的两项当选既是对韩国至今对国际海事组织所做贡献的肯定，也彰显了韩国在世界海运和造船领域的重要地位，同时将会对韩国航海和造船产业发展产生积极影响。①

综上所述，通过对中日韩在科学考察、资源开发、航道利用以及国际机制的参与四个方面实践活动的考察，可见各国北极政策的实施效果与政策目标之间仍有一定的差距但同时也各自取得了些许成绩。特别是中日韩三国都曾把加入北极理事会作为北极政策的重要目标。该目标的实现，是对这三个国家近年来在北极事务中贡献和成就的重大肯定，同时也说明三个国家在北极政策目标的实现上取得了阶段性的成果。

四、东北亚北极利益攸关国参与北极事务的政策路径

通过上文对中日韩三个国家北极政策目标的评估，我们可以看到虽然与目标的设定上存在差距，但仍然取得了一些成绩，成绩的取得必然意味着政策实施的有效性，而差距则意味着改进的空间。中日韩在参与北极事务的政策路径的探索中找到了有效的政策路径，也同时存在需要改善的内容。通过分析中日韩在北极事务中的参与，现将东北亚北极利益攸关国参与北极事务的政策路径总结如下。

（一）以低政治敏感领域为突破口

东北亚北极利益攸关国在地缘政治上处于劣势，北极事务的参与受到了来自北极国家的排斥和阻碍，如果过度强调政治诉求只会雪上加霜。东北亚国家实践以北极科考和气候变化等低政治敏感领域为突破口，通过与北极国家、北极相关国际组织在北极科考、气候变化等事务上的合作逐步实现北极利益诉求。近年来，北极国家也逐渐意识到了在气候变化、环境保护和科

---

① 《国际海事组织秘书长当选人林基泽明年就任》，韩联网，2015 年 11 月 27 日，http：//chinese.yonhapnews.co.kr/allheadlines/2015/11/27/0200000000ACK20151127000400881.HTML。

学考察等领域，仅依靠北极国家的力量难以实现有效推动，非北极国家的参与可促进双方利益的最大化。而东北亚北极利益攸关国恰好可基于北极国家在低敏感度领域问题的灵活态度，参与这类事务的北极治理，逐步扩大影响力并确保实质性存在，培养在北极事务中的话语权，维护合法权益的实现。

（二）加强北极双边和多边合作

东北亚北极利益攸关国要想更高效的参与到北极治理中，与北极国家进行合作是一条非常重要的路径。从上述的目标评估中可以发现，无论是科学考察还是资源开发，亦或是航道利用，与北极国家之间的合作成为东北亚北极利益攸关国参与北极事务的重要路径，合作的进程直接影响到这些国家参与北极事务的深度和广度。同时，北极国家在参与北极治理的过程中意识到非北极国家在资金、市场等方面的优势。可以说非北极国家和北极国家间的合作将创造双赢的局面。另外，东北亚北极利益攸关国之间的合作也不能忽视，其地理位置相近，又有着共同的利益诉求，各国间联合将形成不容忽视的力量，推动其各自在北极事务中的参与，实现各自的北极利益。目前，中日韩三国已明确相互间合作的重要性，并表达了加强合作的意愿。

（三）积极参与北极治理国际机制

目前涉及北极治理的国际机制主要分为四个层次。首先是全球性的国际机制，主要包括国际海事组织、国际海底管理局、联合国粮农组织等；其次是区域性的国际机制，主要为当前在北极事务中发挥重大作用的北极理事会；再次是次区域合作组织，主要包括北冰洋五国会议以及巴伦支海欧洲北极理事会；另外还包括国际北极科学委员会等科研合作组织。就目前东北亚北极利益攸关国的政策导向以及国内实践现状来看，其主要将国际海事组织以及北极理事会作为努力的方向，同时也积极参与到国际北极科学委员会中。无论当前东北亚北极利益攸关国在北极治理国际机制中的参与程度如何，这些国家已不仅是规则制定的旁观者更是规则制定者的参与者，并逐渐展现出自身的影响力。

（四）加强国内参与北极制度的建设

除在国际层面积极参与北极治理国际机制、加强与北极国家以及非北极国家之间的合作，在国内层面加强北极制度建设也极为重要。完善的北极制度将有效推动各国北极治理的参与进程。

首先在管理体制方面，中日韩三国都未设立专门负责北极事务的综合性管理机构，北极事务的运作分散在各相关部门中。由于北极事务的繁杂性，单一的部门无法有效应对，这就有必要设立一个专门的综合性机构来统一运作北极事务，可极大提高北极事务的运作效率。韩国政府近期已经计划设立专门的机构来管理北极事务。

其次在法律制度方面，应当加强北极相关法律制度建设，运用法律的手段来确保自身的北极利益。近年来，北极国家愈来愈重视运用法律手段保障自身在北极大陆架划界、资源开发、航道利用等方面的利益，但东北亚北极利益攸关国在北极法律制度建设方面仍较为欠缺，无法满足保障自身利益的需要。韩国近期已启动了北极相关法律的立法进程，这将有效推动韩国北极事务的发展。

中日韩在参与北极事务的过程中逐渐探索出了本国的北极政策并形成了本国的北极政策目标。根据中日韩在科学考察、资源开发、航道利用以及北极国际机制的参与四个方面的实践活动对各自的政策目标实施评估。其评估结果显示，中日韩北极政策虽尚未完全达到预定目标，但也取得了一定成绩。通过对这三个国家北极政策中实践效果较好部分的总结以及对应当完善部分的归纳，东北亚北极利益攸关国可以通过低政治敏感领域事务的参与为突破口，加强双边和多边合作，积极参与北极治理国际机制以及国内制度建设，有力维护北极利益攸关国的利益主张。

第二节　港口国控制合作的范本

北极航线相比传统巴拿马、苏伊士运河航线，具有缩短太平洋与大西洋间航行距离，节省航运成本，避免遭受海盗侵扰等优势，北极冰融后，更多商船将选择北极航线航行。北极蕴含的丰富矿产资源与旅游业的发展也将导致北极航行船舶的增加。航行活动的增多将对北极脆弱的生态环境造成挑战，如何有效地确保航行安全并防止船源污染是国际社会及北极利益攸关国的重要关切问题。国际海事组织为应对该问题，历时数年制定专门规范极地航行的国际规则。具备法律约束力的《极地水域船舶航行国际准则》（International Code for Ships Operating in Polar Waters，本节简称《极地规则》）的安全与环保部分已分别在国际海事组织安全委员会（MSC）第 94 届会议和海洋环境保护委员会（MEPC）第 68 届会议中通过，标志着北极航行治理的国际规则已形成。

国际海事组织制定国际规则后需要相关配套机制予以践行，船旗国应保证对国际规则的遵守，港口国负责监督、检查船旗国对国际规则的遵守情况。[①] 港口国以确保船舶和人命财产安全、防止海洋污染为宗旨，以船舶技术状况、操作性要求、船舶配员等作为检查对象，对抵港的外国籍船舶依法实施监督和控制。[②] 港口国控制是保障海上安全和防止污染的重要防线，当船舶所有人、船员或船级社未能按照相关国际公约履行自己的职责时，港口国开始发挥其效用。[③] 港口国控制由于其具有的独特价值，作为船旗国履约的有效补充，受关注程度日益提高。

一、港口国控制的价值

港口国控制的重要价值在于其可弥补传统船旗国监管的不足，减少低于国际标准的船舶数量，通过一系列港口国控制措施，保障航行安全与海洋环境安全。

（一）船旗国管辖的辅助手段

根据《联合国海洋法公约》，船旗国对悬挂其国旗的船舶享有绝对的管

---

① 司玉琢：《国际海事立法趋势及对策研究》，法律出版社 2002 年版，第 123 页。
② 参见国际海事组织 A.787（19）决议通过并经 A.882（21）决议修正的《港口国控制程序》
③ 本节所述港口国控制制度来源于港口国依据国际公约享有的管辖权，具体表现为港口国的监督、检查等具体措施。

辖权，同时也应对受其管辖船舶的航行活动、船舶航行安全和防止危害海洋环境等方面负有国际责任。① 可见，船旗国对海上航行的本国船舶享有优先的管辖权，构成保障船舶航行安全、船员安全和海洋环境安全的主要力量。然而，并非所有的船旗国管控均可达到预期的效果，有的船旗国由于缺乏技术支撑、资金不足、船公司安全和环保文化建设的乏力等原因而表现不佳，未能有效地履行其应尽的职责，甚至使得悬挂这些国旗的船舶成为低标准船舶的代名词，如北朝鲜、洪都拉斯、玻利维亚、柬埔寨等船旗国被列为各港口国监督的黑名单，滞留率较高。此外，方便旗国家为船舶提供了避免严格的规则和政策要求的机会，通过悬挂方便旗，船舶营运者可因此减轻较多营运花费并增强竞争力，方便旗船舶于二战后迅猛增加并在世界航运市场中占据重要份额。② 一些采用船舶开放登记制的发展中国家如巴拿马、利比里亚等将船舶登记费和年吨税视为主要的外汇来源，未尽责确保船舶是否合乎国际安全与防污标准。方便旗国家没有能力行使有效的监督和控制，致使船旗国政府履约责任和能力不一致，船旗国履约效果也深受影响。③ 船旗国资金、技术有限或因开放式登记而忽略对船舶的管控现象说明仅依靠船旗国管辖无法达到船舶通行的国际标准。

　　港口国系船旗国外能够和船舶进行有效接触并且具备强制执行力的国际法主体，具有监督抵港外籍船舶的客观条件，④ 可利用其港口国监控的手段，包括检查、滞留等对驶入其港口的外籍船舶进行监督和管理，弥补船旗国监管的不足，成为船旗国履约的重要补充，辅助船旗国共同确保海上航行的安全和环保。

---

① 《联合国海洋法公约》第 94 条规定了船旗国的义务，包括对受管辖船舶应采取的措施以及应承担的责任。

② Thuong, L. T., "From Flags of Convenience to Captive Ship Registries", *Transportation Journal*, 1987, pp.22-34.

③ 金昱茜：《方便旗背景下港口国监控制度的发展》，载《中国海商法年刊》2010 年第 3 期。

④ 焦晓娇：《海上安全与贸易自由：港口国监控制度与海运服务贸易的冲突与协调》，载《法学杂志》2013 年第 6 期。

(二) 国际航行标准的维护

经济全球化背景下，各国间联系日益密切，全球范围内的资源需要更快速地流动和配置，海上运输成本较低且相比传统陆运方式更为方便、快捷。随着海上运输方式不断专业化，船舶逐渐大型化，出现了油轮、危险品专用船等，一旦发生事故将对人命、环境造成巨大影响。随着海上运输的繁忙，从事航运服务的船舶数量持续增多，密度加大，一些航运公司为谋求利润、降低经营成本，忽视相关国际公约的要求，将老旧船舶投入营运，缩减维修费用，使众多低于国际标准的船舶混入了国际海运服务队伍，致使船舶海上事故破坏性增大，恶性海洋污染事故的增加。

船舶北极航行过程中应严格遵照国际海事组织有关船舶安全、船员培训及防污国际标准，如《国际海上人命安全公约》《海员培训、发证和值班标准国际公约》《国际防止船舶造成污染公约》等，港口国普遍将"消除低标准船舶"视为确保海上人身与财产安全和防止海洋污染的重要手段。港口国施行的一系列监督管控措施，可有效控制低标准船舶的数量，敦促世界范围内各航运国的船公司提升船舶设计、配备、操作、配员的质量，以达到国际标准，最终实现发展海运的同时保护海洋环境，兼顾经济与环保效益的目标。

(三) 确保海上安全的工具

港口国是船舶安全直接或间接利益攸关方，海难事故及因此造成的海洋污染可能危及到港口国管辖海域环境及国民的利益，此为对港口国直接利益的损害；低标准船舶长期得不到监管和控制将影响到全球船舶的航行安全，减少船舶遵守国际规则的动力，降低货主对海上运输安全的信心，对包括港口国在内的全球航运体系构成间接利益损害。《联合国海洋法公约》专门对港口国管辖做出规定，为港口国控制提供了充分的法律依据，港口国因此具有充足的外在条件保障实施海洋安全监督举措。

港口国海事行政主管部门可根据港口国控制制度，依法检查抵港外籍船舶的技术状况、操作要求、船舶配员等直接或间接影响安全航行的因素，对不满足国际海事公约要求或低于国际标准的船舶采取修理、滞留、限期改正等强制性措施以弥补缺陷。被滞留的外籍船舶将被限制于港口国指定区域内，直至其采取措施符合相关国际标准时方可离港。港口国通过对抵港外籍船舶适航及船员的适员的监管控制，督促船舶严格执行有关国际公约，减少或预防事故的发生，有效保障海上安全。

港口国控制可弥补船旗国管辖的不足，具有维护国际航行标准以及防止海洋环境污染与保障海上人身和财产安全的重要意义，因此该制度在全球范围内具有推广实施的必要。

二、北极航行中港口国控制制度的适用

北极水域地处高纬地位，超低温、强风暴、极光、极夜等特殊环境，对海上航行带来较大挑战，且部分水域海冰较为密集，固定冰或浮冰增加了航行的困难。[①] 此外，北极航线基础设施配置相对欠缺，船员航行经验缺乏，船舶在此区域航行相对于传统航线风险更高。北极水域环境脆弱，一旦发生海难事故及污染，海冰自净能力较差，环境损害后果不堪设想。鉴于北极航行的高风险与海洋环境的脆弱，极地船舶须满足更为严格的航行标准。船舶在北极航线航行需要遵循相关国际公约的要求以降低人为因素产生的风险，确保航行与环境的安全。为保障极地船舶遵循国际公约的严格要求，相关监督机制也必不可少。

由于北极航线地理位置较为偏远，恶劣的自然环境使得导航或通信系统可能受到干扰，船旗国在该区域想要实现对悬挂其旗帜船舶的充分管辖具有一定的难度。港口国控制具有辅助船旗国管辖、维护国际标准以及保护海上安全的作用，北极航行中，港口国的控制同样不可或缺。港口国控制制度在北极具有重要的适用价值，可有效减少海难事故、保证船舶安全，保护脆弱的极区水域环境。相关国际公约为港口国控制的实行提供了法律依据和标准参考，港口国在北极水域施行检查、控制的措施时应合乎国际规则的要

---

① 李振福、闫力、徐梦俏：《北极航线通航环境评价》，载《计算机工程与应用》2013 年第 1 期。

求，行使权利的同时注重义务的履行。

(一) 北极航行中港口国控制制度适用的法律依据

港口国在北极水域实行控制的依据来源于在此区域具有拘束力的《联合国海洋法公约》(UNCLOS)、《国际防止船舶造成污染公约》(MARPOL)、《国际海上人命安全公约》(SOLAS)、《海员培训、发证和值班标准国际公约》(STCW) 等国际公约，此类公约对于港口国控制适用的条件、内容、程序等做出了规定，成为港口国控制制度应用的重要法律依据。值得注意的是，国际海事组织新通过的《极地水域船舶航行国际准则》(简称《极地规则》) 以 MARPOL 和 SOLAS 修正案的形式制定，内容主要包括船舶安全和环境安全的维护，相关标准和要求是港口国控制制度在北极水域的应用依据。

1.《联合国海洋法公约》

《联合国海洋法公约》主要从保护海洋环境的角度出发，对港口国执法活动做出了规定，为推行港口国控制提供了更为充分的法律依据。《联合国海洋法公约》较为全面地规定了港口国控制的内容、操作原则和程序、特殊的注意事项以及执行不当应负的法律责任。[1][2]《联合国海洋法公约》从宏观视角对港口国的调查与监督的控制活动进行了规范，是港口国控制的基本法律依据。

2.《国际海上人命安全公约》

《国际海上人命安全公约》以保障海上航行中船舶人命安全为目标，为规范船舶结构、性能等对港口国控制做出了规定，主要包括船舶证书及作业的监督。

(1) 证书的监督。《国际海上人命安全公约》在总则中参照国际海事组

---

[1] 《联合国海洋法公约》第 12 部分，第 218 条区分船舶所处区域和违章事件发生地的法律地位，规定港口国可对自愿位于其港口或岸外设施的船舶进行检查。http：//www.un.org/zh/law/sea/los/article12.shtml。

[2] 《联合国海洋法公约》第 12 部分，第 227 条规定各国在为保全海洋环境行使其权利和履行其义务时，不应在形式上或事实上对任何其他国家的船只有所歧视。

织通过并修正的《港口国控制程序》对港口国控制做出了具体规定，① 当船舶位于另一缔约国的港口时，应受该国正式授权官员的检查以核实船舶依据公约签发的证书是否有效。② 此外，在《极地规则》中，要求南北极水域营运的船舶须配备极地船舶证书，港口国有责任亦有权利对航行于北极水域船舶的极地船舶证书进行核实、检查。

（2）船舶作业监督。《国际海上人命安全公约》为加强海上安全规定了若干特别措施，并要求船舶须接受港口国关于操作要求的控制。若有明显理由确认该船舶的船长或船员对与船舶安全有关的主要操作程序不熟悉时，该船应接受港口国的检查和控制，船舶在达到公约要求的正常状态前不得驶离港口。《极地规则》安全部分中设定了诸多极地航行中在不同航行环境下的操作要求，港口国应参照相关标准实施控制以保证北极水域的航行安全。

3.《国际防止船舶造成污染公约》

（1）检查船舶和持有证书的特殊规定。公约以保护海洋环境为目标要求船舶按规定持有证书，并授予港口国检查权。若有明显理由认为该船或设备状况与证书所载不符，例行检查的缔约国应采取措施直至该船的开航不会对海上环境产生不当危害时，才准开航。③

（2）防止船源污染的监督。《国际防止船舶造成污染公约》各附则均含有关于操作要求的港口国控制内容，港口国应采取措施确保该船已按公约要求调整至正常状态，方准予其开航。④《极地规则》环保部分设立了针对北

---

① 参见 IMO，A.787（19）决议通过并经 A.882（21）决议修正的《港口国控制程序》。

② SOLAS 第 I 章第 19 条控制，第 XI—2 章，第 9 条控制和符合措施，相关证书包括，客船和货船安全证书、货船设备安全证书、国际船舶保安证书等。当证书被证明过期或失效时，执行监督的官员应采取适当的措施，使船舶在保证安全前提下不得开航或离港驶往合适的修理厂。

③ 《1973/1978 国际防止船舶造成污染公约》第 5 条第（2）款。港口国对于操作要求的检查内容主要为，当船舶停靠于另一缔约国所辖港口时，若有明显理由确信该船船长或船员不熟悉船上防止油污污染程序、防止有毒液体物质污染程序、防止有害物质污染程序或防止垃圾污染程序，该船须接受该缔约国正式授权官员的有关操作要求检查。

④ 《1973/1978 国际防止船舶造成污染公约》附则 I、II、III、IV、V 关于操作要求的港口国控制内容。

极航行的特殊标准，船舶在北极水域航行需符合《极地规则》有关油污、有毒有害物质、垃圾等特殊排放的限制和标准，港口国应依据北极航行的特殊标准、参照《国际防止船舶造成污染公约》进行极地船舶的操作检查，保护北极脆弱的海洋环境。

4.《海员培训、发证和值班标准国际公约》

为尽可能降低人为因素产生的安全风险，公约对于港口国控制做出了具体规定，包括监督内容及监督程序。港口国对于船舶的监督主要在于证书的检查，以核实船上船员是否均持有公约要求的证书或免于持有的证明。为进一步合理、有效地适用港口国控制制度，公约简化了监督程序。港口国根据公约行使监督权仅限于核查海员证书的有效性与船上服务的海员人数及持有证书是否符合主管机关安全配员要求。《极地规则》对极地船舶配员提出了更为严格的要求，港口国在北极水域发挥作用时应综合《海员培训、发证和值班标准国际公约》与《极地规则》的特殊标准，尽量减少人为因素带来的风险，维护北极航行的安全与环保。

（二）权利与义务的结合

如前文所述，港口国依据《联合国海洋法公约》《国际海上人命安全公约》《国际防止船舶造成污染公约》《海员培训、发证和值班标准国际公约》等全球性国际法律规则，船旗国监管不利或其它规定情形下，港口国享有对极地航行船舶监督的权利，包括对极地作业船舶的证书、建造、操作、船员配备、防污要求等方面的监督，以保证船舶在北极作业时的人身与环保安全，规范船舶的北极水域航行活动。港口国在行使监督权利的同时，也应履行国际公约规定的义务，主要包括通知义务及采取适当措施的义务。

1.通知义务。相关国际海事公约参照国际海事组织通过的《港口国控制程序》，规定了港口国控制执行过程中的通知义务。《国际海上人命安全公约》中要求执行港口国控制的官员应将认为必须进行干涉的一切情况立即书面通知船旗国。《国际防止船舶造成污染公约》中规定当港口国对进入其港口的外籍船舶采取措施时应立即通知该船的主管机关。《海员培训、发证和值班标准国际公约》也规定，港口国控制应书面通知该船船长或船旗国的领事。依据《联合国海洋法公约》和国际海事组织通过的有关文件，在国际海事公约的履约过程中，船旗国居主导地位，港口国更多发挥的是辅助作用，除规定的必要情况，港口国不得单独对船舶实施控制措施，一旦采取干预措施应及时通知船旗国。

2. 措施适当义务。各港口国在对船舶实行监督和控制时应严格遵循相关国际海事公约规定的原则和程序。在实施控制措施时，应尽一切努力避免船舶受到不适当的扣留或延误，若船舶被不适当的扣留或延误，港口国须对船舶所受的损失或损害进行赔偿。相关国际海事公约（MARPOL、SOLAS、STCW）中均有类似规定，以保证港口国控制的适当与合理性。此外，港口国在监督外籍船舶时，不应歧视或区别对待。

港口国为保证北极航行的安全和环保，在监督极地船舶、采取相应管控措施的同时，也应注意国际海事公约规定义务的履行，保证相应监督措施的适当，与船旗国协同消除在北极航行的低标准船舶。

三、北极水域港口国控制的合作

国际海事组织在 1991 年通过了 A.682（17）号决议，充分肯定了港口国控制地区性合作的必要性及有效性，敦促世界其他海域也应加强地区性合作。区域间的合作将提高港口国执法的效率、避免重复检查，并极大带动发展中国家和地区的港口国控制，从而在全球形成有效保护船舶安全和防止海域污染的控制、监督网。全球化的港口国控制备忘录网络提供了系统化的船舶检查方式来保证船舶遵循有关船舶安全、船员及防污的国际标准。[①] 北极航线连接欧亚大陆，海上活动的治理不能仅依靠单一港口国或欧亚各自的港口国控制，不同区域的港口国由于不同的监管标准与技术水平，同时适用可能产生程序上的重复或漏洞。在北极水域适用港口国控制，在北极水域港口国控制备忘录缺位的情形下，可联合欧亚港口国控制尤其是巴黎备忘录与东

---

① The role of Ports in International Maritime Law；Arctic Marine Shipping Assessment Report 2009. http：//www.arctis-search.com/The+Role+of+Ports+in+International+Maritime+Law.

京备忘录下港口国的合作，发挥港口国控制的最优效能，确保北极船舶的适航性，保护脆弱的北极水域环境。

（一）港口国控制巴黎备忘录

欧洲是北极已开发资源的主要输出地，也是北极航行船舶的目的地，未来越来越多的经过北极航线的商船会停靠欧洲主要的港口，如鹿特丹、伦敦或汉堡等。这要求欧洲诸多港口国履行控制职责来监督经北极航线航行的船舶。[①] 巴黎备忘录成员基本涵盖北冰洋沿岸国及其他欧洲港口国，说明巴黎备忘录在管控北极水域航行船舶方面将发挥至关重要的作用。

巴黎备忘录作为国际上最早成立的区域性港口国控制组织，在减少低标准船舶航行方面取得了极为有效的成果并获得国际海事组织的赞赏。国际海事组织在 1991 年通过了鼓励《在船舶排放和控制方面加强地区合作的决议》，激发了世界其它地区港口国控制合作的发展趋势。港口国控制巴黎备忘录自制定以来，基于相关国际标准开展了多次港口国检查活动，如 2004 年的国际劳工检查，2006 年根据 MARPOL 公约进行的检查，发现有记录簿方面存在缺陷的油轮 3466 条，2008 年进行的全球海上遇险和安全系统（GMDSS）操作检查，2010 年开展油轮、化学品船和气体运输船的破舱稳性检查。巴黎备忘录检查技术和效率较高，带动了其他区域备忘录港口国控制的推行。

（二）港口国控制东京备忘录

根据 1991 年国际海事组织通过的鼓励区域性港口国控制合作的决议，亚太地区的海事主管部门参照巴黎备忘录的成功经验，从 1992 年起开始寻求在本区域建立港口国合作体系。1993 年 11 月 29 日于日本东京召开的第四次准备会议上，通过并签署了《亚太地区港口国检查谅解备忘录》（Tokyo MOU）。东京备忘录自制定以来，备忘录下的港口国依据国际海事公约的要求对入港外籍船舶进行严格检查，对于消除本区域低标准船舶，加强海上航

---

① Nengye Liu, "The European Union's Potential Contribution to Enhanced Governance of Arctic Shipping", *Heidelberg Journal of International Law*, p.724. http://www.zaoerv.de/.

行安全与环境安全发挥了重要作用。东京备忘录下的港口国包括俄罗斯、加拿大两个北极航道沿海国，也包括中国、日本、韩国等重要北极利益攸关国，使其在参与检查北极航行船舶中可发挥积极作用。此外，亚太地区作为世界重要贸易产品输出地，可能成为取道北极航线船舶的重要始发地，相关港口国的作用不可或缺。

（三）北极航线利用语境下巴黎与东京备忘录港口国的合作

当前新通过的专门针对南北极冰区水域航行的《极地规则》并未规定港口国控制的内容，北极航线尚无单独的港口国合作模式。在现今北冰洋港口国控制备忘录缺失的情形下，最优且可行的机制为加强巴黎备忘录与东京备忘录港口国的合作，合力消除在北极水域的低标准船舶。

1. 巴黎备忘录和东京备忘录港口国合作之可行性

首先，随着各区域港口国控制备忘录的制定，当前港口国控制机制下的国家间协作已呈不断深化的趋势，各备忘录国家间的交流与合作频繁，为巴黎与东京备忘录合作提供了经验。此外，巴黎和东京备忘录成员基本涵盖了对北极航线有重大利益关切的国家，影响力较大的北极航道沿岸国加拿大和俄罗斯同为巴黎备忘录与东京备忘录成员国，这为在北极航线实现两大备忘录合作增强了实施的可能性和便利。

其次，国际海事组织一贯支持港口国之间的合作，不仅制定相关文件规范和引导港口国控制的区域性合作，也积极通过其它方式帮助和促进区域性港口国备忘录国家之间的技术协作和信息交流。例如，组织全球范围的港口国控制研讨会，为各港口国提供了经验交流的平台，帮助港口国在实施控制、采取检查措施等方面达成共识。国际海事组织作为负责海上航行安全和防止船舶造成海洋污染的专门机构，极为关注北极水域航行问题，也将支持巴黎备忘录和东京备忘录的合作。

最后，通过备忘录内部机制来分析，巴黎备忘录在 2009 年的第 42 次会议上通过新的港口国监督检查机制，并于 2011 年 1 月正式实施，该检查机制相较之前更为科学和严格。东京备忘录随后在 2013 年 1 月通过了新的检查机制，并于 2014 年 1 月生效。东京备忘录借鉴了巴黎备忘录新机制的主要内容，对现行机制进行了全面修改。东京备忘录新检查机制实施后，将与巴黎备忘录生效的新检查机制相互链接，为两大备忘录今后开展合作提供便利。

2. 巴黎备忘录和东京备忘录港口国协作的实践基础

实践层面，巴黎备忘录和东京备忘录港口国间建立并保持了富有成效的紧密合作关系，已存在诸多互助合作的实例，为北极航线中二者的合作提供了良好的实践先例。

东京备忘录的信息数据系统已经与 EQUASIS 建立数据交换，实现了亚太地区和欧洲地区船舶检查数据的共享，可避免船舶漏检、重复受检，也为之后东京和巴黎备忘录的合作提供了平台。2011 年起两大备忘录同时启用相同的缺陷代码系统，为后期的信息共享或执行统一标准都奠定了良好的基础。

巴黎备忘录与东京备忘录港口国会定期合作进行联合集中检查行动，一般固定在每年的一个季度开展。2009 年 9 月 1 日至 2009 年 11 月 30 日，巴黎备忘录与东京备忘录港口国合作进行旨在确保船舶满足 SOLAS 第三章的救生设备和设施要求的联合检查；2011 年 9 月 1 日至 2011 年 11 月 30 日，东京备忘录联同巴黎备忘录港口国成功开展了船舶结构安全和国际载重线公约集中检查活动；2014 年 9 月 1 日至 11 月 30 日，巴黎备忘录与东京备忘录港口国联合开展了旨在核查值班人员是否严格遵守 STCW 1978（修订案）有关休息时间要求的检查。巴黎备忘录与东京备忘录几乎每年定期针对船舶安全或防污项目进行联合检查，以更大范围内减少低标准船舶的数量，保证世界航运质量。可预见今后在监管北极航行过程中，两大备忘录有望依据 MARPOL、SOLAS、《极地规则》等国际法律规则，针对极地船舶开展多项目检查合作，辅助船旗国构建安全的北极水域航行环境。

北极航线利用巴黎备忘录和东京备忘录港口国具备合作可行性与实践基础，在北冰洋备忘录暂时缺失的情形下，两大备忘录港口国可通力协作，包括共享信息、构建专门的北极检查员培训体系、实施统一的港口国监督检查标准等，共同监督北极水域作业的船舶。通过两大备忘录的合作可在北极航线构筑严密的监督网，规范航行于北极水域船舶的证书、建造、设计、配备、船员等方面以符合相关国际海事公约的要求。

四、我国在北极水域港口国控制中可发挥的能动作用

北极问题具有复杂性，如海洋污染等具有跨地域的特点，仅依赖某个国家或利益集团无法有效应对，需要国际社会的共同参与。外交部部长王毅在第三届北极圈论坛大会中指出，中国是北极的重要利益攸关方，以尊重、合作与共赢、三大政策理念为指导参与北极事务，其中合作为根本途径，共赢为最终目标。中国愿在北极气候变化、环保、航运等多领域同有关各方加强合作，以取得务实共赢的成果。中国希望通过建设性的参与北极事务，与各方共享机遇、共迎挑战，为促进北极的发展做出更多贡献。①

我国是亚太地区最大的港口国，拥有漫长的海岸线与众多的港口，作为世界贸易大国，我国可能成为经过北极航线船舶的重要目的港或停靠港。若要规范在北极水域航行的船舶活动，中国力量必不可少。近年来，我国致力于提升整体港口国控制水平，对外籍船舶的监督管理取得了长足发展，为消灭国际低标准船舶、维护海上航运安全及海洋环境做出了突出贡献。可预见我国将在北极水域的港口国控制中扮演重要角色，协同世界其他港口国共同监督极地船舶的作业。

（一）我国港口国控制的发展完善

我国自1986年开始实施港口国监督，加大对船舶安全的检查。1994年，我国加入东京备忘录，成为其创始国和成员国之一，此后一直切实履行成员国的义务，遵循相关国际海事公约的要求，完善我国港口国控制制度，培养检查人员并提高检查人员专业素质，逐步形成规范、严格的港口国控制检查模式。

---

① 李华文：《从价值链角度论中国PSC竞争力》，载《大连海事大学学报》（社会科学版）2010年第1期。

1. 逐渐完善的港口国监督制度和程序

中国海事局在"十一五"发展纲要中明确指出，最迟在"十一五"末，中国的港口国检查要达到中等发达国家水平。① 随后在"十二五"发展规划中表明要在现有基础上不断提高海事安全监管能力，实现"有效监管、快速救助、优质服务"。在此指导下，中国海事局制定出台了《港口国监督跟踪检查联系程序》，实施了《港口国监督滞留通知程序》，进一步规范中国的港口国检查措施。此外，我国以信誉分级管理为原则实行了"黑名单"制度（着重追查的船舶）和"双白名单"制度（安全诚信的船舶或船长），重点检查、管理被列为"着重追查"对象的低水平船舶，同时给予被评为"安全诚信的船舶或船长"一定的优惠对待。惩罚与奖励并举的检查制度在实践中取得了较大成效。

2. 高素质港口国检查队伍的形成

我国自实施港口国控制制度以来，极为重视检查人员素质的提升。中国海事局起草了《港口国监督检查队伍调整方案》，以指导建设高质量的检查队伍。② 此外，交通部海事局业已举办多次有关港口国控制为主题的培训，提高检查人员的专业素质。为使国内检查人员达到国际水准，中国多次选派优秀港口国控制检查人员远赴欧美、日韩等国进行交流学习，实地考察港口国控制活动，并积极派员参加东京备忘录下举办的港口国检查员培训。现今中国的港口国监督检查队伍渐趋专业，管理更为科学，正逐步向国际高水平靠拢。

3. 日趋强化的港口国检查力度

为保障海上人命安全、保护海洋环境，消除低标准外国籍船舶对区域乃至全世界航运安全的影响，切实履行国际公约的义务，我国海事局不断提高海事行政执法能力，加大船舶安全检查力度。经过二十余载的发展，截至2014年，我国已有52个港口开展检查工作，各有权进行港口国控制的单位合计检查船舶7256艘次，共发现缺陷上万项，滞留船舶484艘次，滞留率

---

① 王海潮：《港口国家督（PSC）坚守海上安全防线》，载《中国海事》2009年第10期。

② 周驰：《中国港口国监督的发展与展望》，载《大连海事大学学报》2008年增刊。

6.5%，高于东京备忘录下的平均滞留率，各项检查数据指标均位于亚太地区前列。①②③④ 中国严格公正科学的港口国检查在亚太地区乃至世界赢得了良好声誉，也对国际低标准船舶产生了一定的威慑力。

（二）中国与国外港口国合作的加深

中国加入东京备忘录以来，响应国际海事组织的号召，积极与其他港口国进行交流、合作，不仅在亚太地区内部联合开展港口国检查，也协同其他欧美国家根据国际海事公约的要求实施港口国监督，在消除全球范围内低标准船方面发挥了重大作用。

我国已于 2010 年完成中国港口国监督数据库（设在辽宁海事局）的开发使用，为实现区域间港口国监督合作和信息共享提供便利。此外，我国十分重视与国外海事机构有关人员、技术方面的交流。2010 年，我国联同美国检查员在上海港开展了"大型邮轮的港口国监督检查"的技术交流活动，实行了相关模拟检查及业务探讨。此外，我国每年均会派员参加东京备忘录下召开的港口国间研讨会，派出检查员到实施港口国控制制度经验丰富的国家学习。我国与国外的信息、人才和技术的合作和交流，利于在国家间形成基本统一的检查标准与水平，成为我国在北极水域中参与国际港口国间合作的重要条件。

港口国控制的国家实践中，中国海事局同其他港口国合作参与了东京备忘录、巴黎备忘录、黑海备忘录及美国海岸警卫队联合组织的各类港口国集中检查活动。例如参与东京备忘录于 1998 年实行的针对 ISM 规则的港口国管理集中检查，2003 年的散货船结构安全检查，2004 年的 ISPS 检查等；2007 年参与东京备忘录，巴黎备忘录，黑海、印度洋备忘录及美国海岸警卫队联合开展的国际航行船舶实施 ISM 规则的检查；参加巴黎备忘录和东

---

① 孙巍：《2014 年第一季度中国 PSC 检查数据》，载《中国海事》2014 年第 5 期。
② 孙巍：《2014 年第二季度中国 PSC 检查数据》，载《中国海事》2014 年第 8 期。
③ 孙巍：《2014 年第三季度中国 PSC 检查数据》，载《中国海事》2014 年第 11 期。
④ 孙巍：《2014 年第四季度中国 PSC 检查数据》，载《中国海事》2015 年第 2 期。

京备忘录定期举行的联合检查等。① 通过与国外港口国多年的协同检查，我国积累了相关合作的经验，在今后北极水域开展港口国监督检查时，基于先前配合的默契，我国与北极水域沿岸国及其他具有攸关利益港口国的合作控制检查将更协调。

近年来，中国参与北极活动的广度和深度不断拓展，积极投身于科研、环保和航运等领域的工作，并就相关问题与他国进行有效合作。实践证明，中国是北极事务建设性的参与者、合作者，中国有意愿也能够为北极的可持续发展作出更多的贡献。中国的港口国控制制度实施以来取得了较大的发展，检查人员素质、技术水平和执法力度都有了较大进步，加之与国外港口国多年的合作及交流经验，本着负责的态度与保护海洋安全和环保的决心，中国有能力在北极水域的港口国控制活动中有所作为。

北极航线可缩短太平洋和大西洋的海上距离，北极矿产资源与旅游资源的开辟，正吸引越来越多的船舶在此航行。北极特殊的自然环境使得船舶于此区域航行面临更为严峻的挑战。船舶在北极航线航行须满足更严格的国际标准和要求，才可保证人身、财产和环境的安全。因此监督和检查在北极水域作业的船舶是否合乎国际标准至关重要。港口国辅助船旗国，通过检查、滞留等控制措施，能够减少低标准船舶的数量、维护海上安全，在船舶北极航行中发挥着不可替代的作用。《联合国海洋法公约》《国际海上人命安全公约》《国际防止船舶造成污染公约》《海员培训、发证和值班国际公约》等对港口国控制做出了具体规定，港口国在北极水域检查船舶时应注意依据该类公约的标准和要求，行使监督权利的同时履行相应的义务。北极水域尚无专门的港口国备忘录，当前最为适宜的方式为联合欧亚大陆的港口国，加强现有备忘录下港口国之间的合作以发挥港口国控制的作用。东京备忘录和巴黎备忘录具有合作的可行性与实践基础。通过两大备忘录的通力合作，共享信息，实施统一专门的北极水域检查标准，可构建在北极水域严密的港口国监督网，保证北极航行的安全和环保。我国是北极航行的重要利益攸关

---

① 王海潮：《港口国家督（PSC）坚守海上安全防线》，载《中国海事》2009 年第 10 期。

国，作为东京备忘录的成员，我国一直积极投入监督国际船舶的安全与环保运营。我国的沿岸港口将在北极航线利用中作为重要的停靠港，我国也将在北极港口国控制中扮演重要角色，为确保北极船舶的适航性不遗余力。

后　记

　　21世纪是海洋的世纪，今天，蔚蓝的海洋比以往任何一个时代都吸引着人类探索和认知的脚步。尤其在全球气候变化背景下，海上冰原已不再神秘，通过船舶运载人类感受北极之美、北极之险已不再是梦想。尚未经人类大规模开发的北极环境以其皑皑冰封雪景震撼着造访者的心灵，已开通的北极航道在带给探访者美的享受之余也赋予了人类丰厚的利润，但那白得刺眼的光似乎也在提醒着我们，美好的环境不容践踏。大自然是需要敬畏的，仅仅怀揣勇敢开拓的心似乎不足以挑战北极恶劣的自然环境，确保航行安全也是北极带给人类的警示。以怎样的规范来指导人们的行为进行有序的北极航行？我们必不能依靠上帝的眷顾，却可在人类文明发展至今所锻造的法律理性指引下进行北极航行。而何为法律理性？国际法之父格老秀斯早在四百年前即做出回答——一致的同意反映了国家理性。何时国家会采取一致的同意？唯共同的利益可促成国家一致的意见。由此可见共同利益在北极航行法律秩序塑造中的作用。我国权益视角下的北极航行便是在不违背这共同利益的背景下，充分维护我国的权利和利益，积极参与北极战略新疆域的航运治理，作出法律应对。

　　本人便以这样的逻辑起点展开本书研究。本书的研究系问题研究范式，并非将书中的研究对象以及采纳的研究工具局限在某一具体法学学科，而是采取"拿来主义"，将海洋法、海事法、海商法、战略学、地缘政治学等学科理论融汇在一起，尽量做到在不同学科间游刃有余地解决问题，提供对策建议。本书写作的四年恰是我国北极航运事业快速发展的四年，尽管书中信息的频繁更新加大了作者的工作量，但也切实反映了我国正如火如荼地开展着北极航运事业。这期间，我国科考船"雪龙"多次穿越东北航道，商船"永盛"也载运货物打通"冰上丝路"，中国企业入股亚马尔油气田开发。本人深知，问题研究需要收集"接地气"的问题和扎实的调研。为分析我国科考船"雪龙"穿越东北航道可行性，本人参与国家海洋局极地考察办公室组织的专家论证；为更好地了解我国北极航运一线所遇到的问题和困难，本人走访了中国远洋运输总公司了解"永盛"穿行实况；为预先评估国际保险市场对北极航行中保险风险的分摊意愿，本人只身前往英国伦敦劳合社与全球航运保险大亨座谈；为明确全球破冰船造船技术的发展现状，本人参加了芬兰赫尔辛基的北极航运大会并作大会主题发言，走访当地 Aker Arctic 破冰船技术公司；为寻求同为北极利益攸关国的东北亚国家间的一致合作，本人多次参与中日韩高端北极合作论坛并作主题发言；为将我国努力成为北极治理的贡献者与合作者的理念传播给北极国家和国际社会，本人参加在美国夏威夷东西方中心举办的国际北极治理研讨会，通过第二轨道外交阐述中国的北极理念和立场。为解答研究中的疑问，本人参与国内北极事务研讨会十余次，得益于学者们的指点与建议。

　　写作过程中得到主管部门和学术界前辈与同仁们的鼓励与支持。感谢本人主持的国家社科基金项目"我国权益视角下的北极航行法律问题研究"（12CFX094）对本研究的资助。感恩中国海洋大学法政学院院长刘惠荣教授引领我进入北极研究之门，感谢中国海洋大学文科处金天宇处长对本研究的关心和支持，感谢国家海洋局极地考察办公室徐世杰处长和其他同事们提供的第一手资料，感谢中国极地研究中心张侠主任和屠景芳老师的宝贵建议，感谢上海国际问题研究院杨剑副院长的真知灼见，感谢厦门大学南海研究院院长傅崐成教授多次邀请参加会议并热心做序，感谢中国海洋大学郭培清教授在跨学科研究中的指点，感谢上海海洋大学陈敬根副教授在北极航行海事公法问题研究中的巨大贡献，感谢上海海事大学高俊涛副教授在北极航行海事司法问题研究中的巨大付出，感谢中国海洋大学数学科学学院吕可波老师有关北极航行风险建模的专业指导，感谢人民出版社王萍主任的耐心校对与指点，感谢领导、老师、同仁们在学术研究中对本人刨根问底式追问的耐心解答。本书付梓之际，深刻意识到书稿的完成有赖于太多领导、老师、同仁们的支持与不弃，在此不一一罗列，本人深感荣幸、倍受鼓舞，唯有更加努力以不负期待！！

　　研究之路漫漫，北极法律问题研究作为国际法问题研究中的新兴领域已逐渐得到学术界的重视。随着国内外研究的深入，本书研究的不足与漏洞也将无可遁形，渴盼得到领导、老师、同仁们对本书的批评和指正，以此敦促本人砥砺前行、为国家北极事业发展再出新作！

白佳玉

2016 年 12 月于青岛崂山